샌포드 마이즈너
연기 테크닉

SANFORD MEISNER ON ACTING

샌포드 마이즈너 연기 테크닉

샌포드 마이즈너, 데니스 롱웰 지음

김보영 옮김

SANFORD MEISNER ON ACTING
by Sanford Meisner and Dennis Longwell

제임스 카빌 James Carville 을 위하여

"무대가 곡예사들이 올라타는 줄과 같다면 얼마나 좋을까.
자격이 없는 이들은 감히 발끝조차 대지 못하게 말이다."

요한 볼프강 폰 괴테Johann Wolfgang von Goethe, 1749~1832,
《빌헬름 마이스터의 수업시대Wilhelm Meisters Lehjahre》 4권 2장

마이즈너는 이 문장을 액자에 넣어 자신의 사무실 벽에 걸어두었다.

감사의 말

켄트 폴Kent Paul에게 감사의 인사를 전한다. 그는 내게 이 책의 집필을 제안했을 뿐 아니라 작업이 어떻게 끝날지 막막한 순간에도 포기하지 않고 계속할 수 있도록 격려해주었다. 무엇보다 이 책이 더욱 풍성한 정보를 갖출 수 있도록 그룹 시어터Group Theatre에 대한 그의 자료들을 제공해주었다. 또한 그의 다큐멘터리 〈샌포드 마이즈너: 연극계의 가장 큰 비밀Sanford Meisner: The Theater's Best Kept Secret〉의 각본을 활용할 수 있도록 너그러이 허락해주었다.

어려운 질문에도 망설임 없이 대답해준 빌리 로즈 시어터 콜렉션Billy Rose Theater Collection의 큐레이터 도로시 L. 스워드러브Dorothy L. Swerdlove, 지원을 아끼지 않은 링컨센터 뉴욕 공공도서관 공연 예술 센터Performing Arts Research Center of the New York Public Library at Lincoln Center 스텝들 또한 이 책의 은인이다. 또한, 뉴욕 새그 하버의 존 저메인 기념 도서관John Jermain Memorial Library 스텝들이 없었다면 뉴욕 전역에 여러 도서관에서 필요한 문헌들을 구하는 기적은 없었을 것이다.

특히 연기의 기술을 표현하는 데 한 치의 어긋남 없는 명확함으로 지도해준 제임스 카빌에게 마이즈너와 나 모두 한마음으로 깊은 감사를 표한다. 열정 넘치는 에이전트 코니 클라우센Connie Claussen, 통찰력 있는 편집자 조지프 폭스Joseph Fox 또한 빼놓을 수 없다.

_데니스 롱웰, 1986년 10월, 뉴욕, 새그 하버에서

차례

서문

　　그를 '샌디Sandy'라고 부를 때면 마음 한편에서 나쁜 짓을 하는 것만 같은 기분이 들곤 했다. 미성년자인 주제에 성인인 척 클럽에 가서는 마티니를 주문하는 느낌이랄까. 감히 성이 아닌 이름만으로 부르기에는 그는 너무나도 존경받는 인물이다. 1952년 열여덟의 나는 뉴욕의 네이버후드 플레이하우스 연기학교Neighborhood Playhouse of the Theatre에서의 닥쳐올 엄청난 일들에 전혀 준비가 되어 있지 않은 상태였다. 샌디가 가혹하거나 인색한 스승이었다는 의미가 아니다. 그저 참으로 무시무시할 정도로 정확했다. 그의 앞에 서면 내 머릿속의 모든 생각과 감정, 충동이 읽히고, 나의 존재 자체가 간파당해 숨을 길이 없는 것만 같았다. 그가 연기에 대해 하는 모든 말은 내가 막연하게 알고 있던, 또는 전에는 미처 인지조차 못했던 것들을 명확하게 해주었다. 마치 그저 분자의 존재는 아름답다는 이론만 가진 나에게 새로운 원자들을 간단히 발견해내는 물리학자처럼 말이다. 샌디의 말을 듣고 있으면 자리에서 펄떡 일어나 "맞아요! 바로 그거예요!" 하고 소리 지르고 싶을 때가 한두 번이 아니었다. 그의 말이 날카로운 섬광처럼 머릿속에 꽂혀 들어올 때마다 얼마나 놀랍던지. 한 가엾은 친구는 결국 참지 못하고 이렇게 입 밖으로 내뱉고 말았다. "세상에, 바로 그거였어요!" 그러자 샌디는 그저 덤덤히 반응했다. "내가 지난 25년을 두고 깨달은 것을 이렇게 확인시켜주어서 고맙네."

　　샌포드 마이즈너의 연구는, 극 안에서 벌어지는 상상의 상황 속에서 참으로 리얼하면서도 진실된 행동을 창조하도록 돕는 체계적인 접근 방법이다. 그룹 시어터의 동년배들과 마찬가지로 그는 1930년 대 콘스탄틴 스타니슬랍스키Konstantin Stanislavsky의 가르침을 처음 접한 이후 미국 연기술의 방향을 바꿔왔다. 해럴드 클러먼Harold Clurman, 리 스트라스버그Lee Strasberg, 스텔라 애들러Stellar Adler, 바비 루이스Bobby Lewis, 그리고 샌포드 마이즈너는 그룹 시어터 출신으로, 현재 우리가 흔히 통틀어 '메소드'라 일컫는 현대 미국 연기술의 저명한 스승들이다. 이들은 수년간 각자 자신만의 연기술을 절차탁마하여 개별화해왔으며, 하나하나 위대한 스승으로서 훌륭하기 그지없으나, 내게는 샌디의 접근법이 가장 단순하고 직관적이며 진정성 있고 효과적이었다.

네이버후드 플레이하우스는 2년간의 강도 높은 연기 기술을 가르친다. 가히 독보적인 커리큘럼이다. 마사 그레이엄Martha Graham, 제인 더들리Jane Dudley, 펄 랭Pearl Lang 등 걸출한 인사들이 있음에도, 2년 동안 하루도 빠짐없이 나의 아드레날린을 자극한 분은 샌디였다. 1954년 봄, 나는 졸업했고, 돌아오는 가을 학기에는 연구조교로서 다시 학교로 돌아갔다. 덕분에 1960년 캘리포니아로 감독 일로 떠나기 전까지 6년간 그에게서 많은 것을 배울 수 있었다. 누군가를 가르쳐보고자 하는 열망보다 그의 곁에서 보고 배우는 기회가 훨씬 소중했다. 한 가지 분야의 기술을 깊이 터득하면 다른 여러 분야의 모든 기술에도 통달할 수 있다고 했던가. 샌디 자신은 그저 연기의 기술에 능할 뿐이라고 했지만, 그에게서 흡수한 것들은 가히 연출의 단단한 기초가 되어주었다. 감독으로서 내가 일하는 모든 분야, 각본과 미술, 의상디자인, 섭외, 촬영, 심지어 편집에서까지도 마이즈너의 원리와 아이디어들이 적용되지 않은 데가 없었다. 여기서 절대 간과할 수 없는 것 중 하나는 "나는 마이즈너로부터 배웠다"는 사실이 있기에 모든 게 가능했다는 것이다.

샌디는 종종 "배우가 되려면 족히 20년은 걸린다"고 했다. 우리는 과장이 심하다고 생각했지만 절대 그렇지 않다. 배우고 익힌 것들을 배우의 직관으로 온전히 소화시키고, 그 테크닉이 저절로 기능하듯 자연스럽게 발현되기 위해서는 시간이 필요하다. 따라서 그는 그의 연구가 단순히 테크닉만으로 전달되는 것을 원치 않았다. 만약 그의 수업을 들어봤다면 테크닉은 목적을 위한 수단일 뿐, 그의 말 한마디 한마디에 많은 의미가 깊숙이 내재되어 있다는 사실을 실감할 수 있을 것이다. 샌디처럼 가르치는 선생은 의외로 찾기 어렵다.

1981년 나는 뉴욕으로 돌아와 마이즈너의 수업을 다큐멘터리 영화로 만들었다. 촬영은 조 팹Joe Papp이 제공한 시내의 작은 극장에서 진행되었는데, 그 당시 나에게 샌디의 수업은 21년 만이었다. 그 역시도 나이가 많이 들었다. 백내장 수술을 두 번이나 받은 데다, 교통사고의 후유증으로 허리도 편치 못했다. 후두절제술로 인해 목소리는 예전 같지 않아, 그 대안으로 숨을 들이켜며 말하는 방식을 익히느라 두꺼운 안경에 마이크까지 달고 있어야 했다. 그러나 수업을 진행하는 중의 그 기세(high)는 그대로였다. 강렬하게 몰입하며 새로운 감각의 문이 열리는 경험을 하게 하는 기운 말이다. 나의 옛 동기, 선배들도 성지순례하는 마음으로 그 자리를 함께했다. 그들은 스승 앞에서 예전과 다를 바 없이 긴장해 있었고, 여전히 많은 것을 배우고 있었다. 유일한 차이라면 말하기 버거운 상황 때문에 샌디의 말수가 적어졌다는 것뿐이었다. 그렇기에 그의 모든 말들에 더욱 깊이 있고 절대적인 의미가 실려 있었다. (이 글을 쓰고 있자니 막심 고르키 Maxim Gorky가 안톤 체호프Anton Chekhov에 대해 했던 말이 떠오른다. "체호프 앞에서는 모두가 더 솔직하고 더 진실하며, 더 자기다워지고 싶어 했다.")

이 책은 연기에 대한 책이다. 또한 불필요하고 불가해한 잡초들을 정리하여 배우의 상상력과 진실된 연기에 불을 붙이는 데 자신의 인생을 바친 한 남자에 관한 책이기도 하다. 아마 이 책을 읽으며 가장 먼저 드는 생각은 무의미한 허튼소리가 없다는 점일 것이다. 어떤 문장은 짐짓 단순해 보일지 모르나 샌디의 테크닉이 그러하듯 보이는 대로 보아선 안 된다. 이는 결코 단순하지 않다. 명확할 뿐이다. 무대 위나 카메라 앞에서 최선을 다해 진실한 연기를 선보이고자 했던 배우라면 충분히 이해할 것이다. 적어도 20년은 걸리겠지만.

연기의 테크닉을 깊이 있게 가르칠 수 있는 사람은 많지 않다. 박식하고 지적인 이들은 많으나 한 배우가 진정으로 성장할 수 있는 능력에 대해 이론화할 수 있는가는 쉽게 자신하지 못한다. 연기에 대한 좋은 책 역시 찾기 어렵다. 단연코 이 책은 최고라 할 수 있다. 나는 이 책을 통해 처음으로 샌디를 알게 될 여러분이 몹시 부럽다.

_ 시드니 폴락Sydney Pollack

프롤로그

내가 연기를 가르치는 사람이라는 걸 알게 되면, 연극을 좋아하지만 연극에 대해서는 잘 모르는 대부분의 사람들은 배우들에게 무엇을 가르쳐야 그들을 숙련된 배우로 성장시킬 수 있는지 묻곤 한다. "물론 발음이 정확해야 할 테고, 목소리가 좋은 것은 기본이되 몸짓도 섬세해야겠죠? 하지만 그런 것 말고 뭔가 특별한 게 있을까요?"

있다. 한 사람을 훌륭하고 매력적인 배우로 길러내는 훈련법이야말로 연기를 가르치는 선생이 전달해야 하는 가장 섬세한 파트다. 법이나 의학, 건축학, 화학 같은 분야에서는 표준화된 원리나 교과서들로 가르치겠지만 연기는 다르다. 가령 대부분의 전문직 견습생들에게는 같은 도구나 기술을 적용할 수 있겠지만 연기에서 가장 주요한 도구는 바로 배우 자신이기 때문이다. 세상에 똑같은 사람은 단한 명도 존재하지 않는다. 그렇기 때문에 연기에서는 누구에게나 보편적으로 적용할 수 있는 규칙이란 것이 없다.

한때 나는 푸에르토리코 해변의 작은 집에서 4개월간 멋진 시간을 보내며, 이 주제에 대해 글을 써볼 계획이었다. 딱 두 장을 쓰고 난뒤 나는 내가 쓴 글을 몇 번이고 다시 읽었지만 나조차도 도무지 이해할 수 없었다. 당장 책을 쓸 생각은 버려야겠다고 마음먹으며 창조적인 연기를 위한 책을 만드는 것은 그 자체로 모순이었고 어리석기그지없는 그릇된 시도라고 확신했다.

그런데 존경해 마지않는 동료들이 나를 설득했다. 수년간 내가 젊은 배우들을 가르쳤던 기술은 충분히 가치가 있으니 전문가의 도움을 받으면 내 머릿속 견해를 책의 형태로 옮기는 것도 가능할 것이라고 했다. 나는 끝내 협력자를 찾았고 책은 완성되었지만 결과는 씁쓸하기 그지없었다. 나의 기본적인 연기 원리들이 비로소 종이 위로 옮겨졌다지만, 역설적이게도 내가 전달하고 싶었던 독창적인 아이디어들이 충분히 드러나지 못했기 때문이다. 책장 위에는 내가 가르쳤던 학생들도, 우리의 열렬한 강의실의 공기도 존재하지 않는다. 무엇보다 가르치고 배우며 서로가 열렬히 주고받았던 상호작용으로 피어난 드라마가 살아 있지 않다. 나는 선생으로서 학생 하나하나가 점차 성장하는 모습을 보면서 어떻게 가르치면 되는지에 대한 방법이 각기 다르게 결정된다는 걸 깨달았다.

　내가 바랐던 특별한 책을 만드는 일은 절대 불가능했다. 나의 연기적 직감으로 진작 깨달았어야 했는데…! 무대는 각기 다른 성격을 지닌 인물들 간의 행동이 서로 맞물리는 공간이기에 극 중에서 한 사람의 고백적 방식만으로 긴 시간을 끌어가기란 결코 쉬운 일이 아니다. 희곡에 등장하는 인물들을 떠올릴 때 우리는 자연스럽게 객관적이고 직접적인 단어들을 선택하게 된다. 오이디푸스, 그, 페드라, 그녀, 리어왕과 광대, 퇴장.

　이런 배경은 책에서도 마찬가지로 적용되었다. 책 속에서 나는 '나'로 등장하지 않으며 '그'가 되었다. 재능 있는 학생들에게 둘러싸인 스승, 난해하고 수수께끼 같은 예술 분야인 연기를 가르치는 한 사람으로서 말이다. 개인적으로 아리스토텔레스Aristotle 이후 최고의 연극 비평가로 손꼽는 조지 버나드 쇼George Bernard Shaw는 이런 글을 썼다. "무대라는 렌즈로 확대된 '자기 현시(self-betrayal)', 이것이 연기 예술의 전부다." 여기서 '자기 현시'라 함은, 관객 앞에서 배우의 가장 깊은 내밀한 속내, 가장 사적인 존재 자체가 순수하게, 자의식에 얽매이지 않은 상태로 존재하는 것을 의미한다. 이 책에 등장하는 배우들은 자신에 대한 온전한 이해를 위해 스스로를 드러내야 하는 다양한 훈련을 체득하며 내가 전달하고자 하는 연기의 기본적인 원리와 개념을 하나하나 배워나갈 것이다. 나 역시, 내가 아는 것을 가르치기 위해, 고해성사를 하는 신자보다 더욱더 진실된 마음으로 나 자신을 드러냈다.

앞으로 이어질 내용에서 내가 나 자신을 주인공으로 만드는 일이 벌어진다면, 연극이라는 차원에서 자기 현시라는 명목으로 이뤄진 것임을 알아주길 바란다. 그것이 강의실에서 내가 맡은 스승이라는 역할이기에. 무대의 중심에서 말이다!

_샌포드 마이즈너, 1986년 10월 뉴욕

01

장면 세팅 :
두세^{Duse}의 홍조

"모든 것은 진짜 삶에서처럼 일어나야 한다."

1896년 세인트 피터스버그, 연극 〈갈매기^{The Seagull}〉 초연 당시

안톤 체호프가 그의 배우들에게 한 말

언뜻 보면, 트윈침대 두 개를 제외하면 사실 그리 특별할 게 없
는 평범한 강의실로 보인다. 하얀 시멘트 천장에 나무 쪽판들을 이어
붙인 황색 벽과 잘 왁스칠된 검정 아스팔트 타일의 바닥은 미국 중서
부에 있는 사범대 캠퍼스나 새벽녘 외진 곳에 동떨어져 있는 고즈넉
한 기숙사의 원룸 인테리어를 연상시킨다.

　　강의실 한가운데에 서서 왼쪽을 보면 교사용으로 보이는 회색
의 커다란 나무 책상이 칠판 앞에 놓여 있다. 그 왼쪽 창문으로 교정
이 내다보이지만, 블라인드를 내려놓은 탓에 창문 앞에 있는 나무 꼭
대기만 슬쩍 보일 뿐이다. 창문 아래 낮은 연단 위에는 학생들을 위
한 접이식 의자가 두 줄로 놓여 있다. 어림잡아 스무 개쯤 된다. 칠판
양쪽으로는 인쇄된 격언들이 액자에 걸려 있다. "명확하라!" "1온
스의 행동은 1파운드의 말보다 가치가 있다."

　　이 방이 좀 유달라 보이는 것은 침대 때문이다. 누군가 창문 반
대쪽 벽에 쭉 밀어놓은 것처럼 키 작고 넓은 침대 두 개가 한쪽에 모
여 있다. 짧은 나무다리들은 6인치짜리 강철볼트로 조립되어 축구팀
하나가 올라가도 끄떡없을 만큼 튼튼해 보인다. 두 침대 모두 줄무늬
시트를 씌운 매트리스가 올려져 있고, 꾸깃꾸깃한 초록색의 얇은 면

침대보와 베갯잇 없는 베개가 침대 위에 아무렇게나 놓여 있다. 침대 프레임 역시 교사용 책상과 다를 바 없이 우중충한 회색이다. 이 침대들은 어딘가 모르게 초현실적인 구석이 있다. 부자연스러울 정도로 탄탄하게 생긴 모양새라든가 실용적인 색상 탓인지 침대라기보다는 체조용 매트처럼 보이기도 하고 이리저리 뜯어봐도 거친 천으로 바닥을 씌워놓은 탓에 복싱 경기장 같기도 하다.

처음에는 눈에 띄지 않던 다른 가구들도 마그리트Magritte의 초현실주의 작품처럼 보이는 데 한몫한다. 검은색 전화기와 빈 위스키 병 두 개가 올려져 있는 게 전부인 책장, 다리 하나가 없는 스탠드식 코트걸이, 텅 빈 TV 선반, 벽에 기댄 채 바깥 하늘만 비추고 있는 거울, 지루한 회색으로 칠해둔 긴 테이블, 이 모든 것이 모여 이 강의실의 인테리어를 완성하고 있다.

샌포드 마이즈너는 1930년대 초 이런 특별함이 가미된 여러 강의실이 있는 뉴욕 네이버후드 플레이하우스에서 연기를 가르쳐왔다. 50년간 그가 가르친 학생의 숫자는 정확히 집계되지 않았지만 어림잡아 수천 명은 족히 될 것이다. 이 학생들을 대표할 사람을 모두 열거할 수는 없지만, 조앤 우드워드Joanne Woodward도 이 연기학교에서 '샌디(그의 학생들은 그를 늘 이렇게 불렀다)'의 수업을 들었다. 성인이 되어 학교로 돌아온 그녀는 샌디가 대부분의 학생들에게 어떤 의미인지 말한 적이 있다. "샌디는 나에게 있어 유일한 스승이에요. 제가 〈이브의 세 얼굴Three Faces of Eve〉로 아카데미 시상식Academy Awards에서 여우주연상을 수상한 이후, 1959년 제게는 하나의 계시처럼, 배우로서 성장하는 데 중요한 전환점이었어요."

샌디와 함께 연기학교에서 공부했던 미국의 극작가 데이비드 마멧David Mamet은 샌디에 대해 이렇게 말했다. "1960년대를 살았던 우리 세대에게는 유일하게 중요한 뭔가를 아는 사람, 생애를 살면서 우리가 만난 진정한 스승 중 한 분이었죠. 그는 때론 독단적이기도 했지만, 자신이 옳다는 확신이 있었기 때문에 가능했습니다. 우리 역시 그가 옳다고 생각했고, 절대적으로 실행가능하고 효과적이라는 것을 알았습니다. 우리에겐 그로부터의 배움이 절실했습니다."[1]

샌포드 마이즈너는 1905년 8월 31일 브룩클린 뉴욕 자치구의 그린포인트 지역에서 허먼 마이즈너Herman Meisner와 버사 마이즈너Bertha Meisner 부부의 장남으로 태어났다. 부부는 모두 유대인으로 어린 시절 헝가리에서 건너온―당시 어머니는 갓난 아이였고, 아버지는 16살이었다.―이민자 출신이다. 아들이 태어난 후 몇 개월 지나지 않아 그린포인트의 반유대주의가 극심한 폴란드 이민자들을 피해 브롱크스로 이사했다. 가족은 사우스 브롱크스 허니웰 에비뉴에 있는 작은 주택에 살았고, 2년 뒤에는 둘째 아들 제이콥Jacob이 태어났다. 하지만 당시 세 살이던 샌포드의 건강을 위해 뉴저지의 캣스킬로 여행하던 중 아기였던 제이콥이 살균되지 않은 우유를 먹으면서 우결핵에 시달리다 끝내 회복하지 못했다.

이후 마이즈너는 한 인터뷰에서 이렇게 말했다. "정신분석학적으로 나는 상당한 경험을 했죠. 내가 다섯 살 때, 당시 세 살이었던 동생의 죽음을 나는 분명히 기억합니다. 잊을래야 잊을 수 없는 엄청난 사건이었고, 수십 년간 그 사건에서 벗어나지 못했죠. 학교에 입학한 후에도, 어른이 된 후에도 나는 스스로를 고립시켰습니다. 부모님은 선량한 분들이었지만, 현명하지는 못 하신 탓에 저에게 '너만 아니었으면, ''너 때문에 그 여행을 떠나지만 않았더라면' 동생이 병으로 죽지 않았을 거라고 말씀하셨죠. 저는 죄책감에 시달렸어요. 어린 시절에는 거의 친구를 사귀지 않았죠. 예나 지금이나 늘 두려움 많은 나는 혼자 공상을 하는 것이 편합니다."

마이즈너와 사이가 좋았던 여동생 루스Ruth는 1983년에 세상을 떠났다. 마이즈너가 16세가 되던 해 막 태어난 남동생 로버트Robert를 비롯해 가족들은 브룩클린의 플랫부시로 이사했고 그후로는 그들과 연락이 끊겼다.

마이즈너는 초등학교 1학년 때 담임선생님에게 나중에 어른이 되면 '배우'가 되고 싶다고 말했던 것을 아직도 기억한다. 십대 시절에는 극장에서 제1차 세계대전에 참전한 미국 군인들의 죽음과 명예에 대한 영상을 보고 영감을 얻어 사촌들을 데리고 흑백 무성영화를 찍는 놀이를 하기도 했지만, 그의 유년 시절의 대부분은 홀로 피아노 연주를 하며 정서적 해방을 찾았다. 1923년 에라스무스 홀 고등학교 Erasmus Hall High School를 졸업한 뒤 그는 담로슈 음악원The Damrosch Institute of Music (후일 줄리아드 스쿨The Juilliard School로 합병)에 입학하여 피아노를 전공하게 된다. 하지만 전문적으로 연기를 하고 싶다는 의지는 변치 않아 19세에 마침내 그 꿈을 이뤘다.

"나는 늘 배우가 되고 싶었습니다. 플랫부시에 살던 시절, 배우를 꿈꾸던 몽키 토비아스Monkey Tobias라는 친구와 함께 시어터 길드 Theatre Guild에서 아역 배우를 모집한다는 소식을 듣고 바로 찾아갔죠. 당시 필립 레브Philip Loeb, 테레사 헬번Theresa Helburn이 면접관이었는데 그럴 듯해 보이고 싶은 마음에, 이탈리아의 비극 배우 살비니Salvini부터 들먹이며 연기에 대해 이래저래 허풍을 떨었던 게 아직도 생생합니다. 당시 그들은 내 말에 웃음을 터뜨렸지만 비웃지는 않았어요. 다행히 시드니 하워드Sidney Howard의 〈데이 뉴 왓 데이 원티드They Knew What They Wanted〉에서 단역을 하나 얻게 되었죠. 출연진 중 무려 폴린 로드Pauline Lord도 함께였는데 그녀는 천재이면서도 순수하고 단순한 면이 있는 사람이었습니다. 대기실에 앉아 낱말풀이 퀴즈를 하면서 '모자를 의미하는 세 글자 단어가 뭐지? 햇(hat)? 캡(cap)?' 하고 물을 때면 아이처럼 순수해 보였지만 연기만큼은 천재였습니다. 나는 〈애나 크리스티Anna Christie〉에서 활약하는 그녀의 연기를 좋아했어요. 그즈음 나에게 파고드는 연기야말로 내가 진정으로 하고 싶은 것이라는 걸 깨달았습니다."

그의 아버지인 허먼 마이즈너는 헝가리에서 이민 온 뒤 50년 넘게 모피상으로 일했다. 샌포드는 놀라울 정도로 아버지를 잘 흉내내면서, 밍크코트를 입은 젊은 아가씨의 손등에 점잖게 입을 맞춘 후 능숙하게 모피를 훑으며 코트의 품질을 평가했다. 아버지는 아들이 의류업에 종사하기를 바랐다. 샌포드는 그의 아버지를 기쁘게 해드리기 위해 아버지의 바람대로 바지 공장과 레이스 상점에서 아르바이트를 하기도 했다. 하지만 이것은 그가 시어터 길드에서 성공하기 전의 일이다. 아버지는 아들이 연기를 시작한다는 소식에 침묵으로 반응했다. "저녁 식사 중에 아버지에게 배우가 되었다고 고백하자 쥐죽은 듯한 침묵이 이어졌죠. 아무도 입을 열지 않았습니다. 아버지도 어머니도, 여동생조차도 말이죠. 디저트를 먹는 동안 아버지는 내게 봉급으로 얼마를 받느냐고 물었어요. 1개월 정도 지나고 연극이 성공하면 일주일에 10달러를 받을 거라고 대답하자, 결국 아버지는 분노를 터뜨렸습니다. 일주일에 10달러라는 말에 저녁 식사 자리는 엉망이 되었지만 나는 꿈적도 하지 않았죠."

그는 장학금을 받으며, 위니프레드 레니헌Winifred Lenihan이 지도했던 시어터 길드에서 공부했다. 레니헌은 뉴욕에서 버나드 쇼의 〈성 조앤Saint Joan〉을 초연한 미국 배우였다. 하지만 마이즈너 집안에서 그녀는 레파토리 전속 극단의 한낱 '기술자'일 뿐이었고 학교는 '별 볼 일 없는 곳'에 불과했다. 이 즈음 마이즈너는 음악가 친구를 통해 소개 받은 애런 코플랜드Aaron Copland라는 젊은 작곡가와 친구가 되었다.

파리 유학에서 막 돌아온 코플랜드는 소르본에서 공부하던 친구 해럴드 클러먼을 샌포드에게 소개했다. 해럴드 클러먼은 샌포드만큼이나 연기에 대한 열정으로 가득했다. 클러먼은 단기간에 시어터 길드의 무대감독이 되었고 각본까지 도맡았다. 새롭게 친구들을 만나게 된 마이즈너는 젊은 연극 애호가 리 스트라스버그와도 친해졌다. "스트라스버그는 내게 좋은 영향을 주었습니다. 그는 나에게 훌륭한 배우들과 예술가들을 소개해주었죠. 감동적일 만큼 큰 도움을 주었어요. 정말 많은 것을 배웠습니다. 타고난 취향과 성향을 발견할 수도 있었고요. 이를테면 우리가 함께 메트로폴리탄 오페라 Metropolitan Opera에서 봤던 구소련 오페라 가수 샬리아핀Fedor Ivanovich Chaliapin이 그랬어요. 샬리아핀이 빛을 발할 수 있었던 건 역시 감정의 깊이와 연극성을 갖추었기 때문이었을 겁니다."

클러먼과 스트라스버그에 이어 시어터 길드에서 일했던 셰릴 크로포드Cheryl Crawford가 합세하여 1931년, 3년간의 치열한 토의와 기금활동 끝에 이들은 28명의 배우를 선발하여 전설적인 그룹 시어터를 탄생시켰다. 그룹 시어터는 비록 10년만에 문을 닫았지만, 미국 연기 예술의 발전에 지대한 영향을 미쳤다. 창단 멤버로 함께한 샌포드는 당시 25세였으며 결과는 대성공이었다. "그룹 시어터가 없었다면 나는 평생 모피상으로 살았을 것입니다."

1930년대 미국 예술에서 그룹 시어터가 얼마나 중요한 역할을 차지했는가는 극작가 아서 밀러Arthur Miller가 남긴 말에서도 엿볼 수 있다.

"나는 오직 그룹 시어터의 공연을 볼 때만 진정으로 연극과 연결되어 있음을 느낄 수 있었다."《아서 밀러 대본집Collected Plays》(그룹 시어터가 해체되고 30여 년 후인 1957년 출간되었다)에서 밀러는 이렇게 말했다. "앙상블 연기가 훌륭할 뿐 아니라 관객과 배우 사이에 만들어내는 유대감의 밀도가 높다. 이들이 선보이는 선구적인 연극은 신앙 중심의 연극이었던 그리스 시대를 떠올리게 할 정도다. 나는 55센트짜리 발코니 석에서 그룹 시어터를 지켜보았다. 인터미션 때 몸과 마음을 움직인 그들의 열기와 열정은 고스란히 눈앞에서 느끼기에 충분했다. 설사 내가 작가로서 연극에서 결점을 찾았다고 한들, 대부분의 공연이 나에게 영감을 준 것에 비한다면 아주 작은 부분에 지나지 않는다."

1938년 그룹 시어터는 런던에서 가장 호평 받은 클리포드 오데츠Clifford Odets의 〈골든 보이Golden Boy〉를 공연했다(마이즈너는 잔인한 갱스터 에디 푸셀리Eddie Fuseli 역을 맡았다).《타임스Times》지의 제임스 어게이트James Agate의 평가는 명쾌했다. "일반인인 우리로서는 절대 생각지 못한 수준의 연기를 펼쳐보였다."

그룹 시어터의 수준 높은 연기의 근원은 명성 높은 모스크바 예술극장Moscow Art Theatre과 그곳의 공동감독인 콘스탄틴 스타니슬랍스키가 발전시킨 시스템에 입각한 실습에서 비롯된 결과였다. 스타니슬랍스키는 두 가지 이유로 그룹 시어터에게 의미 있는 존재였다. 첫째는 그가 리처드 볼레슬랍스키Richard Boleslavski와 마리아 오우스펜스카야Maria Ouspenskaya의 스승이었다는 것이며, 둘째는 모스크바 예술극장의 대표배우였던 그가 뉴욕으로 이민을 와서, 1924년 아메리칸 레버러토리 시어터American Laboratory Theatre 연기학교를 설립했다는 것이다. 이곳은 6년간 수백 명의 미국 배우와 감독을 배출하여 '스타니슬랍스키 시스템Stanislavsky System'의 초기 역사를 써나갔다. 배우 스텔라 애들러와 루스 넬슨Ruth Nelson, 유니스 스토더드Eunice Stoddard도 모두 그룹 시어터에 합류하기 전까지 이곳의 학생이자 멤버였다. 리 스트라스버그 역시 1924년 이곳에서 공부했으며 그와 해럴드 클러먼은 연출도 함께 전공했다.

클러먼은 후일 〈강렬한 세월Fervent Years〉에서 그룹 시어터의 역사를 기록하며 이같이 말했다. "〔스타니슬랍스키 시스템이〕 배우들에게 미친 영향은 거의 절대적이었다. 갈피를 잡기 어려웠던 연극 무대에서 연기의 방법론으로 가장 중요한 것이 '진실한 감정(true emotion)'이라는 것으로 밝혀진 것이다. 〔초기 그룹 시어터 공연의 감독이었던〕 스트라스버그 역시 진실한 감정이라는 주제에 광적일 만큼 집착했다. 그 외의 것은 부차적인 문제에 불과했다. 그는 집요하고도 끈질기게 인내하며 그 주제에 매달렸고, 눈속임 같은 대안에는 분노했다. 그 감정을 끌어올리는 데 성공하면 지극히 아끼며 고양하고 보호했다. 대부분의 배우에게는 기본적이면서도 성스러울 정도의 새로운 방식이었고, 연극계에서는 일종의 계시와도 같았다. 스트라스버그는 선구자였던 셈이다."

스타니슬랍스키와 그룹 시어터의 두 번째 접점은 더욱 명확하게 드러났다. 1934년 봄, 해럴드 클러먼과 스텔라 애들러는 파리에서 요양 중이던 그를 만났다. 애들러는 5주가 넘도록 그의 곁에 머무르며 (스트라스버그의 방식으로 배웠던) 스타니슬랍스키 시스템의 면면은 자신을 포함한 그룹 멤버들에게 난관을 안겨준다는 토론과 함께 그의 이론을 정확히 파악하고 정립하는 데 힘썼다. 그해 여름 그녀는 그 결과를 그룹 시어터 멤버들과 공유했다. 그녀는 멤버들에게 스트라스버그가 강조했던 '정서적 기억(affective memory)'에 대해 전면적으로 다시 생각해볼 것을 제안하게 된다. 정서적 기억이란 배우가 무대에서 원하는 감정을 얻기 위해 실제로 있었던 사건이나 환경을 기억하여 의식화시키는 시도를 말한다. 심지어 스타니슬랍스키조차도 애들러에게 오히려 진실한 감정은 '정서적 기억'이 아닌 희곡 그 자체에서 담고 있는 인간들이 겪는 문제들, 즉 극의 '주어진 상황(given circumstances)'에 대한 온전한 이해에서 비롯된다고 말한 것이다. 이것은 스트라스버그가 장악하고 있던 상황에 큰 변화를 몰고 왔다. 결국 이 문제는 1935년 스트라스버그의 사임으로 이어졌다. 당시 마이즈너 역시―후일 저명한 연기 스승으로 그의 가까운 친구가 된―스텔라 애들러와 같은 생각이었다. '정서적 기억'은 마이즈너가 발전시킨 연기 방법론에서도 어떠한 역할을 하지 않았기 때문이다.

어느 인터뷰에서 스타니슬랍스키 시스템을 어떻게 알게 되었냐는 질문을 받았을 때 마이즈너의 대답은 명료했다. "그룹 시어터의 초기 지도자인 해럴드 클러먼과 리 스트라스버그, 스타니슬랍스키와 함께 연구한 것을 체계적으로 정리한 스텔라 애들러에게서 배윘습니다. 배우 마이클 체호프Michael Chekhov 역시 나에게 자연주의naturalism가 그렇듯 보이는 진실은 완전한 진실과는 다르다는 것을 알려주었죠. 그를 통해 나는 내면을 잃지 않는 형태의 연극을 알아갈 수 있었고 나 역시 같은 것을 원한다는 것을 깨달았습니다. 일리야 수다코프Ilya Sudakov와 라포포트I. Rapoport도 명쾌하고 객관적인 접근 방식을 알려주었죠." 러시아의 이론가들이었던 이들은 여러 저술을 통해 현실적인 연기의 중요성을 강조했다. 마이즈너의 방법론도 같은 맥락이었다. 1930년대에는 이들의 저술이 영어로 번역되면서 그룹 시어터 내에서도 널리 읽혔다.[2]

1936년 11월 30일 그룹 시어터의 새 공연 〈전설의 조니 존슨Johnny Johnson A Legend〉(폴 그린Paul Green 각본)이 무대에 올랐다. 오늘날 특히 뛰어난 음악성으로 회자되는 작품으로, 독일의 작곡가 쿠르트 바일 Kurt Weill이 미국에서 선보인 첫 작품이기도 하다. 당시 연극 프로그램의 출연진 소개에서 마이즈너의 이력에 대해 놀라운 글이 두 가지 측면으로 실렸다. 하나는 그가 배우로서 자신의 이력을 어떻게 생각하는지였고, 다른 하나는 그의 새로운 이력의 시작을 알린 것이었다. "샌포드 마이즈너(캡틴 발렌틴Captain Valentine 역)는 늘 날카로운 창을 가진 배우로 신뢰받고 있다. 〈골드 이글 가이Gold Eagle Guy〉에서 완벽하게 등장인물에 몰입하는 그를 보는 것은 놀라운 일이었지만 기분 좋은 충격이었다. 그는 언제나 시어터 길드와 그룹 시어터를 위해 자신의 창을 휘두른다. 마이즈너는 맨해튼에서 학창 시절을 보낸 브루클린 토박이이며, 담로슈 음악원에서 피아노를 전공했다. 〈골드 이글 가이〉 이후 마이즈너는 그룹 시어터의 공연에 정기적으로 출연하고 있으며 네이버후드 플레이하우스에서 학생들을 가르치고 있다."

창을 손에 든 전사에서 스승으로의 이미지 전환은 제법 유쾌한 은유였다. 배우로서 그의 경력은 화려하게 피어오르고 있었다. 그는 전 시즌의 두 공연에서 큰 호평을 받았는데, 모두 그룹 시어터 소속의 각본가 클리포드 오데츠의 작품이었다. 〈깨어나 노래하라! Awake and Sing!〉에서의 샘 핀슈라이버Sam Feinschreiber 역과 〈실낙원Paradise Lost〉에서 수면병에 시달리는 어린 아들 줄리Julie 역이 그의 배우 경력에서 가장 훌륭한 역할로 꼽히고 있다. 게다가 그는 오데츠의 후기작 중 하나인 〈레프티를 기다리며Waiting for Lefty〉의 공동 연출을 맡았다. 이후 마이즈너는 〈로켓과 달Rockets and Moon, 1938〉 〈나이트 뮤직 Night Music, 1940〉 등 오데츠의 다른 작품에서도 중요한 역할을 맡았다. 그는 1941년 그룹 시어터가 해체된 후에도 오랫동안 배우로 활동했다. 그의 마지막 연극 무대는 새뮤얼 베어먼S.N. Behrman의 〈차가운 바람과 따뜻한 바람The Cold Wind and the Warm〉이었다. 해럴드 클러먼이 연출한 작품으로 1958년 초연되었다. 이 작품에서 그는 노버트 맨델 Norbert Mandel 역을 맡았다. 그다음 해, 샌포드는 네이버후드 플레이하우스의 임원진과 불화가 있은 후, 20세기 폭스사의 신인 개발 파트 감독직을 맡았으며, LA로 옮겨 영화배우로서의 새로운 커리어를 쌓기 시작했다.

청소년 시절, 텅 빈 그의 마음을 피아노가 채워주었듯 당시의 마이즈너를 오롯이 채워주는 것은 가르치는 일뿐이었다. "가르치는 동안만큼은 자유롭고 즐거워요. 나는 테크닉을 분석하는 것을 좋아합니다. 연기에 진지함과 깊이를 가진 사람들과 함께 일하는 것이 좋습니다. 가르칠 때는 살아 있음을, 연결되어 있음을 느끼고 일종의 해방감을 얻지요." 이유는 알 만하다. 거의 10여 년 전 그는 한 언론과의 인터뷰에서 이렇게 말한 바 있다. "내 모든 활동은 그룹 시어터에서 힘겹게 배운 가르침을 더욱 강화하기 위한 것이었습니다. 인간의 경험을 표출하는 예술은 지금도 앞으로도 절대 포기할 수 없죠. 무려 40년이 지난 지금 나는 배우들이 실제로 유익하게 쓸 수 있는 연기 방법론의 소유자가 되었다고 할 수 있습니다."[3]

1962년 마이즈너는 뉴욕으로 돌아와 신설학교인 아메리칸 뮤지컬 시어터 아카데미American Musical Theatre Academy에서 연기학과장을 맡았다. 2년 후 그는 다시 네이버후드 플레이하우스로 복귀했다. 분명 플레이하우스는 지금의 그에게 안식처와 같다. 나이 열아홉에 저녁 식사 중 가족들에게 배우가 되겠다고 선언했고, 조니 존슨Johnny Johnson의 플레이빌(playbill)에서는 연기에 대한 가르침을 시작할 것을 공표하고 난 이래, 지금으로부터 50년 전 그곳에서 처음으로 연기 수업을 시작했으니 말이다. 60여 년이 지난 지금, 그의 육체도 세월을 빗겨갈 수는 없었다. 여러 차례 백내장 수술을 받는 과정에서 망막을 제거하였고 두꺼운 안경을 쓰게 되었다. 설상가상으로 후두암으로 인해 두 번의 수술을 견뎌야 했다. 첫 번째 수술은 10년 전이었다. 이때 그는 말 그대로 목소리를 잃었다. 많은 노력 끝에 마이즈너는 식도로 숨을 들이마신 뒤 트림을 하듯 숨을 내뱉는 방식을 익혀 말하는 법을 터득했다. 식도 호흡으로 대화하는 것을 처음 들을 때는 다소 생경할 수 있지만 금방 적응된다. 터져 나오는 듯하면서도 뚝뚝 끊기는 문장들은 쌕쌕거리는 소리나 기침 소리처럼 들리기도 한다. 마이즈너는 수업 시간에는 왼쪽 안경다리에 마이크를 부착해 이 목소리를 증폭시켜, 연결된 책상 위의 스피커로 내보낸다. 이뿐만이 아니다. 3년 전에는 길을 건너던 중 난폭운전을 하던 배달 트럭에 치이는 사고를 당했다. 이로 인해 그의 왼쪽 대퇴골과 엉덩이뼈가 열두 조각으로 부서지고 말았다. 회복 수술 이후 그는 지팡이 없이는 걷지 못하게 되었다. 무더운 여름과 혹한의 겨울이면 그는 뉴욕을 떠나 20년 전 그와 제임스 카빌이 서인도제도 베키아 섬에 지어놓은 별장으로 요양을 떠난다. 열대의 따뜻한 공기가 그의 몸을 한결 편하게 해주기 때문이다.

그럼에도 마이즈너는 가르침을 손에서 놓지 않는다. 한때 한 인터뷰에서 이야기했듯 그는 자신을 '유명한 화가'로 상상하곤 한다고 밝혔다. (헝가리 사진작가 브라사이 Brassaï의 작품에 등장한 바 있는 프랑스 아티스트 라울 뒤피 Raoul Dufy를 언급하며) "나이 팔십 대의 그는 심각한 관절염으로 양손이 불구가 되어 붓을 들 수 없을 지경이었죠. 결국 다른 사람에게 부탁해 테이프로 자신의 손에 붓을 붙여 그림을 그려나갔습니다. 지금 나 역시 말도 잘 못하고 시력도 나빠지는 바람에 이런저런 제약이 생겼지만 다시 가르치기 위해 혹한의 이 도시로 돌아왔습니다. 어떤 이들은 누군가가 나를 설득했다고 생각하지만 그렇지 않아요. 아무도 내가 원하지 않는 것을 하라고 할 수 없어요. 나는 내가 하고 싶은 걸 할 뿐입니다. 난 가르칠 때가 가장 행복하니까요."[4]

아마도 이 기적이 이루어진 이유는 해럴드 클러먼이 이야기했던 '거의 성스러울 정도로' 진실한 감정이 가져오는 힘에 있을 것이다. 아니면 마이즈너가 천재 배우 폴린 로드에 대해 했던 말에서 그 이유를 찾을 수 있을지 모르겠다. "나는 나를 파고드는 연기야말로 내가 진정으로 원하는 것이라는 걸 깨달았다."

"내가 자네에게 엘레오노라 두세Eleonora Duse 이야기를 해준 적이 있었나?"

마이즈너는 얼마 전 자신의 사무실을 찾아온 학생에게 질문했다. 학생이 들은 적 없다고 하자, 그는 〈하이마트Heimat,고향〉(1895년 독일 극작가 헤르만 주더만Hermann Sudermann 작품)에 출연한 전설적인 이탈리아 여배우 엘레오노라 두세에 대해 조지 버나드 쇼가 쓴 비평 내용을 요약해서 들려주었다(연극의 제목은 두세가 맡았던 배역 '마그다 Magda'로도 알려져 있다).

마그다는 아버지에게 반항한 죄로 집에서 쫓겨난 여인으로, 그녀의 아버지는 집안에서 모든 것을 자신의 뜻대로 하려는 욕망을 가정생활의 성스러운 원칙으로 착각하는 파렴치한 인간이었다. 그녀는 힘겨운 세월을 견디고 마침내 오페라 가수로 성공하지만, 고독한 삶을 살아온 탓에 한 동료 남학생에게 자신을 내던지고 만다. 그러나 그는 떠나버리고, 그녀는 홀로 엄마로서의 삶을 시작한다. 명성이 자자해진 그녀는 향수병을 이기지 못하고 고향으로 돌아가 아버지와도 화해하기에 이른다. 고향에 정착하자마자 마그다는 집안의 가까운 지인 중 하나가 딸의 아버지라는 사실을 알게 된다. 연극 제3장에서 그녀는 그가 찾아왔다는 소식을 듣는데….

하인이 그녀에게 건넨 카드를 읽는 순간, 그 남자와 직면하는 순간이 찾아왔음을 깨닫게 된다. 남자가 집 안으로 들어오고 마그다가 그와 마주하면서도 잘 버려내는 순간을 지켜보는 것은 제법 흥미롭다. 그는 그녀에게 이런저런 칭찬의 말을 건네며 꽃 한 다발을 안겨준다. 두 사람은 자리에 앉고 마그다는 상황을 잘 넘겼다는 생각에 안도하며, 남자가 얼마나 변했는지 살펴본다. 그런데 그 순간, 그녀에게 끔찍한 일이 일어난다. 얼굴이 새빨갛게 달아오르기 시작한 것이다. 이를 알아차린 순간 홍조가 서서히 퍼져버리는 바람에 애써 자신의 표정을 숨길 수 없어 양손으로 두 뺨의 홍조를 가린다. 이 위대한 연기를 지켜본 뒤, 나는 두세가 양 볼에 메이크업을 하지 않은 이유를 알 수 있었다. 눈속임 따위는 전혀 없는, 극적인 상상력으로 완벽하게 발휘한 효과였던 것이다. (…) 고백하건데 나는 이 연기가 늘 자연스럽게 가능한 일인지 직업적인 호기심을 가질 수밖에 없었다.

마이즈너는 버나드 쇼의 비평 내용을 짧게 풀어 들려주었지만 디테일만큼은 정확했다. 더욱이 몇백 번쯤 반복해서 이야기했을 터였는데도 두세의 홍조에 대한 버나드 쇼의 평가를 이야기할 때만큼은 그의 열정은 변함이 없었다. 가히 듣는 이에게 전염될 정도였다. 마치 시간이 멈춰 샌포드 마이즈너가 그 기적 같은 순간 속에서 영생을 누리는 것만 같았다. 잠시 동안 우리는 샌포드 마이즈너라는 이 위대한 남자가 어떻게 이토록 위대한 삶을 살아왔는지를 이해할 수 있게 된다.

"두세는 〈마그다〉라는 연극에 출연했지. 마지막 장에 이런 장면이 있네. 젊은 시절 그녀는 같은 마을 청년과 연인 관계였고 두 사람 사이에는 아이가 생겼어. 25년 뒤쯤일까? 그녀는 가족을 보러 고향에 왔다가 과거 연인이었던 그에게서 청혼을 받네. 마그다는 꽃다발을 받고, 자리에 앉아 대화를 나누었지. 갑자기 그녀는 자신의 얼굴이 빨갛게 달아올랐다는 걸 깨닫네. 홍조가 어찌나 심한지 부끄러움에 고개를 숙이고 양손으로 얼굴을 가렸어. 그야말로 현실감 넘치는 연기지! 버나드 쇼는 직업적인 호기심을 고백하면서 두세가 그 장면을 연기할 때마다 어떻게 얼굴에 홍조가 오르는지를 궁금해하기 시작했지. 매번은 아닐 수도 있겠지. 하지만 그 홍조는 내가 훌륭한 연기라고 정의한 바와 같이 주어진 상상 속 상황에서 진심을 다해 살아가는 능력의 완벽한 본보기였던 거야. 그 홍조는 진정 그녀에게서 피어오른 거지. 두세는 가히 천재적이야!"

02

기초 세우기 :
행동의 사실성

마이즈너   세계무역센터를 지을 때 사람들이 가장 먼저 한 일은 무엇이었을까?

남학생   구덩이를 파는 것이겠죠.

마이즈너   물론 그랬겠지. 길 위에다 접착제로 건물을 붙이지는 않았을 테니

까! (웃음) 엠파이어 스테이트 빌딩을 세웠을 때 사람들이 가장 먼저

무엇을 했을까?

여학생   기초를 세웠을 거예요.

마이즈너   무엇을 위한 기초를 세웠다는 거지?

여학생   …건물을 짓기 위한 기초요.

마이즈너   …그래, 건물을 짓기 위한 기초였지.

9월 29일

"연기의 기초는 행동의 사실성(reality of doing)에 있다."

새 학기의 첫 수업 시간이다. 샌포드 마이즈너는 한시의 망설임도 없이 언뜻 단순하게 들리는 문장을 거듭 말했다.

"다시 말해보지. 연기의 기초는 행동의 사실성에 있다. 행동의 사실성. 지금 여러분은 이 말의 의미를 이해하나? 확인해보지." 짧은 침묵 후 그가 물었다. "내 말 듣고 있나? 정말로 내 말을 듣고 있나?"

학생들은 입을 모아 대답했다.

"네, 듣고 있어요."

"듣는 척만 하고 있는 건 아니군. 여러분은 듣고 있어. 정말로 듣고 있어. 그렇게 말할 수 있나?"

"네, 네."

"그게 바로 행동의 사실성이네. 여기서 내가 말하는 것에 대해서 의문을 품을 필요는 없네. 무언가를 한다면 그걸 진짜로 하면 돼! 오늘 아침 이 강의실로 오기 위해 계단을 걸어 올라왔나? 두 발로 점프하며 뛰어오르지는 않았나? 몇 칸씩 건너 뛰어오지는 않았고? 발레피루엣을 하진 않았나? 한 계단 한 계단씩 걸어 올라온 것이 맞겠지."

그는 안경 왼쪽 다리에 달린 작은 마이크를 조정하기 위해 잠시 말을 멈췄다.

"지금 여러분 중 몇 명이 내 말을 듣고 있나?"

모든 학생들이 순순히 손을 들었다.

"이제 잠시 밖에서 몇 대의 자동차 소리가 들리는지 귀를 기울여봐. 지금 해보게."

이삼십 대 남학생 여덟 명, 여학생 여덟 명이 몸을 기울여 웅웅거리는 에어컨 소리 너머로 뉴욕 거리의 차 소리에 귀를 기울인다. 그중 몇몇은 잠시 눈을 감아본다. 1분쯤 흘렀을까. 마이즈너는 갈색 턱수염을 깔끔하게 정돈한 남학생에게 질문을 던졌다.

"자네는 몇 대의 차 소리를 들었나?"

"차 소리는 못 들었어요. 비행기 소리만 들렸어요."

"비행기는 차가 아닐세. 자네는 단 한 대의 차 소리도 듣지 못했군. 하나 물어보지. 자네는 자네 자신으로서 소리를 들었나, 아니면 어떤 캐릭터로 연기하고 있었나?"

"저 자신으로서 들었습니다."

"자네는 어땠지?"

마이즈너가 이번에는 모델처럼 키가 크고 늘씬한 흑인 여학생에게 물었다.

"처음에는 학생으로서 들었어요."

"그건 하나의 캐릭터라 할 수 있겠군."

"그런데 조금 혼란스러웠어요. 뭐가 차 소리인지 알아들을 수 없었거든요. 그러다 분명 차 한 대가 지나가는 것을 들었고, 잠시 지루해졌다가… 한 대를 더 들었어요. 모두 두 대였어요."

"지루했단 이야기는 넘어가도록 하지."

강의실 여기저기서 웃음이 터졌다.

"자네 이름이 뭐지?"

"애나입니다."

"자네는 애나로서 들은 건가?"

"마지막에는요."

"처음에는 학생으로서 연기를 했다니 3분의 2 가량은 그런 척한 셈이군."

"네."

"자네는 몇 대의 차 소리를 들었지?"

20대 후반 숱 많은 검은 머리의 여학생이 다음 질문을 받았다.

"차 소리를 정확히 알아듣기가 어려웠어요."

"자네가 헷갈린 건가, 아니면 캐릭터가 헷갈린 건가."

"잘 모르겠어요. 제가 딱히 뭔가를 하고 있다고 여기지는 못했으니까요."

"자네는 반만 배우로군."

이번에는 체크무늬 울셔츠에 청바지를 입은 청년이다.

"몇 대의 자동차 소리를 들었나?"

"한 대도 못 들었습니다."

"한 대도 못 들었군. 자네는 누구로서 소리를 들었지?"

"저 자신으로서요. 존으로서요."

"내가 알고 싶은 게 바로 그걸세. 꽤 기분 좋은 경험이지. 좋아. 이제 각자 좋아하는 노래를 선택해서 불러보게. 큰 소리로 말고 자기 자신만 들을 수 있을 정도로 말이야. 이해했나? 해보지."

다시 한 번 몇몇 학생들은 눈을 감았다. 잠시 집중한 뒤, 그들은 고개를 끄덕이고 박자를 맞추며 자신만 들리도록 노래를 흥얼거리기 시작했다.

"지금 자기 자신으로서 하고 있는 건가, 아니면 연기를 하는 건가? 대답해볼 사람 있나?"

"반반인 것 같습니다." 애나가 대답했다.

"문제가 있었던 모양이군. 어떤 문제였지?"

"여러 사람이 각자 노래를 흥얼거리는 강의실 한가운데 있다는 사실을 너무 의식했어요. 중반쯤 되었을 때 그런 저 자신에게 마음이 상한 나머지 그 사실을 잊어버릴 수 있었고요."

"그 뒤에는 노래를 불렀다는 건가?"

"네."

"잘 넘겼군."

"그때서야 비로소 즐길 수 있었어요. 제가 잘해냈는지는 모르겠지만요."

"잘해낸다는 건 늘 즐겁지." 마이즈너는 잠시 말을 멈춘 뒤 앞줄에 앉아 있는 다부지고 어려 보이는 금발의 남학생에게 시선을 옮겼다.

"자네는 어땠나?"

"저는 제 자신을 위해 노래를 불렀어요."

"햄릿처럼?"

"멜로디를 즐기려고 노력했어요."

"자네 자신으로서? 햄릿으로서가 아니라?"

"저 자신으로서요."

그다음, 마이즈너는 학생들에게 강의실에 있는 전구의 숫자를 세어보도록 했다. 대답은 열둘에서 열여섯 사이로 다양하게 나왔는데, 비상계단 신호등이나 천장에 달려 있는 작업등을 포함할 것이냐 제외할 것이냐에 따라 달라졌다. 정답이 정해져 있는 것은 아니었다. 중요한 것은 전구의 개수를 세는 것이지, 개수 자체가 아니었기 때문이다.

"자네들은 극 중 캐릭터로서 세었는가, 혹은 자기 자신으로서 세었는가?" 그는 연이어 "머릿속으로 숫자 931과 18을 곱해보게. 931 곱하기 18일세."

정답은 1만 6,758이었으나 아무도 정확한 답을 맞히지는 못했다. 물론 여기서도 정답은 중요하지 않았다.

"맞았을 수도 있고, 틀렸을 수도 있네. 마치 인생과도 같지. 사람들은 자기마다의 다른 결론을 도출해내지 않나. 민주당과 공화당이 있는 것도 마찬가지 이유 아닌가. 하지만 얼마나 시도했지? 틀리는 건 괜찮지만, 시도조차 하지 않는 건 괜찮지 않다네."

"이제 각자 자기 옆에 앉아 있는 파트너를 관찰해보게. 그리고 내가 질문하면, 무엇을 관찰했는지 알려주는 거야."

학생들은 고개를 돌려 방금 파트너가 된 동료 학생을 관찰하기 시작했다. 질문을 받은 두 번째 줄의 금발의 여학생이 옆에 앉은 남학생을 관찰한 것을 읊었다.

"빨간 머리예요. 부드러운 녹색 셔츠에 분홍색과 회색, 베이지색 줄무늬가 있고 사이즈는 미디움 정도 될 것 같아요. 목에 뾰루지가 하나 나 있고, 파란 눈에 짧고 밝은색의 속눈썹이 보여요. 손은 작지만 체격은 건장하고 몸을 앞으로 많이 숙이고 있어요. 녹색 바지에 갈색 신발을 신었는데, 신발은 가죽 재질이고 바닥은 고무로 되어 있어요. 손이나 귀도 깨끗하고, 작은 입을 꾹 다물고….”

“알았네. 파트너를 관찰할 때 자네는 자기 자신이었나, 아니면 연극의 캐릭터였나?”

“어떻게 대답해야 할지 모르겠어요. 솔직히 말씀드리자면 뭐가 뭔지 잘 구분하지 못하겠어요.”

“지금 나와 이야기하고 있는 사람은 자네인가, 아니면 맥베스 부인인가?”

“저예요.”

“자네지. 지금 여기 있는 자네야. 자네의 관찰은 솔직하고 객관적이었어. 연극의 캐릭터가 아닌 자기 자신으로서 관찰을 했지.” 그는 다시 존에게 물었다. “존, 자네는 지금 날 보고 있나?”

“네.”

“오셀로로서?”

“아뇨.”

“그럼 누구지?”

“저예요. 아마도.”

“맞네. 계속 그렇게 할 수 있겠나?”

“여러분에게 질문을 하나 할 텐데, 부디 진심으로 대답하길 바라네. 지금 여기서 잘 들을 수 있는 사람이 얼마나 되지?”

잠시 강의실은 혼란에 빠졌으나 이윽고 모든 학생이 손을 들었다.

"계속 들어보게. 모두들 잘 들을 수 있다고 대답했지. 들을 수 있나? 내 목소리가 들리나?"

모두 입을 모아 대답했다. "네."

"다른 질문을 해보겠네. 조금 더 어려운 질문이지. 여러분은 내가 들린다고 말했네. 아주 좋아. 그렇다면 들은 것을 정확하게 따라서 반복할 수 있나? 단순하게 말할 걸세. 미국 독립 선언서 같은 게 아니야. '자네는 커피를 마시나?' 이 말을 따라할 수 있나?"

"자네는 커피를 마시나?" 레이어드 컷의 짧은 갈색머리 여학생이 말했다.

"할 수 있군. 자, 여러분들이 내게 어떻게 대답했는지 알고 있지? 가장 먼저 여러분은 들을 수 있다고 했고, 들은 것을 따라 할 수 있다고 했지. 원치 않는다면 물려도 상관없어! 아주 좋아. 받아들이도록 하지."

"말을 반복할 수는 있어요." 어깨가 넓은 흑인 여학생이 대답했다.

"내가 부탁하는 게 바로 그걸세. 말 그대로 따라 하는 것 말이지."

"아뇨, 제 말은 들은 그대로 정확하게 따라 할 수는 없고, 오로지 들은 말을 제 식대로 반복할 수 있다는 뜻이었어요."

"여러분 모두 들은 그대로 모든 걸 정확하게 반복할 수 있어. 증명해보길 바라나?"

"샌디의 말씀을 믿어야겠죠."

"자네 이름이 뭐지?"

"로즈 메리예요."

"로즈 메리. 자네가 왜 내 말을 믿어야 할까? '네 머리는 길어.'

따라해보게."

"네 머리는 길어."

"보게, 할 수 있지 않나! 내가 〈바냐 아저씨 Uncle Vanya〉 1막을 모조리 낭송한 것도 아니지 않나. 자네 파트너는 누구지?"

존이 손을 들었다.

"존, 로즈 메리를 보게. 무엇을 관찰할 수 있지? 로즈 메리의 기분이 아니라 자네의 시선을 끄는 것을 이야기해보게."

"로즈 메리는 무척… 산뜻하고 솔직한 것 같다고 생각했습니다."

"그건 감정적인 관찰이야. 난 그걸 따라잡을 만큼 똑똑한 사람이 아닐세. 내 눈에는 로즈 메리가 입은 분홍색 스웨터가 보이는군."

"맞아요."

"내가 하나 알려주자면, 자네는 꽤 생각이 많아."

"알고 있어요. 그래서 이 자리에 있는 거고요." 존이 말했다.

"당장 생각을 멈추게!" 강의실에 웃음이 터졌다. "로즈 메리의 분홍색 스웨터가 보이나? 머리카락은 헝크러져 있나? 바지는 무슨 색인지 보이나?"

"네."

"자네도 들을 수 있고 따라서 말할 수 있다고 했으니, 로즈 메리를 보고 관찰한 것을 말해보게. 그럼, 로즈 메리 자네는 존이 말하는 것을 그대로 따라 하게. 그런 다음, 존은 로즈 메리가 말한 것을 그대로 따라 해야 하네. 내가 두 사람에게 멈추라고 할 때까지."

존이 시작했다.

"네 머리에서 윤이 나."

로즈 메리가 따라 했다. "네 머리에서 윤이 나."

"네 머리에서 윤이 나."

"네 *머리*에서 윤이 나."

"네 *머리*에서 윤이 나."

"네 머리에서 윤이 *나*."

"아니야." 마이즈너가 두 사람을 멈추고 말했다. "자네는 다양하게 변주를 주며 읽고 있군. 그건 안 돼. 다시 해보게. 다른 것으로."

잠시 후 존이 다시 시작했다. "네 귀걸이는 작아."

로즈 메리가 말했다. "네 귀걸이는 작아."

두 사람이 대여섯 번 정도 같은 문장을 반복했을 즈음 마이즈너가 멈추게 했다.

"잘했네. 이제 두 사람 모두 들은 것을 따라 할 수 있다는 것을 확인했지. 이걸로 끝이 아니야. 이제 시작일 뿐이지. 존은 로즈 메리의 귀걸이를 관찰했고 그에 대해 말했어. 그리고 자네는 들은 말을 반복했지. 이제까지 자네들은 서로를 듣고 들은 것을 반복했네. 내가 지시한 그대로 말이야."

학생들은 짝을 지어 마이즈너가 명명한 '레피티션 훈련(The Word Repetition Game)'을 몇 번이고 반복했다. 금발의 어린 남학생 필립은 레이어드 컷의 갈색머리 세라와 파트너가 되었다. 두 사람은 필립의 문장을 반복했다. "네 눈은 파란색이야." 마이즈너가 멈추라고 할 때까지 두 사람은 문장을 주고받기를 거듭했다.

"좋아. 아마 말도 안 되게 바보 같다고 생각할지도 모르지만, 이건 시작일 뿐일세. 여러분 모두 서로를 들었나? 모두가 들은 것을 따라 반복했나? 그렇군."

한 쌍의 학생들이 "네 귀걸이는 반짝반짝해"라는 말을 반복하고 난 뒤 마이즈너는 덧붙였다. "상당히 기계적이고 비인간적이지만 이 자체가 무언가의 기초가 된다네. 단조로워 보이기도 하지만 중요한 초석이 되지."

애나와 그녀의 파트너가 "네 셔츠에는 분홍색 글자가 써 있어"를 열 번 이상 반복하고 난 뒤, 그는 이렇게 말했다. "아주 잘했네. 텅 비어 있고 비인간적이지? 하지만 그 안에는 무언가가 있지. 연결성 말이야. 두 사람이 서로에게 귀 기울이고 있지 않았나? 그게 바로 연결성이야. 연결성은 서로를 향해 귀를 기울이는 것에서부터 비롯된다네. 아직 어떤 인간적인 면은 없지만. 필기하고 싶다면 받아 쓰게. '핑퐁 게임'이라고. 이것이 기초가 되어 결국엔 감정적인 대화로 이어진다네."

마이즈너는 잠시 숨을 고르고 말했다.

"이제 어디서 갈등이 생기는지 보여주겠네." 그는 갈색 머리를 땋아 내린 여학생에게 몸을 돌려 물었다. "자네는 자수가 놓인 블라우스를 입었어. 맞나?"

"아니요."

"그럼 뭐라고 대답해야 하지?"

"아뇨, 저는 자수가 놓인 블라우스를 입지 않았어요."

"맞아! 이건 그녀의 관점(point of view)에서 반복한 것이지. 이 즉시 두 사람 사이에 접촉이 생긴 거야."

그는 세라에게 말했다.

"자네는 펜을 들고 있군."

"네, 저는 펜을 들고 있어요."

"그래, 자네는 펜을 들고 있어."

"네, 저는 펜을 들고 있어요."

"맞았어! 이제 이것은 인간적인 발화가 되었네. 그렇지 않나? 먼저 기계적인 반복(mechanical repetition)이 이뤄졌고, 다음에는 상대방의 말을 자신의 관점에서 반복했어." 마이즈너는 숱 많은 검은 머리 여학생에게 말했다. "자네는 머리를 말았군."

"네, 저는 머리를 말았어요."

"그래, 그렇다고."

"네, 저는 머리를 말았다고요."

"말했잖아, '그렇다'고."

"네, 그래요."

"그래. 자네가 머리를 만 걸 알겠네."

"그러니까요. 제가 머리를 만 걸 알고 계세요."

"여기까지 하지. 이건 자신의 관점을 갖고 하는 레피티션 훈련이야. 이제 인간적인 대화가 되었지." 그다음, 분홍색 글씨가 써 있는 상의를 입은 학생에게 마이즈너가 말했다. "자네는 나를 보고 있어."

"저는 샌디를 보고 있어요."

"자네는 나를 보고 있다고."

"저는 샌디를 보고 있어요."

"인정하는 건가?"

"인정해요."

"인정하는군."

"인정하죠."

"마음에 들지 않는데."

"마음에 들지 않으시는군요."

"상관없나?"

"상관없어요."

"상관없다고?"

"상관없다고요!"

마이즈너는 학생을 향해 혀를 쭉 내밀어 보이며 대화를 끝냈다. 또다시 강의실은 웃음으로 번졌다.

"이것이 레피티션 훈련이라네. 너무 앞서가지 않도록 하지. 집에서 이 훈련을 한다면 기계적으로, 처음 시작했을 때의 방식으로 해보게. 그런 다음 자네들 각자의 관점을 갖고 훈련해보게.

· · ·

"오늘 수업을 시작하면서 연기의 기초는 행동의 사실성에 있다는 말을 했지. 이 말의 정의를 지금까지 우리가 한 것과 함께 어떻게 설명할 수 있을까?"

존이 말했다. "우리는 단순하게 어떤 일을 행할 때 스스로에게 집중하지 않게 되는 것 같아요."

"자네는 자기 외부의 무언가에 집중했군. 다른 사람들은 어떻게 생각하지?"

"제가 어떤 행동에 집중할 때는 행동하는 제 자신을 돌아볼 여유가 없어요. 그저 그 행동을 하는 데 시간과 에너지를 할애하니까요." 턱수염을 깔끔하게 정리한 청년 레이가 말했다.

"좋은 대답이군. 또 있을까?"

세라가 대답했다. "저희가 했던 것들은 모두 상당히 구체적이고

'실행 가능한(do-able)' 것들이었어요."

"내가 여러분에게 시킨 활동들이 구체적이고 '실행 가능'했다고?"

"음, 손에 만져질 것 같이 실제적이었다고 해야 할까요. 누군가를 직접 마주하고 속눈썹을 세거나 전구의 개수를 세는 것처럼 말이에요."

"진짜, 정말 구체적으로 존재하는 무언가라는 말이지. 그렇다면 '행동의 사실성'이란 무슨 의미일까?"

수업 시간 중 질문을 받은 적이 없던 진지한 표정의 청년이 말했다.

"무언가를 정말로 직접 하는 것을 말하는 것입니다. 하는 척하는 것이 아니라요."

"그리고 캐릭터로서 하는 것이 아니지. 여러분은 피아노 연주에 앞서 피아노 뚜껑을 먼저 여나, 아니면 닫힌 상태로 연주하나? 피아노 뚜껑을 여는 것이 행동의 사실성이라고 할 수 있네. 질문 있는 사람?"

레이가 말했다. "샌디는 저희가 실제로 행동할 수 있는 것들을 하게 하셨어요. 다른 사람을 관찰하거나 차 소리를 듣는 것처럼요. 차 소리를 듣거나 옆 사람을 관찰하는 데 집중하면 어떤 캐릭터가 되어야 하는지는 생각할 필요가 없어요. 오로지 그 행동을 하고 있는 데에 집중하게 되니까요."

"그게 바로 캐릭터일세."

"그게 캐릭터라고요?" 레이가 다시 물었다.

"그래. 맞아."

"그렇다면 어떤 캐릭터가 되기 위해 연기할 필요가 없고, 저의 행동 안에 캐릭터가 있다는 말씀이신가요?"

"맞아. 이해가 되나? 어떤 극이든 마찬가지야. 그… 희극 작가, 이름이 뭐였지?"

"닐 사이먼Neil Simon이요?"

"그래, 실상 희극이든 뭐든 모든 극은 행동의 사실성을 기반에 두고 있어. 리어왕이 하늘을 향해 주먹을 휘두르는 것 역시 운명에 대항하며 고함을 지르는 배우의 행동에 기초하고 있지. 알겠나? 이 부분은 지금 여러분이 생각하는 것보다 여러분 안에서 훨씬 더 확장되어 나아갈 거야. 그리고 조금씩 스스로의 모습을 드러낼 거라네. 이것이 바로 연기의 기초이며 기반이 된다는 사실이지."

¶

"새로운 시작이군. 자네는 내가 그만둘 거라 생각했겠지!"

마이즈너는 그의 조교 스콧 로버츠Scott Roberts에게 말했다. 두 사람은 강의실 한 층 아래에 있는 마이즈너의 사무실로 가기 위해 엘리베이터를 기다리는 중이었다.

"늙은 말에게 총을 쏘는 것처럼 누군가 나에게도 한 방 날려주면 좋겠어."

스콧은 웃음을 지었다. "하지만 샌디, 이번 학생들도 다들 전망이 밝고 매력적이에요. 그중 몇 명이나 연기를 배울 수 있을지가 궁금하네요."

스콧은 고개를 끄덕이며 엘리베이터 버튼을 한 번 더 눌렀다. 저

아래에서 모터가 웅웅 울리며 움직이기 시작했다.

"내가 여기서 가르친 세월이 벌써 50년이 넘었네. 그동안 몇천 명이 넘는 젊은이들에게 연기를 가르쳐왔지. 내 실력이 아주 형편없진 않았어. 가까운 예가 바로 자네 아닌가."

"감사합니다."

"지금까지의 성공률에 만족하고 그만둬도 좋을진 모르지만, 난 그러진 않을 거야."

두 사람은 도착한 엘리베이터에 들어섰다.

"연기는 예술이야. 연기를 가르치는 것 역시 예술이지. 궁극적으로는 배우의 재능과 나의 재능이 어떻게 맞물리느냐의 문제지만 말이야. 시간이 알려주겠지. 어찌됐든 다시 시작할 수 있어 좋아!"

03

꼬집기 & 아파하기

마이즈너   다른 학생의 움직임을 모방해보니 어떤가, 브루스?

브루스   제 자신의 긴장에서 벗어날 수 있어요.

마이즈너   방금 브루스가 말한 것처럼 자신의 긴장에서 벗어나는 것, 자신의

외부로 집중점을 옮기는 것이야말로 엄청난 승리라네.

10월 3일

마이즈너는 지난 수업 때 분홍색 글씨가 쓰여 있는 상의를 입었던 남학생을 보며 말했다.

"자네 이름은 빈센트였고, 자네 파트너는….."

"애나입니다." 빈센트 앞에 앉아 있던 여학생이 말했다.

"애나. 좋아. 두 사람 모두 일어나서 등을 마주하고 서보게."

"등이 닿아야 하나요, 떨어져야 하나요?" 빈센트가 물었다.

"떨어져야 하네. 빈센트, 이리로 와보게."

빈센트는 마이즈너가 앉아 있는 회색 나무 책상 쪽으로 갔고 잠시 그와 이야기를 나누었다. 잠시 후, 빈센트는 앞에 서 있는 애나 뒤에 등을 돌리고 섰다. 그러고는 바지 주머니에서 동전 몇 개를 꺼내 바닥에 떨어뜨렸다.

"너 동전 떨어뜨렸어?" 애나가 물었다.

"나 동전 떨어뜨렸어."

"그래, 너 동전 떨어뜨렸다고."

"맞아. 나 동전 떨어뜨렸어."

"그래. 너 동전 떨어뜨렸다고."

"잘했네. 이제 내 말을 듣게." 마이즈너는 두 사람의 대화에 끼어들 듯 말했다.

"빈센트, 이쯤해서 자네는 애나가 잘 듣는다는 걸 알았고 그녀에게 반복해서 말했지. 자네가 어떤 식으로 말하든 그 이유는 모두 애나가 그렇게 만든 거지. 그리고 애나, 자네는 빈센트가 동전을 떨어뜨린 것을 알아챘고 그가 칠칠치 못하다고 여겼었지."

"그건 그냥 추측일 뿐이에요." 빈센트가 억울한 듯 말했다.

"그렇다면 자네는 부정할 수 있어. '나는 칠칠치 못한 것이 아니야!' 이해했나?"

"네."

"좋아. 새롭게 다시 시작해보지. 천천히."

잠시 후 애나가 팔꿈치로 빈센트의 등을 쿡 찔렀다.

"너 내 등을 찔렀어!"

"난 네 등을 찔렀어."

"넌 내 등을 찔렀어."

"그래, 내가 네 등을 찔렀다고."

"그러니까, 네가 내 등을 찔렀다고."

빈센트가 불쾌한 듯 말하자 애나는 오히려 신이 나 말했다. "그래, 내가 네 등을 찔렀다니까."

"뭐가 그렇게 재미있어?" 빈센트가 쏘아붙였다.

"뭐가 그렇게 재미있냐고?"

"뭐가 그렇게 재미있냐고?" 빈센트가 반복했다.

"뭐가 그렇게 재미있냐고?"

"*뭐가* 그렇게 재미있냐고?" 빈센트가 주어에 부자연스러운 강세를 주며 말했다.

마이즈너는 즉시 두 사람을 멈췄다.

"안 돼! 그건 리딩이야. 그전까지는 아주 좋았어. 하지만 '*뭐가* 그렇게 재미있냐고?'는 다양성을 위한 변주일세. 내가 하나 보여주지. 두 사람이 주고받는 말은 바뀌었고 그건 본능적으로 일어난 변화였네. 본능(instinct). 무슨 뜻인지 예를 들어보지. 빈센트, 자네가 친구와 같이 백화점에 쇼핑을 갔다고 상상해봐. 마음에 드는 넥타이를 보면 '야! 저 넥타이 보여? 저거야!' 하고 말하겠지. 또는 파티에 갔는데 마음에 드는 여자를 보고 '쟤랑 사귈 거야!'라고 할 수 있네. 이건 모두 본능에서 비롯된 거야. 이해가 되나? 이번에는 본능에 입각한 말의 변화와 함께 레피티션 훈련을 해보겠네. 방법을 알려주지."

마이즈너는 빈센트에게 몸을 기울이더니 목소리를 낮춰 말했다. "빈센트, 내가 어떤 질문을 하든, '아니오'라고 대답해."

그러고는 바로 목소리를 크게 높여 물었다. "나한테 20달러를 빌려줄 수 있나?"

"제가 20달러를 빌려드릴 수 있냐고요?"

"20달러를 빌려줄 수 있냐고?"

"아니요, 20달러를 빌려드릴 수 없어요."

"나한테 20달러를 빌려줄 수 없다고?"

"20달러 빌려드릴 수 없어요."

"빌려줄 수 없어?"

"빌려드릴 수 없어요."

"빌려줄 수 없다고?"

"없어요!"

"자네 정말 형편없군 그래!"

"저는 정말 형편없어요!"

"그건 내가 한 말이야!" 모두가 웃음을 터뜨렸다. 학생들이 조용해지자마자 마이즈너는 입을 열었다. "자, 변화는 본능적으로 일어났지."

잠시 후 마이즈너는 두꺼운 안경 너머로 우스꽝스러운 표정을 지으며 애나를 쳐다보고는 이렇게 말했다.

"오늘 밤 우리 집에 오겠나?"

"제가 오늘 밤 샌디의 집으로 가겠냐고요?"

"오늘 밤 우리 집에 오겠냐고?"

"오늘 밤 샌디의 집으로 가겠냐고요?"

"오늘 밤 우리 집에 오겠냐고?"

"아뇨, 저는 오늘 밤 샌디의 집에 가지 않을 거예요."

"오늘 밤 우리 집에 오지 않겠다고?" 그는 얼굴을 잔뜩 찌푸린 채 짓궂게 말했다. "철벽 한번 엄청나군!"

또 한 번 웃음이 터졌다.

"한번 이야기해볼까. 언제 우리 안에서 즉각적인 무언가가 생겨났지? 그리고 어떻게 일어났나?"

"본능은 우리 안에 늘 존재해요! 그렇기에 언제든지 일어날 수 있어요." 빈센트가 말했다.

"맞아. 자네가 내게 20달러를 빌려주지 않겠다기에 나는 자네를 형편없다고 말했지. 애나가 말한 식으로 우리 집에 오지 않겠다고 했기 때문에 나의 본능으로 그녀는 꽤 철벽녀라는 걸 알게 됐지.

본능이 대화를 바꾼 거야. 대화를 바꾸면 우리는 또 다른 본능이 대화를 바꾸기 전까지 그 대화를 계속 반복하는 걸세. 질문 있는 사람? 레이?"

"만약 파트너가 아무것도 하지 않는다면요? 본능적으로 저를 짜증나게 한다는 걸 알게 된다면요?"

"그걸 이용해야지!"

"그럼 이렇게 말하면 될까요? '넌 아무것도 하지 않아!'"

"혹은 '넌 나를 짜증나게 만들어!'"

"'넌 나를 짜증나게 만들어!' 결국 아무것도 하지 않은 것은 아닌 셈이네요."

"그럴 수 없지. 아무것도 아닌 것은 없다네. '아무것도 아닌 것은 없다.' '아무것도 아닌 것은 없다.'"

"침묵은요?" 세라가 물었다.

"침묵 역시 순간이지. 침묵의 순간도 결국 의미가 있지. 내가 증명해볼까. 나한테 자네가 재능이 있다고 생각하는지 물어보게."

"마이즈너 선생님, 제게 재능이 있다고 생각하세요?"

마이즈너는 그녀에게서 고개를 홱 돌리고는 입을 꾹 다물어 침묵했다. 학생들이 하나둘 웃음을 터트렸다.

"이것도 침묵이었지, 안 그런가?" 웃음이 잦아들자 마이즈너가 질문했다.

"네, 맞네요···." 세라는 겨우 대답했다.

"자네의 대답이 핵심이야. '네, 맞네요···.' 침묵은 사실 많은 것을 내포했기 때문이지. 침묵은 셀 수 없을 만큼 무한한 의미를 담고 있어. 극 중에서 침묵은 단어의 부재이지만 결코 의미의 부재는 아니야."

아주 짧은 침묵이 좌중에 머물렀다. 잠시 후 로즈 메리가 물었다.

"그 말씀의 의미는 저희가 레피티션 훈련을 할 때 파트너가 '너는 회색 셔츠를 입었어. 너는 회색 셔츠를 입었어'라고 반복하며, 저를 보지 않고, 지루해 보인다면 '너 지루해'라고 말해도 되는 걸까요?"

"파트너의 행동에 대해서? 그렇지. 자네들은 반복을 하는 중에 일어나는 변화를 알아차리게 되는 시점을 맞이할걸세. 그게 뭐든 상관없어. 나한테 질렸나? 그렇다면 그 또한 변화라 할 수 있어. 혹은 파트너가 자신에게 짜증이 난 것 같다면 그로부터 자신에게 온 변화를 겪으며 '너 짜증내'라고 말할 수 있겠지. 다시 말해, 자네의 본능은 파트너의 행동에서 일어난 변화이기에 대화 역시 변하게 된다는 거야. 상점에 들어가서 원피스를 봤다고 가정해보지. '저건 딱 내 스타일이야!' 하는 것도 본능이지. 시간을 들여서 자네의 내면을 살펴보면, 자동적으로(automatic), 아니 나는 이 말을 좋아하지 않으니 말을 바꿔보지. 자발적으로(spontaneous) 자네 안에서 변화가 일어날 거야. 자네가 지금 훈련해야 하는 것이 바로 이거야. 반복 자체가 아니라 자네의 본능이 변화를 좌우하게 해야 해."

"본능에 대해서 먼저 이야기했는데, 이제는 재능(talent)이 어디서 오는지 이야기해보지. 나는 재능은 본능에서 비롯된다고 믿는다네. 이게 무슨 의미일까? 누가 설명해보겠나?"

로즈 메리가 손을 들었다.

"저는 우리 모두가 본능을 갖고 있고 스스로 얼마나 확신하느냐에 따라서 본능 또는 재능이 발휘된다고 생각해요. 스스로 마음을 열고 솔직해질 수 있다면요."

"아, 하지만 요즘은 사회적으로 용인 가능할 때만 본능을 따르는 경향이 있지 않나. 무언가에 대한 호불호 때문에 교양 없는 사람으로 낙인찍힐까 봐 두려워하기도 해. 어느 상류층 여학생이 사회적으로 용인 가능한 것만 말하도록 배웠다고 해보세. 친구의 연극을 보러 간 그녀는 그 친구의 연기를 보고 경악을 금치 못했지만 백스테이지에서는 이를 악물고 친구를 껴안으며 이렇게 말해. '정말 멋진 연기였어!'"

학생들은 마이즈너의 실감나는 연기를 보며 웃음을 참지 못했다.

"그녀가 정말 본능적으로 하고 싶은 말을 꾹 참기 위해 턱에 잔뜩 힘을 주고 있는 게 단번에 보일 거야. 배우에게는 절대 좋지 않지. 이런 통제가 지금까지 우리가 이야기한 자발적인, 본능적인 행동과 얼마나 반대되는지 알겠나?"

웬디와 짐, 20대 초반의 두 사람이 레피티션을 시작했다. 잠시후 마이즈너가 끼어들었다.

"두 사람 모두 잠깐 멈춰보게. 웬디, 자네는 스스로를 조작(self-manipulative)하고 있어. 무슨 뜻인지 알겠나?"

"네, 하지만 왜 그렇게 말씀하시는지는 모르겠어요."

"자네가 지금 그렇게 하고 있지 않나. 스스로 하고 있는 말을 계속 통제하고 있지. 자네 스스로가 아니라 자네의 파트너에게 달려 있어야 하네. 지금 자네가 하는 건 자기 조작이네. 이해했나?"

"짐도 통제권을 잡아야 하는 건가요?"

"뭐라고?"

"제가 저희를 통제하고 있다고 말씀하셨잖아요? 짐에게도 책임이 있는 게 아닌가요?"

"짐의 책임은 반복하는 것뿐이네. 자네도 마찬가지이고. 자네는 지금 머리로 이 훈련을 하고 있어. 이 훈련을 하는 이유는 자네의 반응을 말로써 조작하는 것이 아니라, 파트너로부터 얻은 변화를 가지고 반복하기 위해서야. 파트너에게서 얻은 변화로 반복하면 흐름이 끊기는 일이 없지. 자네의 머리는 다음에 무엇을 말할지, 어떻게 해야 할지 계속해서 생각하고 있지 않나. 어떻게 해야 이를 멈출 수 있을까?"

"생각하지 않음으로써요. 제가 댄서이기 때문에 이해할 수 있어요. 현재 하고 있는 스텝을 의식하지 않아야 좋은 안무가 나오거든요. 이미 방법은 잘 알고 있기 때문에 생각하지 않고도 저절로 스텝이 나오는 거죠."

"여기서도 그렇게 해야 해. 짐, 자네도 웬디와 같은 문제가 있어. 정도는 조금 다르지만 비슷하지. 어떻게 해결할 수 있을까?"

"말씀하셨듯이 생각하지 않는 거예요. 현재에 일어나는 것에만 중점을 두는 거죠."

"듣게, 반복을 계속하되 파트너에게 집중해. 머리를 비울수록 지금보다 더 나은 배우가 될 가능성도 올라갈 거야. 이 훈련에서 중요한 것은 들은 대로 따라하는 거야. 아무것도 만들어내지 마. 그럴 바에는 차라리 막혔으니 잠깐 멈추자고 하는 게 나아. 그리고 다시 시작하는 거지. 이 과정에서는 생각이 끼어들 틈은 없어."

잠시 후 마이즈너가 물었다. "웬디, 어떤가?"

"글쎄요. 지금까진 제가 생각이 많다고 여긴 적이 없었지만, 말씀을 듣고 보니 그랬던 거 같아요. 더 심해지기 전에 알게 된 게 다행인 것 같고요. 오히려 생각하지 않는 편이 훨씬 쉬울지도 모르겠어요."

"자네의 본능과 함께 훈련하게. 지금까지 우리가 나눈 얘기가 바로 그거야. 알겠나?"

10월 6일

"조지프, 지금 한 건 당장 집어치워야 해. 자네는 현재의 순간에 더해 답변하는 식의 말을 연결시키고 있어. 예를 들어, 파트너가 '너는 감기에 걸렸어'라고 말한다면, 자네는 '맞아. 나는 감기에 걸렸어. 옷이 홀딱 젖었거든' 하고 대답하지. 이건 파트너의 말을 단순 반복하는 것이 아니라 상황에 대한 지적인 설명을 추가하면서 두 개의 순간으로 만들고 있는 거야. 파트너가 '얼굴이 굳었어'라고 말하면 '맞아, 내 얼굴이 굳었어. 긴장했거든'이라고 말하면서 또 두 개의 순간을 만들어버리지."

"그럼 단순하게 '맞아, 내 얼굴은 굳었어'라고만 말을 맺으라는 말씀이신가요?"

"한 번에 하나의 순간, 하나의 내용(note)만 담아야 해. 이해했나?"

"네."

"그리고 말의 반복도 정도가 너무 지나치네. 파트너에게서 보여진 무언가에 대해 말하고 대답을 받지 못하면 파트너가 침묵하지 않고 반드시 반복해야 할 의무가 있는 것처럼 자네가 재차 반복하고 있지 않나. 무슨 말인지 직접 보여주지."

마이즈너는 오른쪽에 앉아 있던 애나에게 몸을 기울여 "내 말에 대답하지 말게!"라고 속삭였다. 그러고는 그녀를 뚫어져라 쳐다보고 그녀의 목걸이를 가리키며 물었다. "그거 금목걸이야?"

애나는 아무 반응하지 않고 침묵으로 일관했다.

"그거 금목걸이야?" 마이즈너는 기계적으로 반복했다. 애나의 대답을 기다렸지만 여전히 반응은 없었다. "봤나, 조지프. 이게 자네가 한 거야. 같은 말을 같은 식으로 두 번 반복하지. 이것도 한번 보게."

마이즈너는 다시 애나를 보며 말했다. "그거 금목걸이야?" 이번에도 애나는 침묵했고 잠시 기다리던 마이즈너는 격분하며 크게 소리쳤다. "나를 이상한 사람 쳐다보듯 하지 말라고!"

조지프는 고개를 끄덕였다. 마이즈너가 말을 이었다. "파트너가 침묵하면 같은 말을 반복하는 것이 아니라 침묵을 새로운 순간으로 받아들여야 해."

"순간이 변화한 것인가요?"

"변화했지, 파트너가 침묵했기 때문에 말이야. 이해하겠나?"

"네."

"다음 주 목요일에 수업이 있는지 내게 물어봐."

"다음 주 목요일에 수업이 있나요?"

그는 조지프의 질문을 무시하고 무심하게 허공만 쳐다봤다. 침묵이 이어지자 결국 조지프가 유감스럽다는 듯이 말했다. "없는 거군요." "혹은," 마이즈너가 날카로운 미소를 띠며 말했다. "우리 대화하는 사이 아닌가요?"

조지프가 고개를 끄덕였다.

"이제 알겠나?"

"네, 이해했습니다."

"그럴 줄 알았네."

"필립, 자네는 연기가 인생의 모방이라는 그릇된 생각을 갖고 있군."

건장하지만 아직 어린 티가 나는 금발의 젊은 청년이 아랫입술을 긴장한 듯 깨물었다. 마이즈너는 천천히, 그러나 상당히 확신이 담긴 목소리로 말했다.

"자네는 논리적이려고 애쓰지, 실제 삶처럼 말이야. 예의 바르려고 애쓰기도 해, 이 또한 자네의 실제 삶처럼 말이야. 현재 지구상에서 가장 나이 많은 선생으로서 감히 한마디 하겠네. 예의 따위 엿이나 먹으라고 해!"

마이즈너는 열정적으로 말을 이었다. "자네가 할 일은 하나야. 파트너를 듣고 반응하며 반복하는 거지. 만일 상대가 혀를 내밀면 그건 무례한 거고 어른답지 못한 거라고, 자네 또래라면 해서는 안 될 일이라 여기지 말고 있는 그대로를 받아들이게. 이것이 자네의 할 일이라네!"

"망설이지 말고 하라는 말씀이시군요."

"그래! 만약 자네 어머니가 자네를 때리면 맞받아치게!"

"알겠습니다. 예의를 모르는 사람들과 좀 어울려야겠네요."

"본능을 따를 줄 아는 사람들과 어울려야지."

"그러려면 본능을 따르는 사람을 먼저 찾아야겠네요."

"아니야. 그건 이미 자네 안에 있네! 우리 모두 이미 본능이 있어. 모르겠나?" 마이즈너는 강의실 안의 모두를 스윽 훑으며 말했다. "자네의 파트너가 무엇을 하든 있는 그대로 받아들이게. 맞든 틀리든 예의 바르든 아니든 뭐든지. 이 말을 해두지. 자네가 되고 싶은 건 신사가 아니라 배우야. 그런데 이미 자네는 스스로 신사라는 생각을 갖고 있어."

"네."

"그 생각은 잊어버려!"

"노력해보겠습니다."

"어쩌다 스스로 논리적인 신사라는 착각을 하게 된 건가?"

"흔히들 '신사가 되어야 한다'고 하잖아요. 저도 그 말대로 따라야 한다고 생각했어요."

"필립, 제발 부탁이니 그렇게 말하는 사람들의 엉덩이를 힘껏 걷어차버리게!"

"오늘은 기초적인 것에 대해 이야기해보지. 여러분에게 소개할 훈련이 하나 있어. 기초적이라고 했지만 필수적이고 더욱 명확해질 걸세. 존, 일어나보게. 어떻게 시작하는지부터 보여주겠네. 여기서 두 가지 기본 원칙이 등장하는데, 원한다면 받아 적어두도록 하게."

그는 책상에서 일어나 자신보다 훌쩍 큰 존 옆으로 가서 섰다.

"'내게 무슨 일이 일어나지 않는 한 어떠한 행동도 하려고 하지 말 것.' 이게 첫 번째야. 두 번째는 '내가 하는 행동은 내가 아니라 파트너에게 달려 있다.' 존, 대사 암기 실력은 좀 어떤가? 괜찮은 편인가? 빠른 편인가? 여기 대사가 하나 있네. '마이즈너 선생님.' 암기할 수 있겠나? 내게 들려주게."

"'마이즈너 선생님.'" 존이 간단히 대답했다.

"나쁘지 않아." 학생들이 웃었다. "무슨 일이 일어나지 않는 한 아무것도 하지 말라고 말했지. 내가 하는 행동은 나 자신으로부터가 아니라 타인에게 달려 있다고도 말했어. 지금 자네에게는 대사가 있네. 기억하나?"

"네."

"그게 뭐였지?"

"'마이즈너 선생님.'"

"완벽해. 반대쪽으로 돌아보겠나?"

학생들이 그의 다음 행동을 예상한 듯 킥킥거리기 시작했다.

"다들 왜 웃는 거지? 난 아직 아무것도 안 했어!"

그 뒤 마이즈너는 존의 등을 크게 한 움큼 꼬집었다.

"'마이즈너 선생님!'" 존은 펄쩍 뛰어오르며 소리쳤다. 학생들은 크게 웃으며 박수를 쳤다. 마이즈너가 말했다.

"이게 바로 내가 말한 거야. '나에게 어떠한 일이 일어나지 않는 한 아무것도 하지 않는다. 내가 하는 행동은 나 자신으로부터가 아니라 타인에게 달려 있다.' 내가 자네를 소리 지르게 만들었나?"

"네, 그렇죠."

"자네에겐 정당성(justification)이 있지. 좋아, 존. 자리에 앉게. 아주 잘했네. 로즈 메리, 이리로 와보게."

로즈 메리는 자리에서 일어나 강의실 가운데로 갔다.

"자네의 대사 학습력은 어떻지?"

"좋아요."

"'마이즈너 선생님.'"

"'마이즈너 선생님.' 그게 제 대사군요."

"그래, 자네 대사야. 한번 연습해볼까? 자네의 대사는 뭐지?"

"'마이즈너 선생님.'" 로즈 메리가 말했다.

"원칙은 뭐였지?"

"무언가가 일어나기 전까지는 행동하거나 말하지 말아라."

"무언가가 일어나기 전까지는 어떠한 행동도 하지 말되 말하는 건 상관없어. 대사가 뭐였지?"

"'마이즈너 선생님.'"

"좋아. 등을 돌리고 돌아서게. 대사를 잊지 말게. 무언가가 일어나기 전까지는 아무것도 하지 말고…."

마이즈너는 아무렇지 않게 그녀의 어깨를 잡더니 손가락만 살짝 움직였다.

"'마이즈너 선생님!'"

로즈 메리가 화들짝 놀라 몸을 피하며 키득거렸다.

"연기가 얼마나 진실한지, 얼마나 감정으로 충만한지 이제 알겠나. 그나저나 자네가 간지럼을 심하게 잘 탈 줄은 몰랐군."

학생들은 다같이 웃음을 터트렸다.

"지금껏 내가 설명한 것은 매우 기초적이지만 테크닉과 매우 유기적으로 연결된 것이야. 여기서 어떤 것을 봤지?"

"진실한 반응이요." 조지프가 말했다.

"무엇에 대한 반응?"

"꼬집기나 잡기에 대한 반응이요."

"즉, 나의 꼬집기가 상대가 아파하는 반응을 정당화했다는 말인가?"

"맞아요."

"그리고 상대의 놀란 반응은 내가 꼬집은 행동에 대한 즉각적인 결과였을까?"

"네."

"이것과 연관된 원칙은 뭐지?"

"무슨 일이 일어나기 전까지는—"

"어떠한 행동도 하지 마라. 존에게 무슨 일이 일어났지? 로즈메리에게 무슨 일이 일어났나? 즉각성은 이것과 관련되어 있지. 다른 하나는 뭐였지?"

"진심이요. 그것은 진실이 바탕이 되어야 하죠." 조지프가 말했다.

"맞아. 바로 그거야." 마이즈너가 말했다.

¶

"그룹 시어터 초기 시절 배우들은 이른바 '즉흥극(improvisations)'을 했었지."

마이즈너는 사무실 벽난로 앞에 있는 안락의자에 편안히 기대어 앉았다. 이번 수업은 꽤 길었던 탓에 어느새 창밖은 뉘엿뉘엿 저녁놀이 내려 앉았다. 스콧 로버츠는 커다란 가죽 서류가방을 무릎에 올려놓은 채 벽에 있는 소파에 앉아 있었다.

"극 속 우리가 처한 상황에서 대략적으로 기억하는 바를 생각해 내어 대부분 말로 표현을 했지. 우리가 기억하는 연극의 줄거리만을 가지고 우리의 말로 직접 재구성하는 거였어. 하지만 지적 표현에 치중한 말도 안 되는 작업이라는 걸 깨달았어. 작곡가는 효과적일 거라고 생각하는 것을 악보에 적지 않네. 마음에서 우러나오는 것으로 작업하지. 나는 배우들이 지성에 매달리지 않는 훈련법을 제공해야겠다고 다짐했어. '머리'로 하는 일은 완전히 꺼버리고 정신적인 조작에서 벗어나 충동(impulse)이 비롯되는 지점으로 가야 한다고 생각했거든. 그래서 만약 내가 듣는 그대로를 반복해서 말하면 머리를 쓰지 않을 거라는 가정을 떠올렸지. 귀 기울여 상대의 말을 듣는 행위에만 오롯이 집중하는 동안에는 뇌의 사고가 완전히 멈춰. 상대가 '네 안경은 더러워'라고 말하고, 내가 '내 안경은 더러워'라고 말하고, 다시 상대가 '맞아, 네 안경은 더러워'라고 말하는 행위에는 그 어떤 지성도 개입하지 않지."

마이즈너는 잠시 시선을 올려 자신의 작은 마호가니 책상 위에 놓여 있는 액자 속 엘레오노라 두세의 흑백 사진을 바라보았다.

"그다음 단계에서 나는 이렇게 말하지. '내게 10달러를 빌려줘.' 그럼 상대는 이렇게 말하지. '10달러를 빌려달라고?' '그래, 10달러를 빌려줘.' 대여섯 번 정도 이걸 반복해야 되는데, 여기서 중요한 건 거듭된 거절에 충동적으로 반복을 끊고 상대에게 이렇게 소리를 지르게 될 때까지 해야 한다는 거야. '이 치사한 놈!' 반복이 충동으로 이어지는 과정인 거지. 이건 절대 지적인 활동이 아니라 감정적이고 충동적이야. 그리고 훈련하는 배우들이 즉흥적으로 연기하면 할수록 마치 작곡가가 지성으로 작품을 만들어내지 않듯 그들이 하는 연기도 머리가 아닌 충동에서 더욱 진실된 형태로 나오게 된다네."

"알 것 같아요. 하지만 문제는 표면적으로만 받아들여 반복적으로 말을 주고받는 행위 자체는 무척 지루할 수 있다는 거죠. 빈센트는 수업 전에 저를 찾아와 레피티션 훈련 때문에 미칠 것만 같다고 말했거든요."

"아," 마이즈너는 손을 휘이 내저으며 말했다. "빈센트는 캘리포니아 출신으로, 자칭 나의 동문이라고 주장하는 선생에게서 배웠다고 강조했지. 보게. 반복은 그 핵심을 들여다보면 절대 지루하지 않아. 유기적인 창의성의 원천이라 할 수 있는 내적인 충동을 이용하지 않나. 그걸 더 분명히 할 수 있다면 좋겠군."

그는 잠시 말을 멈추었다. "만약 내가 피아니스트이고 한 시간 동안 앉아서 손가락을 일정한 방향으로만 움직이면 구경꾼들은 '그거 참 지루하네!' 하고 말하겠지. 구경꾼 입장에서는 당연히 그럴 수 있어. 하지만 이 분야의 전문가라면 그럴 듯한 행위만을 선보이는 것이 아니라 직관을 끌어올리는 방법을 배우고 익혀야 하지 않겠나. 초기 그룹 시어터에서 우리는 원작을 기억나는 대로만 말하며 즉흥극이라고 훈련했던 실수를 범했어. 성악가 조앤 서덜랜드Joan Sutherland와 같은 아파트에 살았던 내 친구가 한번은 이런 이야기를 들려주었지. '허구한날 같은 음계를 반복해서 미칠 것만 같았는데 어느 날인가 그 똑같은 소리가 맑고 깨끗하게 들리더군. 그다음부턴 모든 게 용서가 되었네.' 난 연기에서만큼은 상당히 지적이지 못한 선생이지. 내 접근법은 배우들이 자신의 감정적인 충동을 끌어내고 직관에 단단히 뿌리를 내린 연기를 하는 데 집중되어 있어. 좋은 연기는 마음에서 우러나오고, 그 안에 지적인 사고방식은 없다는 사실에 바탕을 두고 있지."

04

노크하기

수업 모토 : "반복하라."

— 3층 마이즈너의 강의실 문밖 냉수기 옆 놋쇠 현판에는 '1971년 졸업생 증

정'이라는 문구와 함께 수업의 모토가 적혀 있다.

10월 9일

"오늘은 좀 새로운 걸 해보고 싶군. 빈센트, 복도 건너편 교무실로 가서 전화번호부 한 권을 가져오게. 프레스토, 프레스토presto,presto (빨리, 빨리)."

잠시 후 빈센트는 두꺼운 맨해튼 전화번호부를 한 권 갖고 돌아왔다. 그는 강의실 한가운데 기다란 테이블에 앉아서 전화번호부를 펼쳤다.

"빈센트, 자네는 지난주 파티에서 아름다운 숙녀를 한 사람 만났지. 그녀가 이렇게 말했어. '다음 주 토요일 저녁에 우리 집에서 파티를 열 예정인데 오지 않을래? 가족들은 유럽 여행을 가 있을 거라 밤새 놀다가도 돼.' 어떤가? 무척 설레겠지?"

"네."

"좋아. 자네는 그녀의 이름과 주소를 쪽지에 적었는데 그만 잃어버리고 말았네. 하지만 다행히 이름은 기억하고 있었지. 이름은 K. Z. 스미스. 이스트사이드 맨해튼 70번가 근처에 산다고 했어. 이쯤이면 그녀의 주소를 찾아볼 이유가 충분하겠지?"

"네, 그 파티에 가고 싶어요."

"한 가지 밝히자면 나는 의도적으로 상황을 어렵게 만들었어. 맨해튼에 사는 스미스라니? 전화번호부에 스미스 성姓을 가진 사람만 열네 쪽이 나오는데! 그녀의 주소를 찾고 싶은 이유가 있기에 앞으로가 난관이지. 그렇지 않으면…."

"주말 밤을 혼자 보내게 되겠죠."

"그거 참 곤란하지. 애나, 빈센트에게 상황에 몰입할 잠깐의 시간을 주게. 그런 뒤 레피티션을 시작하게. 지금껏 해온 대로 하면 돼."

빈센트는 맨해튼 전화번호부에서 스미스 성이 적힌 페이지를 들여다보기 시작했다. 주소를 뒤지는 데 빠르게 집중한 그에게 애나가 조용히 말을 걸었다. "뭔가를 찾고 있어?" "뭔가를 찾고 있어." 그렇게 레피티션이 시작되었다. 핵심적인 부분은 변하지 않았지만, 빈센트가 K. Z. 스미스라는 여자의 주소를 찾는 문제를 해결하는 데 온 신경을 집중하고 있다는 점이 달랐고, 애나의 끈질긴 레피티션이 그의 일을 더욱 어렵게 만들고 있다는 점이 달랐다. 그 결과 둘의 감정적 대화는 더욱 충동적이며 예상치 못한 방향으로 흘러갈 수 있었다.

몇 분 후 마이즈너가 말했다. "꽤 잘하고 있군. 나는 자네에게 전화번호부를 이용해 하나의 과제를 만들어주었지. 꽤 협조적인 부모님 덕분에 열린 파티에 대한 이야기는 순전히 꾸며낸 것이지만 그녀를 찾는 것에는 무척이나 중요한 요소가 하나 있지. 해결하기 어렵다는 점이 바로 그거야. 자네가 모든 신경을 기울여 주소를 찾아내기 위해 집중하는 과정 속에 감정은 저절로 생겨나지."

그는 잠시 침묵했다 말을 이었다. "다음 단계로 나아가볼까. 레피티션 훈련에 이렇게 독립적인 액티비티(independent activity) 한 가지를 병행하는 것이 오늘의 새로운 단계야. 여러분 모두 어렵지만, 완전히 불가능하지는 않을 정도의 액티비티를 선택해보게. 아주 중요한 포인트지. 왜 그 일을 해내고 싶은지에 대한 이유가 있어야 하네. 왜냐하면 자네들의 집중력은 바로 그 이유에서 비롯되고 결국에는 자연스럽게 감정도 생겨날 테니."

마이즈너는 안경에 달려 있는 마이크를 조정하는 동안 잠시 말을 멈췄다. "한 가지 이야기해보지. 창의적인 아이디어를 갖는 것은 재능과 밀접하게 연결되어 있어. 여러분 모두는 상상력이 넘쳐나지. 그렇지 않나? 대답은 '긍정적'이겠지? 잡화점에 가서 싸구려 접시 하나를 산 뒤 깨뜨려보게. 남동생의 접착제를 훔쳐다 깨진 접시 조각들을 이어붙이고 마치 아무 일도 없었던 것처럼 행동해야 한다고 해봐. 여기서 생기는 질문. 왜 그렇게 해야 할까?"

"접시가 깨지면 이런저런 문제들이 생길 테니까요?" 로즈 메리가 대답했다.

"타당성이 있어야 하지. 만약 그 접시가 어머니가 수집하는 것 중에서 가장 좋아하는 것이었다면?"

"그 접시는 어머니에게 감정적으로도 상당한 큰 가치가 있겠죠." 로즈 메리가 말했다.

"그렇다면 어머니의 분노는 자네에게 커다란 골칫거리를 유발하겠지. 그게 그 일을 하게끔 하는 정당성이 될 수 있을까? 기억하게. 레피티션과 병행하는 독립적인 액티비티는 반드시 어려워야 해. 여러분이 그걸 해야 하는 이유 또한 반드시 현실성이 있어야 하지."

10월 13일

"차분히 시작해보지." 마이즈너는 조지프와 고급스러운 머리 스타일을 한 베스에게 말했다. "핵심은 자네 스스로 그 일을 해내야만 한다는 거라네. 조지프, 자네가 준비한 것을 하게. 베스는 조지프가 그 액티비티에 몰입할 시간을 주고. 서두르지 말고 시간을 가지게. 실수를 해도 좋아. 괜찮아. 일단 첫 단추를 끼워보지."

"질문 하나 해도 될까요?" 베스가 물었다. "조지프가 무언가를 하는 동안 제가 들어와서 레피티션을 시도하려고 할 때, 집중하고 있는 조지프를 보면 방해하고 싶지 않을 것 같아요. 실제로 저라면 그냥 조용히 방을 나갈 거거든요."

"그렇지, 하지만 이건 자네의 현실 그 자체가 아니라네. 이 훈련 속에 사는 자네야."

"제가 드리고 싶은 말씀이 그거였어요. 제가 고민되는 건… 긴장을—"

"그럼 기다려!"

"제게 어떤 일이 일어나기까지 기다리라는 말씀이신 거죠?"

"그래. 그건 어디서 일어날까?"

"조지프가 하는 행동으로부터요…?"

"조지프가 하는 행동으로부터. 이해가 되나? 자네가 말하는 것이 '연기는 대화다'라면, 내가 말하고자 하는 것은 예측하지 말고 '네가 행동하게 만드는 어떤 일이 일어나기 전까지는 아무것도 하지 말라'는 거야. 그렇지 않으면 그저 진실성 없는 무언가를 만들어내는 데 불과할 뿐이지. 좀 더 명확하게 설명해볼까?"

마이즈너는 담배에 불을 붙였다. "잠깐 기다려보게. 내가 아주 천천히 해보자고 했었지. 조지프, 자네는 뭘 할 건가?"

"제가 준비한 독립적인 액티비티에 대한 말씀이시죠? 제 조카가 아파서 곧 병원에 입원을 해요. 전 조카를 위해 만화를 그려서 두려워하지 말라는 위로의 메시지를 전하려고 합니다."

"좋아. 자네의 인생이 걸려 있는 것처럼 몰입하게. 내가 책상을 두드리면 그때부터 자네와 나는 레피티션을 하는 거야."

조지프는 아주 신중하게 끝이 뭉툭한 연필을 깎기 시작했다. 마이즈너는 조지프가 연필을 깎는 데에 완전히 몰입한 상태인 것을 확인하고는 책상을 똑똑 두드렸다. 조지프가 탁자에서 고개를 들고 물었다.

"샌디 쪽으로 주의를 돌려야 할까요?"

"자네에게는 계속해야 할 일이 있지 않나!" 마이즈너는 조지프가 하던 액티비티를 가리키며 말했다.

"네, 알아요."

"그럼 계속하게!"

조지프는 다시 고개를 숙여 액티비티에 몰두했고 마이즈너는 그를 뚫어지게 쳐다보며 말했다.

"뭐 하는 건가?"

"제가 뭘 하고 있냐고요?" 조지프가 그를 흘끗 보며 되물었다.

"왜 그런 식으로 흘끗 보나?"

"왜냐고요? 샌디를 보려고요."

조지프가 다시 만화를 그리기 시작했다. 1분쯤 지났을까, 마이즈너는 호기심에 가득 찬 채 자리에서 일어나 아무렇지 않은 듯 조지프가 있는 탁자 가까이로 다가갔다.

"바쁜가?"

"네, 바빠요."

"그래, 바쁘군."

"바빠요."

아주 짧은 침묵 후, 마이즈너는 조지프 쪽으로 한 걸음 더 가까이 다가갔다.

"자네 무척 바쁜가 보군."

그가 감탄한 목소리로 말했다.

"네, 무척 바빠요."

조지프가 대답했다.

"바쁘군."

"네, 바빠요."

"그래."

"네."

또다시 짧은 침묵 후, 마이즈너는 한 걸음 더 다가가 조지프를 내려다보며 말했다.

"나도 바빠."

"샌디도 바쁘다고요?"

조지프가 만화를 그리던 종이 위로 고개를 숙이며 말했다.

"그래, 나도 많이 바빠."

조지프의 어깨 너머로 허리를 숙이며 마이즈너가 말했다.

"샌디도 무척 바쁘시군요." 조지프는 갑자기 벌떡 일어나 화가 난 목소리로 외쳤다. "덕분에 아무것도 못하겠어요!"

"내가 바쁜 이유가 바로 그거야!" 마이즈너의 당당한 대답에 강의실 안은 웃음으로 가득했다. "이제, 핵심이 뭔지 알겠나?"

"하고 있는 것을 진심으로 하라는 거죠. 선생님이 저에겐 방해가 되었고 저는 동시에 만화를 그려야만 했어요. 그리고 샌디의 말에도 반응해야 했고요."

"서서히 적응이 되던가?"

"샌디 덕분에 완전히 힘들었죠. 그게 이 훈련에서 의도된 바라면요."

"힘든 척인가? 아니면 진심으로?"

"진심으로요."

"내가 지난주에 세라에게 뭐라고 말했지? 세라, 내가 뭐라고 했는지 기억하나?"

"침묵의 순간에도 아무 의미가 없는 건 아니라고 하셨어요. 그것 또한 명백한 순간이라고요."

세라가 대답했다.

"그 또한 의미를 가지지, 안 그런가? 연기는 대화가 아니야. 상대와 함께 살아가는 것이지. 이게 무슨 말이겠나?"

"연기는 단순히 수다 떨기가 아니라, 상대에게 진심으로 반응하는 것이라는 뜻이죠."

베스가 말했다.

"맞아. 조지프, 다시 한번 요약해보게."

"의미는 행동 안에 있어요. 내가 어떤 것을 하게 만드는 일이 일어나기 전까지는 어떠한 행동도 만들지 말아야 하고요."

"그리고 어떻게 행동해야 하지?"

"온전히 진실되게요. 진정성을 담아서요."

"그렇게 하게!"

"제 안에서 일어나는 대로 행동할게요."

"일어나는 대로 행동하라. 조지프, 자네가 하는 액티비티에는 특별한 가치가 있었어. 매우 구체적이면서도 그걸 하고자 하는 자신만의 의미도 있었지. 한 가지 실수가 있다면, 앞으로 차차 극복하겠지만, 계속 말을 해야 한다는 생각이 있었다는 점이야. 그 반대는 뭘까?"

"말하는 것의 반대요? 침묵입니다."

"침묵하라. 네가 어떤 것을 하게 만드는 일이 일어나기 전까지!"

10월 17일

브루스는 30대 후반의 키 크고 숱이 적은 회색 머리 청년이었다. 그는 태평하게 골판지 상자에서 나무로 된 퍼즐 조각들을 넣다 꺼내며 하나둘 맞추고 있었다. 마이즈너는 얼마 전 새로 온 학생인 릴라에게 몸짓을 하며 옆에 앉아 그와 훈련하라고 지시했다.

"자네가 해내야만 하는 일이 그 퍼즐 맞추기라면, 그 일에 몰두함과 동시에 파트너와의 레피티션에서 즉각적인 감정적 반응을 해보게. 그게 자네에게 도움이 될 거야. 하지만 릴라가 거기 있는 동안 브루스 자네는 퍼즐을 맞추는 데 집중하기보다 그녀에게만 신경을 곤두세우고 있었지."

"액티비티를 해야 하는 이유가 와닿지 않았어요."

"왜 그 일을 했지?"

"백만 달러가 걸려 있다고 생각했거든요. 이 퍼즐을 완성하면 백만 달러를 가질 수 있다고요."

"과장되었다고 생각하지 않나?"

"아마도요. 돈을 걸면 제게 더욱 현실적일거라 생각했어요."

"천 달러 정도라면 어떨까? 아무 의미가 없나?"

"백만 달러가 더 나을 거라고 생각했어요."

"그런 거라면 천만 달러라고 하지 그랬나? 자네 말대로라면 열 배는 더 효과가 있었겠군. 하지만 여기서 중요한 건 액수의 크기가 아니야. 자네를 이해시키기가 쉽지만은 않군 그래. 그 원인을 하나 꼽아보자면 자네는 관객을 의식(audience-conscious)하기 때문이지. 무엇이 자네로 하여금 관객을 의식하게 만들까? 영화배우 밀튼 버얼 Milton Berle이 그랬다면 납득이 되겠지만 자네가 그런 이유는 뭐지? 스타니슬랍스키는 '군중 속의 고독(public solitude)'이라는 말을 했네. 자신의 방에서 홀로, 아무도 자신을 보고 있지 않을 때, 거울 앞에 서서 머리를 빗는 것 같은 행동이 가져다주는 온전한 편안함과 완전함을 시적으로 표현했지. 그는 무대에서의 이완된 행동을 가리켜서 '군중 속의 고독'이라고 했어. 무대 위 '군중 속의 고독'이야말로 바로 우리가 원하는 것이지. 연기에서 진정한 자아가 있는 그 영역으로 가기 위해 버려야 할 단 한 가지 요소가 있다면 그건 바로 자기 안의 집중이야."

"그게 독립적인 액티비티를 하는 이유와 관련이 있다는 거죠?"

"그 바보 같은 백만 달러 얘긴가?"

"전혀 효과가 없었어요."

"효과 있을 리 만무하지. 백만 달러라는 조건에는 상상력이 없네. 과장되기만 하고 진실하지 못해. 솔직하게 자네에게 무엇이 더 효과가 있겠나?"

"백 달러요." 브루스가 곧바로 대답했다.

"그렇다면 왜 보여지는 것에만 집중하나? 그것도 거짓된 방식으로 말이야. 어떤 것이 자네에게 진정한 의미가 있는지 아는 사람도 오직 자네뿐이야. 몇 년 전 내가 빌어먹을 트럭에 치이는 사건을 겪은 뒤로 지금까지 소송이 진행 중이지. 만약 누군가 내게 승소해서 삼백만 달러를 받을 거라고 한다면 나는 그저 코웃음을 칠 거야. 말도 안 되는 소리거든. 하지만 십만 달러 정도라면? 여러모로 내가 납득할 만한 숫자이니 믿을 수 있지."

마이즈너는 담배 연기를 한번 훅 뿜었다. "사고 이후 잘 걷지를 못하니 택시를 자주 타는데, 오늘 내가 탄 택시 기사가 누군지 아나? 영부인 레이건 여사였지!"

학생 하나가 조용히 웃었다.

"무슨 의미인지 알겠나? 조지프, 왜 웃었지?"

"말이 안 되니까요."

"물론이지. 내가 이렇게 바꿔 말한다면 어떨까? '영부인의 아들이자, 전직 발레리노였던….'"

이번에는 강의실 전체에서 웃음이 터졌다.

"진실과 군중 속의 고독. 내 말을 믿어보게, 브루스. 자네는 '군중 속의 고독'이라는 단어를 매 순간 가슴에 새기게. 지금 자네에게 필요한 것은 바로 그거야. 공개적 과시행위(public exhibitionism)가 아니라 군중 속의 고독이야. 집에 있거나 해야 할 일이 있을 때 그저 하게 되지. 머리를 빗을 때 빗을 잡은 손의 새끼손가락이 뻗어나왔는지 아닌지는 신경 안 쓰지 않나. 오늘은 자네 덕분에 완전히 지쳐 나가떨어지겠군. 자리로 가 앉게."

10월 20일

웬디가 손을 들고 질문했다.

"독립적인 액티비티를 명확하게 이해하기 어려워요. 음, 그러니까, 실제로 하기가 상당히 어려워야 하는데, 알파벳을 거꾸로 외우는 것만큼 간단한 것도 어려울 수 있잖아요?"

"하지만 거기엔 아무 의미가 없지 않나."

"이유가 있다면 의미도 있겠죠."

"이유가 뭐지?" 마이즈너는 웬디의 대답을 기다렸다.

"딱히 생각나는 이유는⋯."

"알겠네. 자네가 이유를 알아내려면 한 세월 걸리겠군. 연기의 모든 것은 고조되고 강화된 현실의 일부라네. 그러나 여전히 정당한 현실을 기반으로 하고 있지. 알파벳을 거꾸로 외우는 건 현실적이지 않아. 거기에 정당함을 부여하려면 엉뚱한 이유를 만들어야 할 텐데, 뭘 어떻게 만들어낼지 도통 모르겠군."

웬디는 동의한다는 듯 고개를 끄덕였다.

"자네가 실력 있는 풍자 만화가라고 가정해볼까. 《선데이타임스The Sunday Times》지에서 극적인 풍자만화를 그리는 그 작가⋯."

"알 허쉬펠드요Al Hirschfeld."

"맞아. 알 허쉬펠드. 그가 무엇을 그리든 독자들은 그의 만화라는 걸 알아볼 수 있지. 내가 하고 싶은 말은 모든 것은 실재하는 삶, 현실을 기반으로 하고 있다는 거야. 배우 키넌 윈Keenan Wynn의 아버지이자 시대를 풍미한 희극배우 에드 윈Ed Wynn이 떠오르는군. 그는 무엇보다도 창의적인 연기를 선보였지. 한때 그는 관객들에게 수박을 얼굴에 묻히지 않고 깨끗이 먹는 기계를 발명해 선보인 적이 있었어. 지금 들으면 무척 우스꽝스럽겠지만, 그때 그의 절박함, 성공하지 못할지도 모른다는 두려움이 그를 당대 최고의 광대로 만들었지."

마이즈너는 말을 멈췄고 잠시지만 그에게 무척 뜻 깊은 순간이 스치는 듯했다. "내가 이 이야기를 꺼낸 이유는 자네가 말한 알파벳을 거꾸로 외우는 것 또한 어려울 수 있지 않느냐에 대한 질문 때문이야. 여기서 LA까지 물구나무 선 채로 걸어가는 것은 훨씬 더 어렵겠지. 동시에 비정상적일 정도로 미친 행동으로 보일 테고. 위대한 연기 또는 음악이나 조각 같은 예술은 인간의 진실된 감정에 뿌리를 내리고 있어야 해. 베토벤은 실제로 엄청나게 괴팍한 인간이었다고는 하지만 그의 순수한 음악은 베토벤의 진실한 감정에서 비롯되었지. 그가 악성樂聖이라 불리는 것이 바로 이 때문이지. 세탁 중에 양말 한 짝을 잃어버렸다는 이유로 그의 하인을 해고한 것만이 그가 가진 감정을 대표하는 것이 아니라네. 즉, 우리 자신 안의 진정성! 이것이 바로 우리 연기의 뿌리가 되는 거라네."

・ ・ ・

"새로운 걸 하나 보여주지. 수년 전, 여러분이 태어나기도 전에

〈플로로도라Florodora〉라는 쇼에서, '모든 작은 움직임은 그 자체로 의미가 있다(Every Little Movement Has a Meaning All Its Own)'라는 제목의 노래가 있었네. 이걸 조금 바꿔서 '모든 작은 순간에는 그 자체의 의미가 있다(Every Little Moment Has a Meaning All Its Own)'라고 해보지. 이미 예상이 되지? 좋아, 그럼. 노크, 노크에도 의미가 있겠지. '노크에도 의미가 있다.' 존, 밖으로 나가서 '진심을 담아서' 노크를 하고 10초 정도 기다린 다음 두 번째 노크를 하게. 두 번째에도 또 다른 의미가 있겠지. 그다음, 세 번째 노크를 해보게."

"세 번 각각 다른 의미로요?"

"맞아. 랄프, 자네는 각각의 노크에 어떤 의미가 있는지 말해보게."

잠시 후 문밖에서 조용히 두드리는 소리가 들렸다.

"'거기 누구 있나요?'라고 묻는 것 같아요." 랄프가 말했다.

"아냐. 소심한 소리였네. 소심한 노크라고 해두지."

그다음 힘차고 빠른 노크가 들렸다.

"긴장된 소리." 랄프가 말했다.

"좋아."

이어서 쿵 하고 울리는 커다란 소리가 들렸다.

"화. 아주 화가 난 노크예요."

"좋아. 들어오라고 하게."

존이 강의실로 들어왔다.

"존, 그리고 여러분 모두 현실적으로 해야 하네. 과장되게 하면 안 돼. 존의 마지막 노크는 극적인 과장의 경계선 상에 있었지. 이해되나?"

존은 고개를 끄덕였다.

"좀 더 정확히 알려주겠네. 이번 훈련의 첫 번째 '순간(moment)' 은 노크로 시작하지. 두 번째 순간은 문을 여는 것이고, 세 번째 순간에서는 노크가 자신에게 의미하는 바를 말하는 거라네. 노크가 자네에게 어떤 의미였는지를 문을 열며 상대에게 말을 하는 거야. 그런 다음 다시 하던 일로 돌아가는걸세. 세 번째 순간에서 받아들여진 자극에 대한 반응을 하고 바로 독립적인 액티비티로 돌아가 훈련을 이어가게."

랄프는 헷갈리는 것처럼 보였다. 마이즈너가 다시 설명했다.

"한 번 더 설명해보겠네. 처음 두 번의 노크는 자신에게 각각 어떤 의미인지 말을 하겠네. 세 번째 노크 후에는 문을 열어주는 걸세. 그리고 세 번째 노크가 어떤 의미인지를 상대에게 얘기하면 돼. 그러고 난 뒤 독립적인 액티비티와 레피티션을 동시에 계속하면 되는 거야. 질문 있나?"

"순서는 이해했는데, 만약 액티비티를 하는 사람이 방해받고 싶지 않아서—"

"그럼 방해하지 말—"

"아뇨, 제 말은 독립적인 액티비티를 하는 상대가 문을 열어줘야만 제가 들어올 수 있는 거지요?"

"그래!"

"이제 알겠어요."

"정말 이해했나?"

"네."

"정말?"

"이해했어요. 네."

"그래? 그럼 내게 설명해보게."

"나를 행동하게 만드는 어떤 일이 일어나기 전까지는—"

"좋아. 이해했군."

"릴라, 여기서 우리가 명확히 짚고 가야 하는 것은 이성적 논리에서 벗어나야만 한다는 거야. 레피티션은 진실된 감정만을 일으키지만, 논리는 사고작용만 머무르게 하지. 이해했나?"

"네." 릴라가 말했다. 40대 후반에 금발로 염색한 그녀는 가장 나이가 많은 학생이었다.

"이제, 보게. 자네는 연기 경험이 많으니 대본을 많이 다루어봤겠지. 아마도 감정이나 분위기, 그게 뭐든지 간에 자네가 옳다고 생각한 것에 따라 읽었을 거야. 지금은 그 습관을 버려. 그리고 한 가지만 말하지. 어리석을 정도로 계속 반복해야 해. 뭔가가 자네에게 일어나기 전까지 반복을 멈추지 마. 그 뭔가는 자네 안의 진정성에 있어."

"알겠어요."

"레피티션 중 파트너에게 질문을 계속한다는 건 자네가 머리를 쓰고 있다는 거지. 내가 하려는 건 그 머릿속에서 벗어나게 하려는 거야. 여기까지 이해했나?"

"제 머릿속에서 벗어나게 해주세요."

"어디로?"

"저의 감정적인 삶으로요."

"가리켜보게."

릴라는 자신의 가슴을 가리켰다.

"맞았어. 그것이 바로 자네를 지시적인 것으로부터 끌어내기 위한 첫 단계라네. 방금 내가 말한 내용을 반복해보겠나?"

"샌디는 제가 논리로부터 벗어나서 저의⋯."

"자네의 충동으로."

"저의 충동, 저의 직관으로 이끌어주시려는 거죠. 휴, 그렇게 할 수만 있다면 바랄 게 없겠어요!"

"오늘 2분 동안 제대로 된 연습을 했다면 다음에는 4분으로 늘려보게. 알겠나?"

"네, 해볼게요."

"당연히 그래야지. 반복, 또 반복하게."

"자네는 뭐가 문제인 것 같지? 존, 알고 있나?"

"저는 마냥 저의 액티비티를 끝내보려고만 했어요. 파트너가 너무 감정적으로 여겨져서 전 그녀를 더 안 좋은 상태로 만들고 싶지 않아서 혼잣말하듯 '나가줘'라고 되뇌었어요."

"머릿속으로 끊임없이 생각했겠지?"

"네, 정확히는요."

"진행되는 동안 거의 계속 그 상태에 머물러 있었지. 상황이 자신이 생각하는 좀 더 유익한 방향으로 흘러갈 수 있도록 하는 마음에서 말이야."

"네."

"그게 연기에 도움이 될까?"

"전혀요."

"자네가 했던 건 공연을 찍어내듯 하는 레퍼토리 극단과 다를 바 없어. 머리로 대사를 맞춰 진행하는, 오히려 자네의 변화는 파트너에게 달려 있는데 그것과는 정반대였지. 왜 그렇게 한 건가?"

"예전에 저는 감독들을 신뢰하지 않았어요. 작품에 섭외될 때마다 감독이 하는 말을 무시했어요. 본인이 무슨 말을 하고 있는지조차 모른다고 생각했거든요. 그러면서 늘 제가 생각하는 저만의 감각을 유지하려고 했죠."

"지금 나도 내가 무슨 말을 하고 있는지 모른다고 생각하는 건가?"

"세상에, 아뇨! 그런 태도에서 벗어나려고 엄청나게 노력하고 있어요."

"그런데 왜 내가 말하는 대로 안 하는 거지?"

"샌디의 말대로 하고 싶지만 과거의 습관이 너무 깊이 박혀 있는지도 모르겠어요."

"다음 시간에는 자네만의 독립적인 액티비티를 정해오게. 꽤 어렵지만 의미 있는 것이어야 하고, 레피티션을 제외하고 입을 열지 말게. 만약 자네가 암에 대해 연구하는 중인데 파트너가 '스파게티가 먹고 싶어'라고 말한다고 해도 들은 것을 반복해! 자기가 무슨 말을 하는지 모르는 감독들도 있다는 말이 아주 틀린 건 아니겠지. 하지만 순간의 직관을 믿되 자네의 머리를 믿지 말라는 거야. 자네가 해야 할 말은 작가가 정해놓을 거라네. 배우인 자네가 해야 하는 일은 맡은 인물의 생명을 부여하는 거야. 그게 바로 이 훈련의 핵심이지. 나는 매시간 자네의 지성을 경계했어. 훈련하는 동안에도 그것이 발동되는 게 눈에 보였기 때문이야."

마이즈너는 그의 머리를 가리키며 말을 이었다.

"내가 고쳐주겠네. 그러려면 자네도 나를 도와야 해. 자네가 암에 대해 실험하는 동안 파트너가 스파게티를 먹고 싶다고 말하면 어떻게 하라고 했지?"

"파트너가 무엇을 하든 그것으로부터 반응하라고요!"

"반복, 반복하게!"

"반복!"

10월 27일

"자, 독립적인 액티비티에는 어떤 특징이 있지?" 마이즈너가 물었다.

"급박해야 하고, 진정성 있으며, 해내기 어려워야 합니다." 빈센트가 말했다.

"순간 순간 그 어려움을 극복하는 데 온전히 집중해야 하지. 그 외에는?"

존이 손을 들어 말했다. "스타니슬랍스키의 '군중 속의 고독'을 말씀하셨어요. 자신의 방에서 거울을 보며 머리를 빗는 것처럼 만약 그 행동에 완전히 몰두하면 그 순간은 사적인 것이 되죠."

"군중 속의 고독. 또 있을까?"

세라는 자리에 앉은 채 몸을 앞으로 기대며 말했다. "액티비티를 선택할 때 그 이유가 과장되거나 설득력이 떨어지면 안 돼요. 현실성이 바탕이 되어야 해요. 영부인이 택시 기사가 된 상황이 현실적으로 불가능한 것처럼요."

"그녀는 운전 실력이 형편없거든!" 마이즈너가 단호하게 말하자 학생들이 웃음을 터트렸다.

"또 뭐가 있나? 독립적인 액티비티의 핵심이 뭐라고 했지? 가장 중요한 요소가 뭐였지?"

"이유입니다." 존이 말했다. "액티비티를 하는 명백한 이유가 있어야 해요."

"중요한 부분을 짚어주었네. 하지만 가장 핵심 요소는 아니야."

"'어려움'이 가장 중요한 요소인가요?" 존이 물었다.

"맞아. 바로 그거야."

"어려울수록 집중도가 높아지니까요." 세라가 덧붙였다.

"참으로 그렇지. 그건 상식이나 마찬가지야." 다음 질문을 던지기 전, 마이즈너는 잠시 말을 멈췄다.

"연기 외에 다른 분야의 예술에 대해 잘 아는 사람 있나?" 브루스가 손을 들자 그에게 물었다. "뭐지? 음악?"

"노래입니다. 전문적인 음악가라고는 할 수 없지만요."

"브루스 자네가 전문적인 음악가가 되고 싶다고 가정해보지. 좋은 목소리를 갖는 것 외에 가장 먼저 무엇을 알아야 할까? 필하모니 오케스트라와 베토벤의 피아노 협주곡《황제Emperor》를 연주하길 원한다면 무엇을 알아야 하지?" 브루스가 아무 대답도 못하자 그가 강의실을 훑어보며 물었다. "대답할 사람 없나?"

"음악에 대해 알아야 합니다." 빈센트가 말했다.

"너무 당연한 것 아닌가."

"피아노 뚜껑을 먼저 열어야 하고요." 웬디도 덧붙였다.

"아니! 기량이 뛰어난 음악가가 되기 위해서는 그 분야의 마스터가 되는 데 20년의 세월이 걸린다는 사실부터 깨달아야 하네! 마스터!" 마이즈너의 입 밖으로 그 단어가 튀어나오는 순간 전율이 흐르는 것 같았다. 그는 잠시 침묵 후 입을 열었다. "진정한 연기도 마찬가지야." 모든 학생들이 엄숙하게 그를 바라보았다. 그가 다시 말을 이었다. "이게 왜 중요할까? 여러분은 왜 독립적인 액티비티 훈련을 해야 할까? 나는 왜 여러분이 그것을 해야 한다고 할까? 애나?"

"상대가 나에게 하는 행동에 의거한 자신의 충동을 배워나아가야 한다고 하셨어요."

"자기 혼자 만들어내어 행동하는 것과는 정반대로 말이지. 또?"

애나가 계속 말했다. "독립적인 액티비티는 우리를 완전히 집중하게 만들기에 자신이 강의실이란 공간에 있다는 인식에서 벗어날 수 있게 도와줘요. 우리는 상대와는 무관하게 자신이 해야 하는 일을 하기에, 우리가 어디에 있든 해내야 하니까요. 그곳이 집이든 길거리이든 심지어 무대일 수도 있겠지만, 어디가 됐든 몰입해야 해요. 몰입 중에도 상대에 의해 제 안에 다른 어떤 일이 일어나는데 그것이 충동이죠."

"맞는 말이야."

"무척 어렵기도 해요." 애나가 덧붙였다.

"뭐라고?" 마이즈너가 놀라 물었다.

"무척 어려운 일이라고 생각해요." 애나는 조용하지만 확고한 목소리로 말했다.

"시간, 스스로에게 시간을 주게. 앞으로 19년 하고도 11개월 후, 여러분은 이 모든 것이 얼마나 단순한지 깨닫고 놀랄 걸세."

모두가 웃었다.

"오늘은 차분해 보이는군. 아무도 드라마틱한 것을 원하지 않는 것처럼 말이야. 기본 원칙만 따른다면 상관없네만…." 마이즈너가 랄프의 레피티션 훈련에 끼어들며 말했다. 첫 수업에서 웬디가 말한 대로 랄프는 제법 덩치 있는 청년으로 고등학교 시절 레슬링 선수였다. 오늘 그의 파트너는 데이브였다. 건장하면서도 살짝 오만해 보이는 그는 대학에서 인정받는 수영선수였으며 현재는 뉴저지 헬스클럽에서 강사로 일하고 있다.

"고르지 못하군. 아쉬운 점은 자넨 계속해서 뚝뚝 끊기게 둔다는 거야. 지속성으로 말하자면 자네 두 사람 사이의 연결이 너무 자주 끊어지고 있네. 그럴 때는 훈련을 멈춰보게. 계속 진행하는 것이 좋을 것 같더라도 그렇게 해야 해. '내가 도와줄까?' '아니, 네가 도와줄 수 없어.' 끝. '주워줄까?' '아니, 그럴 필요 없어.' 끝. 난 전혀 개의치 않네. 다른 학생들처럼, 기본적으로는 편안하고 단순하며 자유롭게 흘러갔거든. 이 역시 무척 중요하지. 하지만 지속성은 없지."

데이브가 방어하듯 말했다. "말씀은 이해하지만, 실제로 적용하기가 불편해요. 억지로 밀어붙이면서 하고 싶지는 않았어요. 자연스럽게 일어나게 하고 싶었어요."

"전적으로 맞는 말이야."

"레피티션으로 말씀드리자면,"

"그건 랄프에게 달려 있지." 마이즈너가 덧붙였다.

"맞습니다." 데이브는 동의한 뒤 탁자 위에 널려 있던 카드들을 모아들기 시작했다. 그의 독립적인 액티비티는 카드를 세워 집을 만드는 것이었다.

"죄송해요. 뭔가가 일어날 때까지 기다려야 하는데, 아무것도 일어나지 않으니 제가—"

마이즈너가 랄프의 말을 끊었다. "친애하는 친구여, 아무것도 아닌 것은 없다고 했었지. 그리고 자네가 하는 행동은 자네가 아니라 파트너에게 달려 있다고도 했어. 데이브는 상당히 강하게 몰두하던 중이었고 자네는 그것을 알아차렸지만 아무런 반응 없이 그대로 흘러가게 내버려두었지. 오늘 지켜보며 한 가지 기쁜 점은 지금까지의 훈련을 꽤 매끄러운 수준에서 이해했다는 게 보였다는 걸세. 아주 좋아. 안심이군. 그리고 자네의 행동 역시 무척 가치 있었네. 그 어떤 진부한 표현도 없었고, 진실했지."

그는 랄프를 잠시 동안 뚫어지게 보고는 물었다. "데이브가 두려웠나?"

"네, 가끔은요." 랄프가 조용히 말했다.

"그 감정을 이용하게. 그렇게 한다면 자네와 그에게 그 어떤 것이라도 맞물리게 될 걸세. 왜 데이브가 두렵지?"

"덩치도 크고, 고집도 세고 격해서요. 그의 좋은 점만 말해야 할 것 같은 기분이 들어요."

"그러니 어찌 극적일 수 있겠나. 자네에게도 나쁘지만 데이브에게도 공정하지 못해. 그의 주머니에 백 달러가 들어 있는데 겨우 간식용 젤리나 사먹게 허락하는 것과 같았지. 이해가 되나?" 랄프가 고개를 끄덕였다. "하지만 현실적인 측면에서는 자네가 한 것이 무척 마음에 들어. 조금씩 성장하는 것이 보이기 때문이지. 나름의 배움이 있었어. 다만 깊이 있는 수준으로 나아가려면 멀었네. 문을 두드리고 들어와서 파트너와 인간적인 대화를 할 수밖에 없는 이유, 자네는 아직 그것을 찾지 못했거든."

브루스와 릴라의 훈련은 지켜보기 지루하고 괴로울 정도였다. 브루스의 독립적인 액티비티는 하모니카 연주였는데, 딱히 설득력이 없었고, 서투른 솜씨로 정해진 곡 없이 아무렇게나 불어재끼는 수준에 불과했다. 릴라는 소심하게 문을 두드렸고 브루스가 열어주자 안으로 들어왔는데 그 순간 마이즈너의 책상 옆 가장 첫 줄에 앉아 있던 로즈 메리가 깜짝 놀라 입을 떡 벌렸다. 릴라는 불타오르는 듯한 새빨간 색의 욕실 가운 차림에 같은 색의 슬리퍼를 신고 있었기 때문이다. 그녀의 옷차림은 훈련의 전반적인 감정 상태에 영향을 끼치고 있었다. 그녀를 보며 브루스가 말했다. "절대 못 올 줄 알았어."

마이즈너는 괴로운 나머지 몇 분 후 결국 안경을 벗고 양손으로 얼굴을 가린 채 고개를 숙였다. 결국 그는 훈련을 중단시켰다.

"할 말이 정말 많네." 마이즈너가 고개를 들어 다시 안경을 썼다. "우선, 릴라. 자네는 불행한 여인의 역할로 연기하고 있는 모양이군."

"맞아요." 릴라가 침대에 있는 브루스 옆으로 가서 앉았다.

"그 시뻘건 옷은 대체 어디서 난 건가?"

"이 가운이요? 몇 년 전에 받은 선물이에요."

"역할과 어울린다고 생각해서 가져온 건가?" 마이즈너가 물었다.

"아마도요. 딱히 그래서 입은 건 아니었지만, 어떤 부분에서는 그렇게 생각했어요."

"오늘 수업에 올 때 입고 있던 옷은 뭐였지?"

"검은 스웨터에 바지였어요."

"훈련할 때는 그냥 그대로 입게."

"알겠습니다."

"진부한 방식대로 연기하는 걸 포기하지 않는다면 내가 도와줄 수 있는 건 없네. 나는 자네가 훈련하길 원하는 것이지 어떤 역할로서 연기하도록 하려는 게 아니야."

"이해해요. 제가 기본에서 벗어났던 것 같—"

"조용히 있게!" 마이즈너가 언성을 높였다. 상당히 괴로웠는지 그의 말투 역시 무척이나 날카로웠다. "맞아. 자네는 기본에서 벗어났어. 완전히 벗어났지. 이후에 다시 말하지 않겠네만, 자네는 마치 수년간 악보 없이 피아노를 치려고만 하다가 제대로 배워보기로 작정하고 선생을 찾아온 사람 같군." 마이즈너는 피아노 앞에 앉아 있는 것처럼 오른손을 들어 올리고 말을 계속했다. "어떤 선생은 이렇게 말하지. '긴장하지 않고 손가락을 들어 올리는 걸 배워봅시다. 들어 올리고, 내리고 이젠 다른 손가락을 들어 올려요.' 그러면서 기초 중의 기초라고 거론하며 어떻게 연주하는지를 가르쳐주고 있다고 하지. 만약 내가 그런 선생이었다면 수업 첫날 자네에게 40년 전에 세상을 떠난 위대한 피아니스트 반다 란도프스카Wanda Landowska처럼 입고 오라고 했겠지! 반짝반짝하고 화려한 30피트짜리 드레스 자락을 바닥에 질질 끌면서 말이야! 훈련을 위해서 드레스를 입으라고는 하지 않겠네. 평범한 차림으로도 충분해!"

"알겠어요."

"그리고 자네," 마이즈너가 브루스에게로 고개를 돌렸다. "자네의 독립적인 액티비티에는 두 가지 요소가 비어 있네. 반드시 어려워야 하고, 그걸 해야 하는 납득할 만한 이유가 있어야 하지. 자네가 살면서 한 번도 들어보지 못한 곡을 선택한다면 그 곡을 연주하는 과정이 아니라, 그 곡 자체가 난관이 아니겠나? 이해했나?"

"네."

"내가 '이해했나?'라고 물었고, 자네는 '네'라고 대답했지."

"하모니카로 쇼팽 연주곡을 연주할 수는 없었어요. 도저히 답이 나오질 않더라고요." 브루스가 말했다.

"그럼 그 악기에 어울리는 곡을 선택해. 아는 곡이지만 연주해 본 적 없는 것으로. 이것 또한 충분히 어려울 거야. 자네가 독일 국가 國歌를 선택하든 말든 명연주자처럼 연주해야만 하는 상황이면 어떤 가! 핵심은 자네가 하모니카로 독일 국가를 연주해야 하는 중요한 이유가 뭐냐는 거. 그 이유를 결정하는 것이 상상력을 훈련하는 거 야. 해내기 어려우면 집중력이 강화되지. 수행하기 어려운 일일수록 집중력을 발휘할 수밖에 없게 되거든. 내 설명이 명확했나?"

브루스는 고개를 끄덕였다. 다시 릴라에게 돌린 마이즈너의 얼 굴이 무척이나 심란했다.

"맙소사, 정말이지. 연기하지 말게! 참을 수가 없다네. 오늘 여 기서 발견한 문제에 자네의 주의와 자네의 집중, 자네의 시간을 모두 투자하게나. 취미로 아무나 연기할 수 있는 것처럼 굴지 말라고! 그 건 절대 불가능해! 물론 수년간 연기를 해왔으니 오랜 습관을 손쉽게 털어낼 수 없다는 건 이해하네. 역할에 맞는 옷차림에 대한 생각도 어디서 비롯되었는지 짐작 가지만, 모조리 허튼 생각이야!"

"그 말씀에 동의해요."

"동의한다니 다행이야. 두 사람 모두 나를 굉장히 날카롭고 단 호하게 만들었네. 자네들이 하고 있는 훈련에 충분한 노력을 기울이 고 있지 않다는 사실 덕분에 말이야! 노력하고 있다는 말은 하지 말 게! 내 눈에는 자네들이 무슨 생각을 하는지 뻔히 보인다네. 자네들이 이 훈련을 나보다 더 가볍게 여기도록 내버려두진 않을 거야. 제발 간곡하게 부탁하니 진정한 배우로서 노력을 기울이고, 그 노력의 결과를 보여주게. 그걸 가장 먼저 알아볼 사람이 바로 나일 테니. 다시는 나를 그 차이를 전혀 모르는 아마추어처럼 여기는 태도로 아무렇게나 갖다 던지지 말게! 다시 한 번 말하지만, 릴라, 절대 '연기'하려고 하지 말아. 브루스, 독립적인 액티비티는 반드시 집중력을 올려줄 정도로 어려워야 하고 정당한 이유가 존재해야 하네. 독일 국가를 전문가처럼 연주하는 방법을 배우기 위해서이든 뭐든. 알겠나?"

"네, 알겠습니다." 릴라가 말했다.

"고맙네." 극도로 지친 듯 마이즈너의 목소리는 마이크를 통해 들려오고 있음에도 불구하고 마치 속삭이는 소리처럼 들렸다. "내겐 여러분을 위한 연민이 넘쳐나네. 제발 부탁하건대 내 뒤통수를 치고 상황을 모면할 거라고 생각하는 대신, 내가 여러분에게 바치는 것의 극히 일부라도 돌려주길 바라. 이 나라에는 훌륭한 배우들이 있고, 그들을 아름답게 훈련시킨 사람이 바로 나였어! 그들은 그저 노력하고 있지! 나는 그들에게 '연기하지 마라, 속이지 마라, 척하지 마라. 그저 노력하라!'라고 가르쳤네. 그것이야말로 여러분의 몰입과 배우로서의 신념, 그리고 감정까지도 훈련될 수 있을 거라네. 그래야 비로소 자네들도 당당히 어떻게 연기하는지 안다고 할 수 있을 테고, 나 역시도 당당히 여러분을 가르쳤다고 할 수 있을 걸세."

¶

"아! 릴라의 그 모습을 보니 폭삭 늙어버린 기분이야."

마이즈너는 잠겨 있던 사무실 문을 열었다.

"다른 학생들에게도 잔혹했지만 나에겐 너무나 도발적이라 나도 어쩔 수가 없었네. 연기를 대하는 그런 태도는 전혀 자랑스러워할 일이 아니지만, 이런 일은 얼마든지 일어날 수 있으니 수치스럽게 받아들이지 않아야겠지. 지나치게 걱정하기에는 나도 너무 늙어버렸어."

스콧 로버츠가 그의 뒤를 따라 들어가며 말했다. "샌디, 저 새로운 일이 생겼어요. 서클 레퍼토리 컴퍼니Circle Repertory Company에서 다음 시즌에 장 콕토Jean Cocteau 작품의 감독을 맡아 달라고 연락이 왔어요."

"대단하군. 자네가 자랑스럽네." 마이즈너가 말했다.

"꼭 와서 봐주시면 좋겠어요." 스콧이 말했다.

"당연하지. 만일 그때까지 살아 있다면 얼마든지 가겠네."

"감사합니다. 샌디에게 꼭 알려드리고 싶었어요. 월요일에 뵙겠습니다."

"잘 들어가게."

마이즈너가 인사말을 건넨 뒤 소파에 걸쳐 있는 목깃에 밍크 털이 둘러진 두툼한 검은 코트를 집어들며 말했다. "그거 아나. 20년쯤 전에 릴라는 스타였어. 희극 뮤지컬이 대부분이었지만 가벼운 정극도 했었지. 아름다웠고 노래를 부르는 목소리에도 힘이 넘쳤어. 지금은 텔레비전 광고도 하고 있다고 했지. 나야 요즘 텔레비전을 보지 않으니 잘 모르지만 말이야."

그는 불을 끄고 나와 사무실 문을 잠갔다. "지난봄 릴라가 연락해서 나의 학생이 되고 싶다고 했을 때는 무척 놀라고 감동스러웠어.

다시 출발점으로 되돌아가겠다는 것이 얼마나 겸허한 일인가. 배우로서 계속 무대 위에 서기 위해서는 성장해야 하고, 배우로서 더 깊이를 갖춰야 한다는 걸 깨달았다고 했지. 그녀가 옳다고 생각했어. 하지만, 지켜보세나. 오늘 같은 일이 한 번 더 생긴다면, 그녀는 그만두게 될지도 모르겠어."

마이즈너는 엘리베이터까지 천천히 걸음을 옮겼다.

"하지만 다른 학생들이 진척을 보였다는 사실에 기운이 나기도 해. 조지프가 예전에 훈련한 것 기억하나? '자네 바쁜가?' '네, 바빠요.' 단순하지만 편안하고 명확했지. 그는 자기만의 방식을 찾았어. 존, 그리고 애나도 무척 재능이 있지. 앞으로 더 두고 봐야겠지만 말이야. 어쨌든 지금으로서는 집으로 돌아갈 수 있다는 사실이 기쁘군! 이런 날에는 독하고 좋은 술이 필요하거든!"

레피티션 너머에

학생 이제 알겠어요. '생각하지 말고 그저 행동하라!'

마이즈너 아주 훌륭해. 그건 바로 배우의 생각이지. 어떻게 배우가 생각할 틈

이 있겠나? 그는 생각하지 않아. 그저 행동할 뿐이지!

학생 맞아요.

마이즈너 훌륭해.

10월 31일

"모두들 잘 듣게. 오늘부터 여기로 들어오는 사람에게는 이유가 있어야 해. 그 이유는 단순하고 구체적이되, 목숨이 걸린 정도로 긴박하면 안 돼. 말하자면 수프 한 캔을 얻기 위해 들어와야지, 자신의 동생이 트럭에 치였는데 구조되지 못하고 있는 긴급한 상황을 이유로 들어와서는 안 된다는 말일세. 예를 들어, 자네가 파티를 열어야 하는데 이웃에 사는 상대가 아주 희귀한 시내트라Frank Sinatra 음반을 갖고 있다는 걸 알고 있지. 그걸 빌리고 싶다는 것 또한 이유가 될 수 있네. 딱 그 정도여야 해. 대단할 정도로 극적일 필요는 없어. 노크를 하게 된 이유가 되지만, 그다음에는 잊어버린대도 괜찮은 정도일 테니까. 스파게티 소스를 만드는데 오레가노가 없어서 온 상황처럼 말이지. 알겠나?"

"제멋대로의 의미 없는 상태가 아닌 진정성 있는 이유가 노크에 영향을 미친다는 말씀이신 거죠?" 레이가 질문했다.

"노크는 말 그대로 문을 두드리는 행위에 불과해. 하지만 오레가노 한 꼬집을 얻기 위해 들어오려 한다면 그 노크에 대체 어떤 설명을 시사할 수 있겠나?"

존은 손을 들어 물었다.

"질문 있어요. 제가 밖에서 노크를 하기 전에 소소한 이야기를 하나 만들었거든요. 들어오기 전에 상대에게 부탁해야 할 무언가가 필요하다고 하셔서요. 그런데 훈련 중에 그 말을 꺼내려고 하니 망설여지더라고요. 의도적으로 말해야 할지 아니면 자연스럽게 상황에 녹여내야 할지 확신할 수가 없어서요."

"자연스럽게 상황에 녹여내야 해. 절대 의도적인 행동만은 말게. 대본에 이미 무슨 말을 할지는 정해져 있을 테니까 말이야. 햄릿이 자신의 역겨운 감정을 관객조차도 알지 못하는 비밀로 간직한 때는 없지 않은가? 이해되나?"

11월 3일

"질문 하나 하겠네. 지금까지의 훈련에서 여러분이 배워나가고 있는 게 만약 있다면, 어떤 상황에서 어떤 도움을 받고 있지? 여러분 모두 어느 정도 경험이 있으니 이 수업을 통해 어떤 변화를 겪고 있는지 이야기해보도록 하지."

로즈 메리가 손을 들었다. "저는 예전에 했던 모든 습관을 내려놓고 제가 속해 있는 현재에서 일어나는 일에 귀 기울이며 다른 엉뚱한 곳에 신경 쓰지 않는 데 최대한 집중하고 있어요. 조금 혼란스러울 때도 있지만, 대체로 나쁘지 않아요."

"어떠한 것이 혼란스럽지?"

"현장에서 대본을 받아들었을 때, 순간순간에 어떻게 귀 기울이고 진심으로 대답해야 좋을지 모를 때가 있거든요."

"바로 그게 자네가 여기 있는 이유겠지. 인내심을 가지면 금세 알 수 있을 걸세. 또 이야기하고 싶은 사람 있나? 신기하게도, 아, 릴라 잠시 기다려주게. 제법 상당한 경험을 하는 클래스에서는 문제가 많지 않기도 하지. 릴라, 질문 있나?"

"질문은 없어요. 지금까지 이 수업이 제게 어떤 의미인지 말하고 싶었어요."

"그 대답은 한 단어로 정리할 수 있겠지."

"'진심(truth)'이요?"

"현실성(reality). 진정한 본능은 자네 연기의 기반을 더욱 깊이 있게 만들어주지. 그런가?"

"맞아요."

"자네들 모두 경험이 있을 거야. 나뿐만 아니라 여러분 모두의 숙제이기도 해. 레이?"

"이 수업이 어떤 의미가 있는지 샌디의 질문에 대답하려고 보니, 스스로 연기가 나쁘지 않았다고 생각했던 때 제 연기는 모두 우연에 불과했던 것 같아요. 언제든 안정적으로 연기를 잘해나갈 수 있는 방법을 찾는 과정이 바로 이 수업이고요."

"멋지군."

"다른 한편으론," 레이가 덧붙였다. "리 스트라스버그의 액터스 스튜디오(The Actors Studio)에서 훈련하는 방법은 정반대인 것 같아요. 배우가 안으로 파고들기에 그 안에 갇혀버릴 수 있거든요."

"그것도 맞네. 생전에 리에게 이렇게 말했지. '자네는 이미 내향적인 사람을 또 한 번 내향성으로 만들었어. 모든 배우들은 다른 예술가들과 마찬가지로 자신의 직관에 따라 살아가기 때문에 그들은 내향적 성향이 짙지. 그걸 의식화시키게 되면 배우들은 혼란에 빠질 수 있어'라고 말이야. 물론 그는 내 말을 듣는 시늉조차 하지 않았다네. 바로 그게 내가 그보다 더 나은 선생인 이유지."

"필립, 기분이 어떤가?"

"긴장돼요." 금발의 청년이 곧장 대답하고는 불안하게 말을 더듬으며 되물었다. "제, 제 기분이 어떻냐고요? 지금요?"

"그래, 그렇게 물었네."

"긴장됩니다." 필립은 맥없이 침대 위에 앉으며 말했다. 파트너인 세라가 그 옆에 같이 앉았다.

"자네는 늘 긴장하는 편이라는 거 모르나? 신경이 예민한 유형이지. 무엇이 자네를 그토록 긴장하게 만드나?"

"다른 사람들이 절 보고 있다는 것 때문이에요."

"다른 사람들이 자네를 어떻게 봐주길 바라지?"

"여유 있어 보이고 싶어요."

"음, 자네가 긴장했다는 걸 말하지 않는 이상 사람들은 자네를 그렇게 보지 않을 걸세. 자네는 긴장되어 보이지 않으니까. 다만 레피티션을 망설일 때 자네가 긴장했다는 사실이 드러나지. 이걸 어떻게 고칠 수 있을까?"

"파트너에게 더욱 집중해야…."

"그러면?"

"저의…."

"긴장감에 대해서는 덜 의식하게 되겠지. 어째서 그렇게 긴장하게 되는 것 같나?"

"모르겠어요. 단 걸 너무 많이 먹었거나, 어쩌면 너무 많은 양의 커피 때문에…."

"부모님 때문일 수도 있지!"

"부모님이요? 네, 맞는 말씀이에요." 필립의 말에 모두들 웃음을 터트렸다.

"자네 어머니에게 어떻게 하면 좋을지 내가 알려주지."

"어머니를 멀리하라고요?"

"어머니를 멀리하라고 하진 않겠네. 맞서서 직면하라고."

"대들어버리면 될까요?"

"아니, 대들라는 말이 아닐세. 그저 자네의 모든 주의를 세라에게 집중하고 자네가 얼마나 긴장했는지 동네방네 소문내는 짓은 그만하게. 모두가 긴장해! 안 그런가?" 앉아 있던 학생들이 입을 모아 대답했다. "맞아요."

"자네는 점점 나아지고 있어. 아직 진정으로 자유로워지지 못했을 뿐이야. 자네도 잘 알겠지만 항상 틀릴까 봐 두려워하지. 바로 그 지점에서 어머니라는 존재가 보이는 거야."

"아버지도 그러셨어요."

"아버지까지?"

"네."

"훈련 중에는 그들을 멀리하게."

"늘 그러려고 애쓰고 있어요."

"그리고 모든 신경을 세라에게만 기울이도록 해." 마이즈너는 필립을 보며 말을 이었다. "나아지고 있네. 자네가 긴장에 갇혀버리기 전까지만 해도 진심 어린 순간들이 꽤 길게 이어졌어. 자네가 불안해하는지 어떤지는 아무도 신경 쓰지 않아. 아무도. 긴장한 탓에 훈련을 망치게 되면 당연히 신경 쓰겠지만. 자네가 원하는 게 뭔가? 긴장한 자네를 보면서 우리가 펑펑 울어주기라도 바라는 건가? 헛소리지! 세라에게 집중하고 들은 대로 반복해!"

필립과 세라가 자리로 돌아가자 마이즈너는 마이크를 잠시 뺀 뒤 스콧 로버츠에게 말했다. "필립은 꾸준히 좋아지고 있다네."

"지금부터 하는 이야기는 특정인에 대한 것이 아니라 일반적으로 하는 얘기일세. 훌륭한 배우들의 연기는 어디로부터 시작될까? 무엇이 모린 스태플턴Maureen Stapleton을 명배우로 만들었지? 그녀의 연기는 어디서 비롯되는 것일까?"

"그녀 자신이요." 레이가 말했다.

"대본에서 주어진 상황을 믿는 그녀의 능력에서 시작된다고 생각합니다." 존이 덧붙였다.

"스태플턴은 배우로서의 신념(faith)이 강했지. 배우가 가져야 할 신념이 뭐지?" 마이즈너의 말에 존이 대답했다.

"그녀는 주어진 상상 속 상황을 현실보다 더 현실이라고 믿는 것 같아요."

"그녀는 허구의 상황을 진실로 믿었지. 그 외에 또 있을까? 랄프?"

"행여 진실로 믿고 있는지 아닌지 의심이 드는 순간이라도 그걸 그만두고 기꺼이 믿을 수 있어야 해요."

"진정한 배우가 되려면 의심을 버리는 방법을 찾아야겠군."

"지적 사고로만 이해하려 들지 말아야 하고요." 빈센트가 손을 들고 덧붙였다.

"지적인 능력이 연기와 어떤 상관이 있지?" 마이즈너가 물었다.

"아무 상관도 없어요." 빈센트의 대답에 마이즈너는 고개를 끄덕인 후 잠시 생각에 잠긴 듯 침묵했다.

"다음 주 중으로 대본과 함께 진행해보지. 꽤 오래 지난 작품들이겠지만, 평소 연기하던 역할보다 더욱 훌륭할 걸세. 하나같이 인간 본연의 문제를 다루고 있거든. 스콧, 대본을 정해주는 일은 자네한테 부탁하겠네."

"월요일에 진행하겠습니다." 스콧 로버츠가 말했다.

"크리스마스 전에 배우들의 가장 골칫거리인 준비(preparation)에 대해 시작하겠네. 이게 여러분의 휴일을 망치지 않았으면 좋겠군." 마이즈너는 앞으로 일어날 일에 대해 빤히 알고 있는 듯한 미소를 띠며 말했다.

ι

11월 7일

"조지프, 대체적으로 괜찮았네. 하지만 간혹 논리적이고 이성적으로 행동하려는 경향이 있었네. 다음에 올 대사가 논리적이지 않을까 봐 걱정하는 건 그만둬. 이미 대본 자체가 논리성을 갖고 있지 않나. 만약 대본에서 상대가 술에 취해 있다고 했다면 작가는 자네가 그다음 대사에서 어떻게 반응해야 할지도 적절히 정해놓았네. 하지만 훈련에서 레퍼티션에 집중하다 보면 들은 대로 순수하게 반응해야 하니 자네가 생각하는 대사와는 다르게 비논리적인 감정으로 반응할 수도 있지 않겠나. 그렇게 한다면 자꾸 논리적인 사고로 반응하려는 경향을 극복할 수 있을 거야. 알겠나?"

"네."

"베토벤이 방에만 처박혀 작업에만 몰두하던 시기에 갑자기 차디찬 물 한 양동이를 자기 머리에다 쏟아부어 집주인이 그를 보고 신고를 한 적이 있지. 그가 정말 미친 것 같았거든. 하지만 그가 머리를 써서 논리적으로만 작업했다면 자기 머리에 찬물을 끼얹는 짓은 안 했을 거야. 그가 그럴 수밖에 없었던 건 머리가 아닌 몸속 깊은 직관을 불태워 작곡했기 때문이지. 그러니 감정적으로 과열되어 끓어오를 수밖에 없었고." 마이즈너는 숨을 고르며 담배 한 대를 꺼냈다. "조지프, 자네가 행동으로 옮긴 건 옳았어. 그러한 충동 자체는 진정성이 있었지. 상대가 그 충동을 자극했고 자네는 거기에 제대로 반응했어. 연기는 처음부터 끝까지 서로가 주고받는 충동의 연속이야. 이해되나?"

"네." 조지프가 말했다.

"자네는?" 마이즈너가 조지프의 파트너 베스에게 물었다. 검은 리본으로 머리를 묶어 내린 그녀가 이해했다는 듯 고개를 끄덕였다.

"자네는 뭘 하고 있었지?"

"중요한 프로젝트의 승인을 받기 위해서 필요한 서류를 작성하고 있었어요. 마감이 있다는 걸 몰랐는데 오늘 자정까지는 완료해서 메일로 보내야만 했거든요."

"만약 그 액티비티가 자네 설명만큼이나 중요한 것이었다면 이 훈련은 달리 흘러갔을 거야. 왜냐면 자네는 액티비티에 몰입해야만 하니, 그러한 자네를 보고 조지프는 큰 혼란을 겪었을 테지. 이해가 되나? 상대와 레피티션을 하는 것보다 액티비티에만 몰두했기에 베스 자네는 이 훈련에서 조지프를 미쳐버리게 했다는 말일세."

"하지만 제게는 그 일의 중요성만큼은 현실적이었어요." 베스가 방어적으로 대답했다.

"나는 자네의 행동에서 진정성이 보인 것만 인정할 수 있어. 베토벤이 매우 강렬한 내면의 경험을 하고 있었던 게 아니라면 과연 열을 식히겠다고 물 한 양동이를 끼얹었겠나. 레피티션을 더 팽팽하게 강화해보게. 유기적인 흐름을 따라서 훈련하게. '레피티션 속에서 일어나는 이른바 '무의식적 감각(senseless)'에서 오는 감정적 충돌을 자네의 '의식적 감각(sense)'으로 망쳐놓지 말게."

"다시 한 번 말씀해주시겠어요?" 베스가 물었다.

"내가 뭐라고 말했지?"

"'무의식적 감각'으로 흘러가는 상황에서 겪는… 감정적 충돌을 저의 '의식적 감각'이 방해하고 있다고요." 조지프가 대답했다.

"자네는 왜 방으로 들어왔지? 잊어버렸나?"

"베스와 함께 파티에 가고 싶었어요."

"만약 그녀가 액티비티를 해야만 하는 상상의 상황 속에서 진실하게 살았다면 자네는 진작 퇴짜를 맞았다 여기고 파티에 갈 다른 사람을 구하고자 했겠지. 얼마나 만족스러운 훈련이었겠나! 아주 훌륭했을 거야!"

11월 10일

　　존과 로즈 메리가 훈련을 시작하기 전에, 로즈 메리는 존과 같이 기다란 탁자를 강의실 중앙으로 옮기고 침대를 뒷벽으로 밀어붙였다. 그러고 난 뒤 로즈 메리는 문을 닫고 나갔다. 존은 탁자에 자리를 잡고 서류 봉투에서 인쇄된 종이들을 한 다발 꺼내어 주의 깊게 읽으며 간간이 빨간색 펜으로 무언가를 표시했다. 그때 갑자기 날카롭게 문을 두드리는 소리가 한 번 들렸고, 또 한 번, 그리고 한 번 더 울렸다. 존은 마지못해 자리에서 일어나 문을 열었다.

　　"끈질기네." 존이 말했다.

　　"그럼, 끈질기지." 로즈 메리가 문 앞에 못 박힌 듯 서서 말했다.

　　"끈질기다고." 반복했다.

　　"그래, 그게 무슨 문제라도 있어?" 로즈 메리가 물었다.

　　"그게 무슨 문제라도 있냐고?"

　　"그게 무슨 문제라도 있냐고?"

　　"아무 문제없어." 잠시 머뭇거리다 존이 대답했다.

　　"들어오라는 말도 안 해?" 로즈 메리가 물었다.

　　"들어오게 해야 해?"

　　"들어가게 해줘."

　　"들어오게 해야—"

　　"그래, 그게 뭐가 그렇게 어려운 일이야?" 로즈 메리가 존의 말을 끊고 말했다.

　　"어려운 일은 아니지." 존이 귀찮다는 듯 말했다. "들어올 거야, 말 거야?"

"들어갈까, 말까?"

"들어올 거야, 말 거야?"

"이거 뭐 심문하는 거야?" 로즈 메리가 물었다.

"아니, 심문하는 거 아니야." 존이 대답하자 로즈 메리는 도전적으로 그를 노려보았다.

"들어올 거냐고?" 존이 외쳤다.

"어린애 다루듯 하지 마." 로즈 메리가 경고했다.

"어린애 다루듯 하지 않아."

"어린애 다루듯 하고 있잖아."

"들어와, 말어?" 존이 마지막으로 묻는다는 듯하자, 로즈 메리는 방 안으로 걸어들어 왔다. 존은 문을 닫고 곧장 탁자로 와 다시 서류를 보기 시작했다.

"멍청하긴." 로즈 메리가 앉아 있는 존을 보며 말했다. "대꾸도 하기 싫어!" 존이 짜증 난다는 표정으로 로즈 메리를 향해 일갈하고는 다시 서류로 주의를 돌렸다. "너 진짜 못됐어!" 로즈 메리는 그렇게 말하면서도 서류에 심취해 있는 존을 뚫어져라 쳐다보았다.

잠시 후 로즈 메리가 말했다. "꽤 어려워 하네."

"맞아. 어려워." 존이 대답하고는 윗입술을 잘근잘근 씹었다.

"아하!" 로즈 메리가 외쳤다. "너 입술 씹고 있어!"

"그래, 나 입술 씹고 있어."

"아, 미안. 넌 너무 업무적인 투로 말해."

"난 너무 업무적인 투야."

"맞아." 로즈 메리가 말하고는 짧은 침묵 후 탁자로 한 걸음 다가갔다.

"뭘 원하는 거야?" 존이 날카롭게 물었다.

"내가 뭘 원하느냐고?" 로즈 메리가 따라했다.

"뭘 원하는 거냐고?"

"나한테 화났어?"

"너한테 화났냐고?"

"그래, 너 나한테 화났냐고?"

"그래, 너한테 화났어." 존이 단호하게 말했다.

"알았어. 갈게."

"갈 거야?"

"그래, 갈 거야."

"너 갈 거냐고?"

"그게 네가 원하는 거잖아? 아니야?"

"그게 내가 원하는 거야, 맞아!"

"너 진짜 못됐어."

"못됐다고?"

"그래, 그렇다고 생각 안 해?" 로즈 메리의 말에 존이 그녀를 노려보았다.

"거봐!" 잠시 후 그녀가 조용히 한 마디 덧붙였다. "넌 그냥 이기적인 놈이야." 로즈 메리는 그를 유심히 보다가 문을 향해 단호하게 걸어나간 후 나가버렸다.

"스콧." 마이즈너가 그의 조교에게 말했다. "서둘러 대본을 가지고 훈련해야겠군. 자네도 봤다시피 이건 하나의 '장면(scene)'이야."

"그랬나요?" 로즈 메리가 강의실로 들어오며 물었다.

"그렇다네. 이건 레피티션 훈련에만 국한된 게 아니었어. 만약 자네들이 작가가 묘사한 역할을 해낸 거라고 가정한다면, 가령 로즈 메리는 '그 여자'를, 존은 '그 남자'를 대본에서 묘사한 그대로 자연스럽고 단순하게 밀어부치지 않고 있는 그대로 현실적으로 해낸 아주 훌륭한 연기였을 거야! 아주 일부분은 그저 레피티션 훈련에 불과했지만, 그것을 제외하고는 하나의 장면으로 완성됐어. 내 말의 요지가 뭔지 알겠나?"

레이는 앞자리에 몸을 기대며 말했다. "무언가가 일어나서 변화를 일으키기 전까지 반복에 반복을 거듭하는 훈련의 규칙을 고수하는 대신, 두 사람은 모든 걸 내버려둔 채 감정적인 반응을 주고받았어요. 로즈 메리가 그의 방에 얼마나 머물렀는지와, 존이 얼마나 화가 났는지에 대한 정당성이 있었고—"

"뭔가를 하려고 밀어붙이지는 않았나?"

"전혀요." 레이가 말했다.

"감정적으로 진실해 보였나?"

"네." 조지프가 말했다.

"대화가 단순하고 진실되게 받아들여졌나?"

다들 동의하듯 고개를 끄덕였다. "여러분이 목격한 것이 바로 장면이야. 때때로 레피티션 훈련을 하는 배우로 돌아갔지만, 더불어 서로를 향한 감정을 주고받는 과정이 장면을 만들어냈어."

마이즈너는 존과 로즈 메리에게 눈길을 돌렸다. 두 사람은 탁자를 사이에 두고 그의 건너편에 있었다. "두 사람에게 칭찬을 아끼지 않네만, 한편으로는 벌써부터 장면과 같은 연기를 했다는 사실이 썩 달갑지만은 않군."

11월 14일

"존, 파트너의 팔을 잡고 문밖으로 내보내! 지금 당장!"

존은 웬디의 왼팔을 붙잡고 쌀쌀맞게 문밖으로 밀어낸 뒤 세차게 문을 닫았다.

"내가 말하지 않아도 자네가 먼저 그렇게 했어야 했어. 왜 그러지 못했나?"

"훈련 중에 내보내는 건 옳지 않은 것 같았어요. 무슨 말씀이신지는 알아요. 충동적으로는 웬디를 내보내고 싶었어요. 내내 방해만 됐으니까요."

"그런데 왜 그렇게 하지 않았지?"

"그렇게 할 수 없었어요."

"왜 그렇게 할 수 없었다는 거지?"

"제 머릿속에서, 해도 된다고 생각한 행동만 했기 때문이에요."

"그녀를 내보내면 더 이상 훈련을 할 수 없을 테니까?"

"맞아요."

"하지만 여기서의 핵심은 자네의 진실을 따라서 행동하도록 스스로를 훈련시키기 위해서야!"

"알아요. 그저 잠시 놓쳤을 뿐이에요."

"자네에게 심각하게 한 가지 조언을 하자면, 인생은… 인생은 아주 끔찍하지. 하지만 무대 위에서는 진실을 행할 수 있는 아주 멋진 기회를 얻을 수 있고 그 진실로부터 얻어지는 건 세상의 찬사뿐이지. 이해했나?" 존은 고개를 끄덕였다. "자네의 연기는 훌륭했네. 하지만 중요한 건 양보다 질이야. 이게 무슨 의미지?"

"단 15분을 훈련하더라도 제가 그녀를 내보내겠다는 충동에 따랐다면 훨씬 더 진실했을 거라는 말씀이요."

"배우로서 자네의 궁극적인 이점을 위해서라도 말이야. 알겠나?"

"네."

11월 17일

"오늘 여러분 모두에게 줄 깜짝 선물이 있네―. 대본이야! 이젠 구식 골동품 같겠지만, 당장 우리에게는 더없이 안성맞춤이지. 이 대본 속의 장면들은 자네들이 태어나기도 전에 쓰였지만 하나같이 매력적인 인간사를 담고 있지. 그게 바로 내가 대본을 선택한 이유라네. 각자 자기 대본을 받고 진정성 없는 리딩은 하지 말고, 해석 없이, 그 무엇의 개입도 없이 주입식으로 암기해보게. 그저 기계적으로 한 줄씩 외워. 내가 직접 보여주지. '죽느냐 / 사느냐 / 그것이 / 문제로다.'" 마이즈너는 그 유명한 대사를 무감하게 한마디씩 읽으며 한 손으로 책상을 기계적으로 두드렸다. "걱정 말게, 운율이 정해져 있는 건 아니고 그저 텍스트를 건조하게 읽기만 하면 돼. 아무 어려움 없이 기계적으로 대사를 암기할 수 있게 되면 파트너와 어디든 나가 걸으면서 전체 대사를 맞춰보게. 서로의 대사가 쉽게 오고 갈 수 있게. 잠시 멈춰서 커피 한잔을 하는 것도 괜찮아. 계속 이어가게. 카페에서 일하는 연기학교 학생이 깜짝 놀랄 정도로 해봐. '저 사람들은 대체 뭘 하는 건지 모르겠어! 로봇처럼 대화하잖아!' 그렇게 듣는 사람이 혼이 나갈 정도로 말이야!"

11월 21일

존과 랄프가 건조하고 기계적인 말투로 〈미스터 로버츠Mister Roberts〉의 한 장면을 암기했다.

"좋아." 마이즈너가 말을 시작했다. "두 사람은 여러분이 보기에 끔찍할 정도로 낯선 방식으로 대사를 외웠어. 의미도 없고 리딩도 아니었지. 인간적인 경험으로서 보여지는 것은 전혀 없었지. 여기서 의문이 드는 사람 있나? 베티, 뭐가 궁금하지?"

유명한 코미디언의 딸이자 최근 텔레비전 광고 제작자와 결혼한 베티는 편안해 보였지만, 어딘가 긴장을 숨기고 있는 듯 보였다. "브루스와 같이 연습하는 동안 어렴풋하게나마 이해할 수 있었어요. 손을 타지 않은 완전히 날것 그대로 기계적으로 주고받으니 우리가 감정적으로 더할 수 있는 것이 무한대로 느껴졌거든요. 그 누구도 우리에게 이렇게 저렇게 해보라고 강요하지 않아 자유로웠어요."

"'날것(raw)'이라는 표현이 마음에 드네. '날것.' 내가 이렇게 기계적인 접근 방식을 제안하는 것은 계산적으로 결정 지은 결과로 연기하는 것을 피하기 위해서야. 존?"

"제게는 너무 어려웠어요." 존이 말했다.

"어렵다. 어째서지?"

"대사를 암기할 때 랄프가 몇 번이나 제게 암기가 아니라 리딩을 하고 있는 것 같다고 말해주었어요. 제가 이제껏 버리지 못한 해묵은 습관대로 반복한 것 같아요."

"그래. 나 역시 여러분이 지금까지의 연기 인생에서 반복해왔던 습관을 제거하려는 걸세. 작품이 우선적으로 여러분의 내면에서 받아들여지고, 주어진 것들을 감정적으로 이해하며 창조하기 위해서는, 대본을 중립적이고, 무의미하며, 비인간적인—그걸 로봇이라 부르든—방식으로 암기하도록 한 것이지. 여러분의 대본 속 대사들을 인생에 대한 감정적 진실만으로 채우기 위해서는, 가장 먼저 아무 감정적 표현 없이 오로지 중립적으로만 대해야 해."

"여러분에게 보여주고 싶은 게 있어. 존, 이리 와보게."

존은 자리에서 일어나 그의 책상 옆으로 갔다. 마이즈너는 그의 옆으로 가서 섰다.

"이제 돌아보게. 그다음 가능한 한 확고하고 단단하게 자세를 잡아봐. 필요하면 책상을 붙잡아도 되지만 어떠한 경우에도 반드시 흔들림이 없어야 하네."

"알겠습니다."

"충분히 단단해 보이지 않는 것 같은데. 다 됐나?"

"됐어요."

마이즈너는 양 손바닥을 존의 어깨에 올리고 그를 밀어내려 했다. "꼼짝도 하지 않는군!" 마이즈너가 말했다. "한 번 더 해보지. 존, 다시 힘을 주게."

존은 다시 책상 끝을 붙잡았다. 이번에는 손에 힘을 잔뜩 주어 관절이 하얗게 보일 지경이었다.

"아주 뻣뻣하군!" 마이즈너는 이렇게 말한 뒤 단어를 한 글자씩 내뱉었다. "뻣-뻣-해!"

학생 전체가 웃었다. "존, 이제 힘을 풀게나."

존은 책상을 잡은 손에 힘을 빼고 긴장했던 손목과 어깨를 가볍게 털었다. 그 순간 마이즈너는 단단하지만 부드러운 동작으로 그를 밀었고, 그 바람에 존은 크게 두 걸음 뒤로 밀려났다.

"이제 반응하는군! 다들 봤나? 긴장을 뺀 상태였지." 마이즈너가 다시 그를 밀자, 존은 그만큼 밀려났다. "존은 내 행동에 즉각적으로 반응을 보였어. 고맙네, 존. 이제 자리로 돌아가도 돼."

"여러분이 중립적일 때—여기서 '중립(neutral)'이란 무슨 의미일까? 어떠한 영향에도 열려 있다는 뜻 아닐까? 중립적일 때는 일종의 감정적인 유연성을 발휘할 수 있어. 긴장된 상태에서는 경직되어 있기 때문에 존이 처음에 그랬던 것처럼 어떤 행동이 가해지든 아무 반응도 하지 않지. 결과적으로 내가 하고 싶은 말은 이걸세. '대사에 의미를 담지 않고 외우되, 할 수 있는 한 편안하게, 긴장되지 않은 상태에서 외워야 다가오는 그 어떤 영향에도 열린 상태를 유지할 수 있다.' 이해가 되나? 어렵다면 알려주게."

"중립적이고 이완된, 계획되어 있거나 긴장되지 않은 상태로요." 필립이 말했다.

"미리 세팅되지 않은, 고정되지 않은 상태지. 배우로서 여러분은 앞으로도 지속적으로 대사를, 단어를 갖고 일해야 해. 내가 존을 밀었을 때 그가 부드럽게 밀려났듯, 대사를 비어 있고 고정되지 않은 중립적 상태로 받아들이길 바라네. 질문 있나? 이것이 내가 여러분에게 기계처럼 정확하게 대사만을 암기하라고 했던 이유야. 기계적인 정확함. 여기서부터 출발하는 거지."

"만약 대사에 뭔가를 담아 리딩한다는 것을 깨닫게 되면 속도를 늦추거나 멈춰야 할까요?" 필립이 물었다.

"멈추게. 지금 내가 대사 하나를 주겠네. '신이시여, 제 영혼이 피를 흘리고 있습니다.' 그대로 따라해봐."

"'신이시여, 제 영혼이 피를 흘리고 있습니다.'" 필립이 따라했다.

"이번에는 의미를 담아 리딩해봐."

"'신이시여, 제 영혼이 피를 흘리고 있습니다.'" 필립이 이번에는 성량을 높여 읊었다.

"더!" 마이즈너가 말했다. "신에 대한 믿음, 자신의 고통을 더 담아!"

"'신'이시여! 제 '영혼'이 피를 흘리고 있습니다!" 필립이 외쳤다.

"이게 바로 내가 자네들이 지양했으면 하는 거야." 마이즈너는 이렇게 말하고는, 기계적이고 조용하게 대사를 읊어나갔다. "'신이시여 / 제 / 영혼이 / 피를 / 흘리고 / 있습니다.' 결국 대사는 언제든 여러분의 가슴 깊은 곳에서 바로 튀어나올 거야."

마이즈너는 암기한 대사를 읊고 있던 데이브를 멈췄다. 데이브는 음울하고 기계적으로, 평소 그의 성향처럼 아무 의미 없이 읊었지만 지나칠 정도로 기계적이라는 것이 지금 데이브의 문제였다.

"데이브, 내가 알려줬던 내용을 설명해보게."

"기계적이고 중립적으로 대사를 반복하며 암기하라고 하셨어요."

"그건 맞아."

"제가 너무 지나치게 하고 있군요."

"어떤 면에서 지나치게 하고 있다고 느끼는 거지?"

"각 음절 하나하나씩을 읽으면서 기계적이라는 것을 지나치게 강조하고 있다는 점에서요."

"맞았어." 마이즈너가 말했다. "내가 자네에게 레피티션 훈련에서 어떻다고 말했나?"

"제가 행동에 대해서는 전혀 받아들이지 못하고, 그저 반복을 위한 반복만 하고 있다고 하셨어요."

"이것도 비슷하지 않나? 기계적이어야 한다고 언급한 사실을 다소 과하게 하고 있다는 말이야."

"저는 이 훈련을 학문적인 방식으로 받아들이는 것 같아요. 샌디는 늘 '반복하고, 반복하고, 또 반복하라'고 하셨고, 저는 기본적으로 그 부분에만 집중하려고 했어요. 매순간마다 자연스럽게 일어나도록 한 것이 아니라 그저 학문적인 방식으로 훈련하려고 했어요."

"'학문적(academic)'이라는 표현이 딱 맞아."

"제게도 이 방식으로 암기하는 것이 너무 어려워요." 데이브의 파트너 조지프가 말을 보탰다.

"자네도? 이유가 뭐지?"

"대사를 우리가 실제로 말하는 방식과 연결 지어서 외웠기 때문이에요. 이를테면 '이렇게 만나서 얼마나 반가운지 몰라'라는 대사를 외울 때 '반가운지'에 담긴 감정을 연결 짓는 것처럼요. 그런데 그걸 배제하고 주입하려다 보니 디딜 발판이 사라지는 것 같아요."

"대본 안에서 절대적인 안정을 갖추기 전까지는 기계적이어야 하고 함부로 결정해서는 안 돼."

"하지만 보통 문장을 암기할 때는 감정을 이용해서 그 단어에 중요성을 부여하잖아요. 그래야 기억에 남을 수 있으니까요. 그러다 보니 자연히 우리가 하던 대로 문장에 운율이 생기고요."

"귀에 익숙한 방식으로 말이지? 내가 말하는 방식은 그 모든 습관을 버리는 거야. 이게 자네에게 어떤 가치를 줄 수 있을까?"

"음, 선입견에 따라 연상하게 되는 감정들을 쫓아낼 수 있을 거예요. 그럼 저를 향한 상대의 행동에 따라서 감정적으로 반응할 수 있을 테고요." 조지프가 말했다.

"일단은 자네가 이렇게만 말하는 습관은 없앨 수 있겠지. '마트에 가서 살라미 샌드위치 사다줘. 난 살라미에 푹 빠졌으니까!'" 그가 기괴한 목소리로 한 옥타브 올렸다 내리며 '푹 빠졌으니까'는 말을 내뱉자, 마이크를 통해 울려 퍼지는 소리에 학생들은 웃음을 참지 못했다.

"'푹 빠졌으니까'라고 표현했던 부분이 식상하지 않나?" 마이즈너가 말했다. "또 이야기하고 싶은 사람 있나? 존?"

"저희가 이 훈련을 통해서 얻을 수 있는 건 아마도 온전하고 정직한—"

"그리고 즉흥성. 즉흥(improvisation)이라네. 기본적으로 제법 건강하지 않나. 자네들의 오랜 습관을 완전히 벗겨내 버릴 테니까."

"정말 기대돼요. 너무 좋아요." 베티가 말했다.

"동감일세."

11월 28일

애나와 빈센트는 각자의 파트너가 부재한 탓에 서로의 파트너가 되어 훈련에 들어가기로 했다. 빈센트는 독립적인 액티비티(오디션을 위한 대본 암기)를 하고, 애나는 노크를 하기로 했다. 애나가 문밖으로 나가기 전에 마이즈너는 그녀를 불러 무언가를 귓가에 속삭였다.

그것이 훈련에 미친 영향은 가히 충격적이었다. 애나가 극도로 분노한 상태로 문을 열고 들어온 것이다. 그녀가 분노한 이유는 구체적으로 알 수 없었지만 그녀의 행동으로 미루어 보아 빈센트가 그녀를 모욕했다고 알고 있는 것이 분명해 보였다. 그녀가 너무나 격노한 나머지, 빈센트는 할 말을 잃은 상태가 되고 말았다. 마이즈너는 꽤 흡족해 보였다. 마침내 애나가 문을 쾅 닫고 나간 뒤 마이즈너가 말했다.

"좋아. 아주 좋았어. 전에 했던 훈련에 뭔가가 살짝 더해졌지. 그게 뭔지 알겠나?" 그가 학생들에게 질문했다.

"애나가 무척 화가 난 상태로 들어왔어요." 베티가 말했다.

"감정적인 상황이었지. 나는 이 훈련에 감정적인 상황을 추가했고, 이것이 하나의 장면을 연출했지. 이 훈련에서 암기된 대사는 없는 상태였지만 여러분 모두가 이제 대사를 외우는 과정 중이니 한번 더 일러두겠네. 여기서 알아야 할 것은 암기하는 데에는 바로 지금 우리가 목격한 감정적인 상황이라는 게 빠져 있다는 거야."

"샌디, 뭐가 빠져 있다는 건지 다시 설명해주실래요?" 조지프가 물었다.

"여러분이 대사를 암기하는 과정에서 빠져 있는 것이 바로 감정적인 상황이라고 말했네."

"대사를 기계적으로 암기하라는 말씀이시죠?"

"맞아. 근시일 내에… '준비'에 대한 꽤 곤란한 주제를 여러분에게 알려줄 텐데, 그건 일단 크리스마스 선물로 아껴두겠네. 애나, 아주 좋았어. 빈센트는 자네로 하여금 꽤 험한 말들이 나오게 했군."

"네."

"아주 잘했네. 자네도 빈센트에게 궁지로 몰린 기분이 뭔지 좀 알려주게나."

"잠깐 이야기해보지."

마이즈너는 로즈 메리와 존의 훈련을 중간에 끊었다. 두 사람은 대사를 했으며 그것은 조용하지만, 인간적인 대화처럼 들렸다.

"여기서 우리가 원하는 건 대사를 주고받는 큐가 아니라 '충동' 의 큐를 이해하는 거야. 누군가는 대사의 큐가 아닌, 충동을 주고받 지. 내가 보여주겠네. 로즈 메리, 내게 뭔가 말해봐."

"피부가 무척 좋아요."

"그래. 계속해보게."

"피부가 무척 좋아요. 선탠을 한 것처럼 건강해 보여요."

"'그래. 내 피부가 좋지.' 자, 언제 내 대사에 대한 충동이 나타 났나? 내 대사에 대한 충동은 꽤 일찌감치 나타났어! 바로 처음 대화 를 시작할 때였지. 다른 방식으로 보여주겠네. 아주 간단하고 아주 즉흥적인 방식이야. 존, 내게 마실 것을 권하고, 스카치, 보드카, 버 번, 진, 그리고 청량음료까지 다양하게 있다고 말해봐."

"샌디, 마실 것 좀 드릴까요? 스카치, 보드카, 버번, 진, 그리 고—"

마이즈너는 '스카치'라는 단어를 듣자마자 눈에 빛을 내며 예의 바르게 오른손을 흔들었다. 그러고는 줄줄이 음료 이름을 읊어 내리 는 존의 말을 끊고 말했다. "스카치 주게."

학생들이 다 같이 웃었다.

"자, 이번에는 언제 충동이 일었지?"

"존이 스카치라고 말할 때요." 로즈 메리가 말했다.

"초반부터였지! 대사의 큐를 따르는 것과 충동을 따르는 것은 이렇게나 달라."

"만약 충동이 대화의 시작부터라면 '스카치!'라고 말할 수 있을 때까지 충동을 유지해야 할까요?"

"대사의 큐만 기다리지 않고, 자네 안의 충동적 변화를 따르면서 말이지."

"충동을 일으키기 위해서 대본을 더 잘 이해하는 것이 관건인 것 같아요." 존이 말했다.

"지극히 맞는 소리야. 처음 치고는 나쁘지 않았어. 처음에는 대본에서 여러 가지가 해결되기도 하지. 로즈 메리, 왜 문을 두드렸지?"

"훈련이니까 당연히 그래야 한다고 생각했어요."

"자네는 여기 살지 않나!"

"저는 아직 제가 뭘 하고 있는 건지 이해를 잘 못한 것 같아요. 지금 이건 훈련인가요, 아니면 어떤 상황을 보여주는 장면인가요?"

"즉흥적으로 다루고 있는 장면이라고 보면 돼. 충동에 따라 진행되는 거야."

"저는 대사가 아니라 존의 행동에 따라 반응하는 거고요?"

"둘 다 따라야 해. 같이 한번 해볼까. 내게 이런 대사를 해보게. '당신은 나약해. 살아 있는 동안 다시는 술을 마시지 않겠다고 약속하고는 그걸 깨버렸어.' 그다음 내 대사는 이걸세. '난 나약하지 않아.' 자, 어디서 충동이 일어나겠나? 바로 초반이지! 대사의 큐를 따르지 말고, 충동을 따르라. 다시 대사를 해보게"

"'당신은 나약해. 살아 있는 동안 다시는 술을 마시지 않겠다고 말했으면서 약속을 지키지 않았어.'"

"'난 나약하지 *않아.*' 자, 나는 내내 연기를 했지! 알아차렸나?"

"파트너가 대사를 끝내기 전에 자기 대사를 시작하라는 말씀이신가요?" 베티가 질문했다.

"아니야! 정해진 대사의 큐는 있지 않나. 하지만 충동에서 오는 감정은 느껴질 때마다 언제든 변할 수 있어. 대본을 장악하게 되면 익숙해질 거야. 여러분에게 이야기하는 건 두 가지야. 대사를 외워라. 충동을 따르라."

"아주 좋았어."

조지프와 베스가 막 장면 하나를 마친 후였다.

"조지프, 부인이 자네를 배신했다는 걸 알게 됐어. 자네가 무엇을 어떻게 하든지 상관없지만, 그녀가 배신했다는 걸 알게 된 순간 어떤 특정한 상태로 빠져들어야 해. 다음에는 그걸 보고 싶네."

"베스, 자네는 머지않아 지긋지긋한 남편에게서 벗어날 거야. 생각만 해도 날아갈 것 같지 않을까? 베스가 그런 좋은 기분일 때 어떤 일이 벌어지는지 보고 싶네. 크리스마스 휴일 전에는, 여러분에게 감정의 자기 자극(self-stimulation)이라 할 수 있는 고통스러운 문제인 장면을 위한 준비 과정을 시작해보겠네. 장담하건데 연기에 있어서 가장 다루기 힘든 미묘한 문제이지. 하지만 아직은 아니야. 다음 시간에는 이 두 가지 요소를 더해서 장면을 마무리해보도록 하지. 기분이 형편없이 엉망인 조지프, 그리고 날아갈 것 같은 베스. 각자 무

엇을 하든지 상관없지. 감정적인 준비(emotional preparation)를 어떻
게 할지 기대하고 있겠네."

"'당신의 어머니는 그녀가 사랑하는 데이비드를 따라가고 있
어.'" 마이즈너는 시드니 하워드의 〈탯줄The Silver Cord〉 속 대사를 인
용했다. 방금 세라와 필립이 작품의 한 장면을 마친 참이었다.

"세라가 창문으로 밖에서 걸어가고 있는 그의 어머니를 보며 이
대사를 말했지. 하지만 실제로 그의 어머니가 걸어가는 모습이 보이
기는커녕 무대에서 보는 창밖 풍경은 벽에 그려진 것에 불과해. 무대
감독이 최대한 현실적으로 보이도록 장치한 것이지. 그렇기에 실질
적으로 봐야 하는 것을 제외한 다른 것들만 잔뜩 보일 뿐이지. 연극
전 리허설에서 다 같이 테이블 주변에 둘러앉아 자신의 대사를 리딩
하고 있다고 가정해볼까. '저 눈이 그치지 않으면 뉴욕으로 돌아가지
못할 테고 난 직장에서 잘리고 말 거야!'"

대사를 읊는 마이즈너의 목소리는 나지막했지만 절박한 감정은
너무나 절절히 담겨 있었다.

"우리가 무언가를 보고 느끼는 감정은 이미 자리에 앉아 리딩하
는 동안에도 우리 안에 존재하고 있지. 창밖에 내리는 눈을 보려고
애쓸 필요는 없어. 아무리 보려고 해봤자 무대 감독이 벽에 그려놓은
풍경뿐일 테니까!"

좌중에서 웃음이 터져 나왔다.

"결국에는 한쪽에 나 있는 창문을 통해 보이는 벽에 그려진 풍
경이 다지. 배우는 정해진 대로 일어서서 창문으로 다가가야 하고,
관객들은 그가 창밖을 보고 있다고 믿지. 무대 위 장치는 오로지 관

객을 위한 거야, 배우가 아니라! 여기서 배우에게 중요한 건 대사에 담긴 감정뿐이야. '직장에서 잘리고 말 거야!' 알겠나? 만약 액터스 스튜디오에서 배운다면 내리는 눈을 봐야 하는 훈련에만 족히 반년은 걸릴 걸세. '저기 눈이 내리는 것 좀 봐'라는 대사를 내뱉는 것조차 못하고 말이야. 배우라면 응당 눈앞에 펼쳐진 숲과 눈을 봐야 한다는 끔찍한 부담을 갖지 않겠나. '총을 갖다 줘! 토끼가 보여! 내 총을 줘!'" 마이즈너는 사냥 장면을 떠올리며 흥분한 듯 말했다. "자리에 앉아 대사를 리딩하는 동안에도, 무대 위에 만들어진 창문으로 다가갈 때도 마찬가지야. 얼마나 간단한가? 모든 것이 감정적으로 내 안에 있다는 것을 안다면 사물을 봐야 한다는 문제는 간단히 해결할 수 있지. 창문 쪽으로 걸어가는 건 단지 관객을 위한 전시에 불과하지. 중요한 건 감정이야."

"데이브, 만약 지금 십만 달러가 생긴다면 뭘 할 건가? 예전에 학생 전체가 22세 이하인 수업에서 이 질문을 한 적이 있는데 한 여학생이 이렇게 말했지. '전 이미 십만 달러가 있는걸요!'"

오늘도 강의실에서 웃음이 터져 나왔다.

"아무튼 데이브 자네라면 뭘 할 거지?"

"집을 살 거예요."

"그거 참 평범하고 진부한 대답이군. 게다가 십만 달러로 무슨 집을 살 수 있겠나?"

"뉴욕에서는 불가능하겠죠."

"우간다라면 모를까? 그래서 뭘 하고 싶나?"

데이브는 생각에 잠기고는 또 한 번 "집을 구하겠죠. 저라면ㅡ"

"그게 전부인가?" 마이즈너가 묻자 데이브는 아무 말 못한 채 그를 바라보았다. "자네가 이 질문에 대답을 할 수 없거나 하지 못한 쪽에 더 가깝겠지만— 그나마 그렇게라도 대답했다는 게 흥미롭군." 이번에는 베티에게 물었다. "내가 자네에게 십만 달러를 주면 뭘 할 거지?"

"감사하고, 감사하고, 또 감사하겠죠."

"그건 행동이 아니라 그저 예의일 뿐이야."

빈센트가 손을 들고 말했다. "저라면 가장 먼저 회계사를 부르겠어요."

"뭐라고?" 마이즈너는 믿을 수 없다는 듯 말했다.

"가장 먼저 회계사를 부르고 면세 대책 등을 확인한 뒤에 미로 Joan Miró의 그림을 몇 점 사겠어요."

"대체 무슨 소리지?"

"세금을 내지 않아도 되도록 확실한 대비책을 마련한 뒤에 제가 정말로 갖고 싶었던 미로의 작품들을 손에 넣을 거예요."

"빈센트, 그리고 데이브가 한 대답 모두 진부한 데다 세속적이며 상투적이라는 점이 문제야. 잡동사니 수집가라도 그 정도는 대답할 걸세."

"무슨 말씀이신지 모르겠어요." 로즈 메리가 무척 진지하게 질문했다. "진부하고 평범한 꿈을 가진 사람은 재능이 없다는 말씀이신가요? 빈센트나 데이브 같은 꿈은 가치가 없는 꿈인가요?"

"내가 말하고 싶은 건 소망적인 사고(wishful thinking)는 상상력의 산물이라는 거야. 혹시 누군가가 '저라면 그 돈으로 앞으로 5년간의 집세를 낼 거예요.'라고 대답한다면 나는 '쓸데없는 소리. 그건 너

무 현실적이고 상상력이 결여된 데다 지나치게 실용적이지 않나!'
하고 대답할 걸세. 그런데 어떤 소녀가 이렇게 대답한다면 어떨까.
'저라면 에메랄드가 촘촘히 박힌 드레스를 입고 백악관으로 갈 거예
요. 에메랄드라니 얼마나 멋져요! 드레스의 직물은 인도의 유명한
장인만이 만들 수 있는 특별한 것으로요!' 다소 과장되었지만 희망
가득한 생각 아닌가?"

　　마이즈너는 잠시 말을 멈추고 안경의 마이크를 조정했다. "지금
말하고자 하는 건 상상력이야. 소망에 찬 생각은 상상력에서 비롯되
지. 활기를 띠는 상상력, 알겠나? 만약 내가 여러분에게 십만 달러를
준다고 하면 자네들은 집을 사서 그 집 안에 좋은 가구들을 채워 넣
고 남은 20년간의 세금을 미리 내두겠다고 하겠지. 이건 지나치게 현
실에 얽매인 것이네. 상상력 넘치는 영혼이 아니라 안정을 보장받으
려는 바람에서 나온 것이겠지. 반면 에메랄드로 만든 드레스는 순수
하고 때 묻지 않은 상상력에서 비롯되었다고 할 수 있어. 그게 바로
소망적인 사고라는 거야. 차이가 뭔지 이해가 되나? 하나는 상상력
의 산물이고 다른 하나는 진부한 현실을 기반으로 한 것이지. 이 부
분에 대해 여러분에게 명확하게 짚고 넘어가고 싶어. 이것이 여러분
스스로의 상상력을 키워나가기 위한 서막이라 할 수 있지. 앞서 말했
지만 한 번 더 강조하자면, 장면을 위한 준비로 나아가기 위한 전주
곡(prelude)이기도 하다네."

　　"샌디? 제안하고 싶은 것이 있어요." 베티가 말했다.

　　"뭐지?"

　　"다음에는 백만 달러로 질문해보면 어떨까요? 십만 달러는 그
다지 큰 금액 같지 않거든요."

"새로운 걸 알았군."

그의 말에 모두가 웃었다.

¶

긴 롤빵으로 만든 참치 샌드위치와 블랙 커피. 오늘도 한결 같은 메뉴였다.

"스콧," 마이즈너가 말했다. "이따 오후에 나한테 어떤 여배우에 대해 상기시켜주게. 그 여배우는 배역을 따내면 자신의 대사를 마치 하나의 연속된 문장처럼 써내서, 늘 상대 배우들의 대사와 행동이 자신에게 자발적이고 즉흥적으로 끼어드는 것처럼 보이게 했지. 학생들에게도 알려주면 좋을 것 같네."

스콧은 고개를 끄덕이며 노란색 노트 종이 위에 메모했다.

06

준비(Preparation) :
"내 머릿속 하렘(Harem)"

벤   (입장) 가자.

리비   어디로?

벤   제국. 마를렌 디트리히^{Marlene Dietrich}를 볼 거야.

거스   마를렌— 그녀는 지적이고 예술적인 사람이지…. 마를렌, 난 그녀를

내 머릿속 하렘에 모셔두었어.

클리포드 오데츠, 〈실낙원〉

12월 1일

"오늘은 준비에 대해서 이야기할 거야." 마이즈너가 말했다.

"준비는 어떤 장면이나 극을 시작할 때 감정적으로 활기를 갖추도록 해주는 장치야. 배우가 감정적으로 비어 있는 상태로 시작하지 않기 위함이 준비의 목적이라 할 수 있지. 아주 간단하게 설명하겠네. 여러분이 저명한 극단과 계약하여 훌륭한 연극에서 배역을 맡게 되었다고 가정해볼까. 계약서에 서명을 하자마자 가슴에는 환희가 벅차오르고 전철로 45분 거리에 있는 집까지 가는 내내 피곤한 줄도 모르고 기쁨을 만끽하겠지. 여기까지 이해하기 어려운 사람 없겠지."

그는 잠시 말을 멈췄지만 강의실의 모두는 숨죽인 채 집중하고 있었다.

"이 시점에서 준비의 두 가지 문제를 설명하겠네. 하나는, 드러내려는 성향이 강하다는 거야. '엄마, 저 얼마나 행복한지, 혹은 불행한지 몰라요.' '관객 여러분, 제가 얼마나 신이 났는지 보세요'. 이렇게 외부로 자신의 상태를 보여주고 싶어 하지. 또 다른 하나는, 극 중 반복할 수 없다는 점이지. 준비는 장면의 첫 순간을 위한 것이지. 그 이후로 무슨 일이 벌어질지 절대 알 수 없다는 거야. 이에 대해서는 다시 설명하도록 하겠네. 로즈 메리, 나중에 내가 이 부분을 설명하는 걸 잊지 않도록 한번 상기시켜주겠나?

스타니슬랍스키 시스템의 초기 시절에 그는 진정한 행동을 추구했어. 만약 엄청난 기쁨의 감정을 원한다면 어디서 기쁨을 얻는지 실제 경험에서 찾아보도록 했지. 그에게는 무척 단순한 일이었어. 우리가 기쁨을 느꼈던 상황을 떠올리면 된다고 여겼기 때문이야. 이를 가리켜 '정서적 기억(emotion memory)'이라 했지. 난 이것을 사용하지 않았고, 그 역시 30년간의 연구 이후에는 사용하지 않았어. 왜냐고? 여러분이 식료품 가게에서 매일 열심히 일하는 스무 살 청년이라고 해보게. 경험을 기억해내는 것만으로 소피아 로렌Sophia Loren과 보낸 황홀한 하룻밤을 떠올릴 수 있는 가능성은 높지 않을 거야. 그토록 황홀한 밤을 경험할 수 있는 기회를 얻는 것 자체가 어렵지 않겠나."

학생들이 고개를 끄덕였다.

"말하자면 반드시 실제 삶의 현실적인 영역에 제한하여 어떠한 감정을 느꼈던 시절을 찾아보려 애쓸 필요가 없다는 걸세. 상상력을 발휘할 수도 있지 않겠나. 스스로를 억제하거나 규율에 가둬두지 말고 자유롭게 상상할 수 있다면, 소피아 로렌과의 관계가 실제 경험보다 훨씬 더 감정적 깊이가 있기에 설득력 있는 상태가 될 수 있다는 거야. 방금 내가 한 이야기를 다시 설명해볼 사람?"

존이 손을 들었다. "상상력이 과거의 경험을 소환하는 것보다 훨씬 더 강력하다는 말씀입니다."

"정확하네. 로즈 메리."

"그럼 만약 제가 어마어마한 의무감으로부터 해방되는 감정이 필요하다면, 이렇게 상상해도 되는 걸까요? '앞으로 10년간은 일하지 않아도 돼. 복권에 당첨됐으니까!' 혹은 실제 제 삶 속 상황과 연결지어서 햄버거를 서빙하는 지긋지긋한 식당 일에서 벗어나 울고 싶을 정도로 신나게 자유를 누릴 수 있게 되었다는 생각을 하는 게 더 나을까요?"

"지금 자네를 움직이게 만드는 것, 자네에게 영향을 주는 것을 활용하면 돼."

"그럼 제가 꼭 신데렐라가 된 척할 필요는ㅡ"

"없어!"

"혹은 다락방에 살면서 유리구두를 갖고 싶어 할 필요도ㅡ"

"없네. 그럴 필요 없어. 하지만 다락방에 살면서 구두 한 켤레를 얻은 상황이 자네에게 효과적이라고 한다면 활용하도록 해. 내가 말하고자 하는 것은, 제발 복잡한 상황을 생각 말고, 절대 비어 있는 상태로 시작하지 말라는 거야. 주어진 직전 상황에서 시사하는 감정들로 내면을 채우라는 것이지. 이것은 감정의 자기 자극과도 상관이 있어. 앞서 소망적 사고에 대해 언급한 까닭은 여러분 각자의 내면에 이미 존재하고 다른 누구도 아닌 오직 자기 자신만을 자극하는 무언가를 발견하도록 하고 싶어서였네. 말하자면, 장면의 줄거리와 연관지어 내면의 삶을 찾을 필요는 없다네. 19세기 영국 배우 윌리엄 찰스 머크리디William Charles Macready는 〈베니스의 상인The Merchant of Venice〉에서 어떤 한 장면을 연기하기 전에 무대 뒤에 있는 철제 사다리를 잡아 흔들어버리려고 했다네. 사다리는 벽돌 벽에 박혀 있는 상태라 그가 아무리 힘을 주어 흔들어도 꼼짝도 하지 않아 그는 머리끝까지

열불이 올랐지. 그러고 난 뒤 그는 무대 위로 올라갔어."

"준비가 반드시 그 장면과 연관될 필요는 없다는 말씀이시죠? 머크리디는 사다리를 흔들다 화가 난 상태에서 연애하는 장면을 연기하기도 했나요?"

"사다리 때문에 화가 난 상태로 라디오시티 뮤직홀 앞에서 두 시간 가까이 여자 친구를 기다리는 장면을 연기했을 수도 있지. 그런 것도 가능해. 다들 집중하게. 여기서 내가 이야기하는 전제는 '비어 있는 상태로 등장하지 않는다'야. 알겠나?"

베티가 말했다. "저 같은 경우에는 물리적인 것들을 통해서 자극을 얻는 것 같아요. 식당에서 햄버거를 나르거나 신데렐라 같은 상황만으로는 제겐 아무런 감흥이 없어요."

"무엇이 자네를 자극하는지 자신을 탐구해봐야 해. 여자 친구가 나보다 늙다리 노인이 더 좋다며 날 차버렸다면, 이후 밀려오는 감정이 쓰라린 애달픔이라면—."

모두가 웃음을 터트렸다.

"차이콥스키의 교향곡 제6번에서 몹시 감상적인 부분을 따라 흥얼거리면서 그 감정을 피워낼 수도 있을 거야. 에메랄드 보석이 수놓인 드레스는 순전한 상상력의 산물이지. 에메랄드의 무엇이 나를 자극시키는지는 정확히 몰라도 내 손에 굵직한 두 개의 에메랄드 반지를 끼는 것을 떠올리면 왕족 같은 기분이 들지 않겠나!"

"상상력에 대해서 이번 주 내내 생각해봤는데," 로즈 메리가 말했다. "저는 아무래도 정신과라도 찾아가봐야 할 것 같아요. 에메랄드 드레스 같은 건 전혀 상상을 못하겠거든요. 현실적이고 세속적인 생각은 멈추고 더 많은 꿈을 꿔야 하는 걸까요?"

"그런 생각을 하는 것이 자네 혼자는 아닐 거야." 마이즈너가 대답했다. "프로이트 박사, 그의 친구들은 그를 '지기(Ziggy)'라 부르곤 했어. 그는 모든 상상은 야망(ambition) 또는 성(sex)으로부터 비롯된다고 주장했지. 예를 들어 내가 여러분에게 백만 달러를 준다고 할 때, 지난주 이후로 더 후하게 쳐줘야 한다는 걸 배웠네만, 할리우드에 대저택을 짓겠다는 대답은 야망에서 비롯된 것이라 할 수 있어. 성이라면 어떨까? 예전에 들었던 우스갯소리가 하나 생각나는군. 두 친구가 영화관에 가서 기다리는 중에 한 사람이 이런 말을 했어. '그거 알아? 내가 전에 소피아 로렌과 하룻밤 보낸 적 있는데 그녀는 정말 끝내줬어!' 듣던 친구는 그 말에 아무 대꾸도 없었지. 그는 또 이렇게 말했어. '리즈 테일러Liz Taylor와 보냈던 밤도 절대 잊지 못할 거야.' 친구는 입을 꾹 다물고 있다가 마침내 빙긋 웃으며 대답했지. '그레타 가르보Greta Garbo 알지? 난 지금 그녀와 관계 중이야.'"

좌중에서 폭소가 터졌다.

"그것이 준비야! 바로 그때! 그들은 그 자리에서 한껏 즐기는 중이었던 거지(셰익스피어의 〈오셀로Othello〉에서 등장하는 대사 "The beast with two backs"로, 남녀가 얽혀 있는 모습을 비유하는 성행위를 가리킨다. 마이즈너는 연기 수업 중 자연스럽게 대사를 인용했다)."

또 다시 웃음이 터졌다.

"데이비드 메릭David Merrick을 싫어했다는 남자에 대해서 내가 언급한 적이 있던가? 극작가 지망생이었던 이 남자는 아버지가 운영하는 지퍼 공장에서 탈출하고 싶은 마음이 간절한 나머지 뮤지컬 제작자인 메릭의 사무실을 찾아가 한참을 기다렸지만 결국 허탕을 쳤어. 집으로 돌아가는 버스 안에서 그는 중후한 남성이 시거를 피우는 광고를 보고 무의식적으로 메릭이 떠올랐지. 광고 속 인물이 메릭과 살짝 닮았거든. 불현듯 속이 부글부글 끓어올라 남자가 소리쳤지. '그 멍청이 프로듀서! 손바닥만 한 책상 위에 각본 좀 쌓여 있다고 으스대겠지. 하지만 사실 누구보다 더 많이 실패했을걸.' 남자는 그가 내릴 정류장에 도착할 때까지 메릭이 얼마나 무능하고 멍청한지 욕을 해댔어. 한 노인이 버스 통로 쪽으로 발을 내놓고 있었는데 버스에서 내리려던 남자는 너무 열이 뻗친 나머지 앞을 제대로 보지 못하고 발에 걸려 넘어지면서 그 노인에게 욕을 내뱉었지. '가서 뒈져버려라!'

버스에서 우연히 보게 된 광고는 자유연상(free association)으로 연결되었고, 딱한 노인이 정면으로 분노를 얻어맞는 우스꽝스러운 사고로 이어졌어. 이것은 자유연상이 어떻게 준비를 시작하게 만드는지 보여주는 사례라 할 수 있네. 머크리디는 사다리를 흔들고, 누군가는 음을 따라 흥얼거리고, 누군가는 에메랄드 드레스를 입고, 또 누군가는 복권에 당첨되어 앞으로 십년 간 정상급 배우가 되는 데 집중하는 것 외에는 아무것도 안 해도 되는 것처럼 말이야. 그러나 같은 접근을 여러 번 반복할 경우 영원히 유효할 수는 없지. 가령 열여섯 살 때 나는 차이콥스키에 열광했지만 지금은 진부하다는 생각밖에 들지 않거든. 즉, 자극을 주는 매개는 계속 변화한다는 거야."

마이즈너는 학생들이 그의 설명을 오롯이 흡수하도록 잠시 기다려주었다.

"계속 개인적인 사례를 들어 미안하네만, 열세 살이었을 때 나는 월요일 아침 학교에서 조회를 할 때마다 쉼 없이 떠드는 학생이었어. 신경이 꽤 과민했던 탓인지 심지어 다른 학생들이 엄숙히 국가를 연주하는 동안에도 주절주절 떠들곤 했지. 결국 줄리어스 블룸 교장 선생님의 호출을 받고 말았지. 나 혼자만이 아니라 어머니와 아버지까지 모시고 가야 했어. 그때 내가 받은 벌은 강의실 가장 뒷줄 구석 자리에 앉아서 아무와도 말하지 못하는 거였다네. 당시는 제1차 세계대전 때였고 난 딱히 애국자는 아니었지만 독일 동조자나 다름없는 취급을 받게 되었어. 벌을 받는 내내 배척당하는 기분을 느끼는 게 전혀 유쾌하진 않았지. 그러던 어느 날 제법 큰 규모의 자유공채(Liberty Bonds)에 대한 글쓰기 대회가 열렸고 내가 1등상을 거머쥐었다네. 선생들이 내게 뭘 더 어쩔 수 있었겠나? 애국심 따위 없던 소년이 그 대회에서 상을 타고 명예를 회복했지."

마이즈너는 담배를 입에 물고 불을 붙였다.

"그때의 경험을 떠올리면 신이 나면서도 바보 같다는 생각이 들어. 하지만 그렇다고 해서 지금 누군가 내게 퇴학당했을 때 기분이 어땠는지 기억해보라고 한들 그때 내가 느꼈던 기분이 떠오르지는 않지. 시간이 지나면서 과거에 느꼈던 의미는 변해. 내가 '정서적 기억'을 별로 좋아하지 않는 이유가 여기에 있어. 스타니슬랍스키가 포기한 이유 중 하나기도 하지." 순간 마이즈너는 생각에 잠긴 얼굴이었다.

로즈 메리가 손을 들고 말했다.

"샌디, 아까 준비의 또 다른 문제에 대해 설명해주실 거라고 하셨어요."

"아, 맞아. 자네가 좀 도와주겠나? 그리고 자네의 남자 친구 역할을 해줄 파트너를 선택하게." 로즈 메리가 자리에서 일어난 뒤 존을 파트너로 선택했다.

"우선 로즈 메리에게 무대로 올라가기 전에 알아야 할 직전 상황에 대해서 알려주겠네. 두 사람은 여기서 동거하는 상황이고. 스콧, 자네 옆에 있는 앰프를 좀 꺼주겠나? 로즈 메리에게만 조용히 말해줄 것이 있거든." 조교는 마이즈너의 목소리를 증폭시켜주는 앰프의 전원을 잠시 껐다. 마이즈너가 로즈 메리에게 뭔가 속삭이고 난 뒤 그녀는 강의실 밖으로 나가면서 문을 닫았다.

"존, 자네는 그 침대에 눕게. 자네는 방금 심각한 심장마비 때문에 목숨을 잃었고 이 장면에서는 계속 죽은 상태야. 할 수 있겠지?"

"물론이죠." 존은 대답한 뒤 침대 위에 대자로 누웠다. 몇 분 후 로즈 메리가 환희에 찬 얼굴로 벌컥 문을 열고 뛰어 들어왔다. 그러나 마비된 듯 죽어 있는 존의 모습을 보고 놀라 외마디 비명을 질렀고, 그에게 다가가 한 손을 잡고 다른 손으로 뺨을 두드렸다. 완전히 충격에 빠진 상태였던 그녀는 몇 분 뒤 마이즈너에게 말했다. "여기서 저는 구급차를 부를 거예요."

"좋아. 지금 이 상황은 준비가 오로지 첫 순간에만 효력이 있다는 걸 보여주네. 이해가 되었나? 로즈 메리 자네한테 먼저 말하자면, 비판이 아니라 의견으로서 들어주게. 자네의 준비는 너무 얕았어. 목청껏 노래 부르며 3층까지 신나게 뛰어올라왔다고 가정해보면 어떨까? 로즈 메리가 나가기 전 그녀에게 제시한 직전 상황은 어마어마한 조건으로 할리우드 제작사와 계약했고 남자 친구도 함께 출연이 확정되어 그와 함께 곧 캘리포니아로 갈 수 있게 되었다는 소식을 막 안 것으로 제시했지. 그 소식을 안고 집으로 온 자네라고 하기엔 준비가 너무 얕다고 이야기한 걸세. 그리고 존에게는 그가 막 심장마비로 죽은 상태라고 이야기해주었네. 꽤 극단적이지만 핵심은 뭐였지?"

"제 준비가 너무 얕다고 하셨는데, 만약 제가 밖이 아니라 집에 있었다면 신이 나서 소리를 지르고 펄쩍펄쩍 뛰었을 거예요. 몇 주 전에 제가 실제로—"

"그럼 바로 그렇게 했었어야지!"

"그냥 '보여주기' 식처럼 보일까 봐 걱정되었어요."

"아니, 그렇지 않았을 거야. 자네가 말하는 '보여주기'가 무슨 의미인지 알고 있나? 어떤 한심한 감독이 내게 직전 상황으로 방금 막 나를 향해 달려오는 작고 귀여운 강아지를 말해주었다고 해보세. 조건을 들은 뒤 어두컴컴한 구석에서 나는 준비를 하고, 준비를 하고, 준비를 하지만 아무것도 일어나지 않아. 아마도 내가 개를 좋아하지 않기 때문이겠지. 그때 등장 차례가 되어 무대에 올라가 나는 그저 이렇게 말할 거야. '아, 아, 아!' 즉, 나는 겉으로 준비를 한 척만 했을 뿐인 거야. 내 안에 있지도 않은 감정을 가진 척 보여주려고만 했을 뿐이라는 거지."

마이즈너는 담배를 끄고 말을 이었다.

"하나만 더 이야기하고 마무리하지. 몇 년 전까지 나는 자가용이 있었네. 추운 겨울 운전석에 올라탄 뒤 출발 전, 성능을 최적화하기 위해 가장 먼저 뭘 했을까? 스로틀밸브를 열어 얼어붙은 엔진에 연료가 충분히 들어갈 수 있게 했어. 일종의 열을 올리는 과정이지. 배우에게 있어서 준비란 예열과 마찬가지야."

그는 학생들의 얼굴을 쭉 훑어본 뒤 말했다. "잠깐 쉬었다 하지."

"준비의 목적은 아주 단순해. 자기 자극. 로즈 메리, 자네는 복권 당첨이 자네를 자극한다고 했어. 더 이상 식당에서 햄버거를 서빙

하지 않고 오로지 연기에만 집중할 수 있게 될 테니까. 너무 행복한 나머지 눈물이 날 정도일 거라고 했던 거 기억하나? 당첨금으로 무엇을 할 건지를 상상하기 전까지의 자네와 그리고 당첨금에 대한 생각이 영향을 미친 이후의 자네는 완전히 다르겠지. 행복으로 가득 찬 로즈 메리일 테니까."

로즈 메리는 고개를 끄덕였다.

"그래서 준비는 일종의 백일몽(daydream)이기도 해. 아니, 백일몽 자체이지. 우리 내면의 삶을 변화시키지. 그 공상 속으로 들어가기 전과는 완전히 다른 감정으로 만들어버리니까. 그러나 백일몽 속 캐릭터는 장면에 직접적으로 개입되어서는 안 돼. 조지프 모건을 예로 들어볼까. 그가 베스와 함께한 장면의 직전 상황이 어땠지? 그는 아내의 불륜 사실을 알게 되었어. 프로이트가 말하길 상상(fantasies)은 성 혹은 야망에서 온다고 했네. 또한 나이가 들수록 공상을 하는 것은 부끄러운 일이기에 상상은 성인이 아니라 아이들의 것이라고도 했지만 말이야."

마이즈너는 조지프를 바라보았다. "조, 자네의 장면 속 상황이 비교적 설명하기 안성맞춤이기에 인용하는 것이니 너무 개의치 말게. 아내의 불륜을 알게 된 후 자네는 극도로 비참한 굴욕감에 빠졌다고 해보지. 조지프 모건은 자기 수치심을 극한으로 몰아가기 위해서 충분한 내면의 준비가 필요할 거야. 어떻게 할 수 있을까? 연극 연습을 시작한 지 사흘이 된 지금 감독이 리허설을 중단하고 이렇게 말을 했다고 가정해보세. 실제로 이런 일이 일어날 수도 있고 아니면 스스로 꾸며낼 수도 있겠지. 그건 얼마든지 선택할 수 있어. 아무튼 감독은 극단 전체가 있는 앞에서 조지프에게 면박을 주었어. '조지프, 자네는 해고야! 죽은 닭이 자네보다 더 재능이 넘칠 걸세!' 상황은 자신이 원하는 대로 만들어낼 수 있어. 아무튼 감독은 거기서 멈추지 않고 쓸데없는 말을 덧붙이기까지 하네. '내가 아는 어떤 여자가 그러는데 자네는 잠자리에서도 형편없다더군! 루돌프 발렌티노(Rudolph Valentino, 1920년대 섹스 심벌이었던 이탈리아 배우) 시늉을 하는 게 우스꽝스러워 죽을 뻔했다던데!' 상상 속 말 한마디 한마디가 어찌나 매서운지 자네는 탁자 아래로 기어들어가 영원히 사라지고 싶은 심정이 되겠지. 바로 그렇게 수치심을 느끼게 될 거고."

조지프가 불편한 듯 의자에서 꿈질거렸다.

"과정이 이해되었나? 상상력에 대해 더 이야기해볼까. 조가 해낸 준비 과정은 그로 하여금 쥐구멍으로 숨어 사라지고 싶은 감정을 유발했어. 그 뒤 아내가 들어오고, 이 장면에 서 있는 것은 그녀와 한 마리의 벌레가 되지. 벌레는 애처로운 남편이자 지질하고 수치스러운 상상으로 만들어진 존재야. 준비는 완벽하게 이뤄지고, 그 순간 장면은 시작되지."

학생들은 고개를 끄덕였다.

"백일몽의 상상은 그 무엇보다 개인적이고 은밀한 것일 때 가치가 있네. 일반적으로 풀어 말하자면 장면을 시작하기 전에 우리의 감정 상태를 결정한 대로 채우기 위해 상상력을 활용하는 거지. 한 번 더 프로이트를 인용하자면 준비는 우리의 야망 넘치는 또는 성적인 상상력의 산물이라고도 할 수 있어. 버스에서 광고를 보고 자신을 무시한 데이비드 머크리디에게 어떻게 복수할까 상상했던 그 남자는 야망 넘치는 상상력을 활용했지. 성적인 무능력 때문에 죽을 만큼 수치심을 느끼는 것은 명백히 성적 상상력을 활용한 것이고. 그러나 이 모두를 한 곡의 음악을 들으면서 얻을 수도 있을 거야. 상상력은 어디서든 얻을 수 있기 때문이라네. 창의력과 독창성에서 만들어지는 것이 상상력이거든.

　"수년 전 〈내게 백만 달러가 생긴다면?If I Had a Million?〉이라는 제목의 영화에 출연했던 찰리 로턴Charlie Laughton이란 배우가 있어. 영화 속 그는 회사에서 구박당하기 일쑤인 회계 장부 담당직원이었는데, 놀랍게도 어느 날 백만 달러라는 엄청난 돈을 상속받았어. 당시 백만 달러는 정말 큰돈이었지. 상속받은 뒤 그가 자신을 늘 질책하는 상사와 마주하는 장면이 등장하는데, 그는 상사의 사무실로 들어가서 이렇게 당당하게 말해. '오늘 당장 그만두겠습니다. 한번 잘해보시죠!' 로턴은 그가 세상 꼭대기에 올라선 듯한 승리감에 도취된 모습을 생생하게 묘사했어. 상사의 방문을 열고 들어가는 순간 바로 그 감정들이 고스란히 드러나지. 만약 빈센트가 그 역할이었다면 여자들을 만난 상상적 경험에서 그 감정을 끌어낼지도 모를 일이란 걸세. 그런 상상이 때로는 무적이 된 것 같은 감정을 선사하기도 하니까. 그렇다면 로턴이라면? 그는 자신의 준비에 대해서 남들에게 드러내지 않고, 자신만이 가졌겠지. 만약 누군가 그에게 '상사의 방문을 두드리던 순간 정복자가 된 것 같은 당당한 감정을 어쩜 그렇게 생생하게 드러낼 수 있었죠?'라고 질문한다면 그는 그저 '비밀입니다'라고 말했을 거야. 준비란 이토록 사적이고 은밀한 것이지. 우스꽝스러울 수도 있겠지만, 사우스 다코타 출신의 배우가 있다고 가정해보세. 어찌나 광활하고 인적이 드문지 가장 가까운 목장이 300킬로미터나 가야 나오는 곳이지. 목장과 목장 사이에는 그저 고독할 정도로 넓은 들판과 수천 마리의 양떼가 전부라면?"

"양들이 불쌍하네요." 애나가 대답했다.

"배우는 아니지. 내가 말하고 싶은 건 준비는 배우에게 참으로 사적이고 은밀하다는 거야. 따라서 누군가 '방금 그 3장에서 어쩜 그렇게 감탄스러울 정도로 감정 연기를 하셨어요?' 하고 질문을 받는다면 대답은 아주 단순해. '재능 덕분이죠.'"

학생들은 웃음을 참지 못했다.

"준비에 대해 덧붙일 또 다른 것은 그 상상의 상황을 부여잡으려 말고, 실패할 수도 있는 방황 속으로 내던질 수 있어야 한다네. 이야기할 것은 많지만 오늘은 이 정도면 충분할 것 같군. 앞서 극적으로 중요한 듯 보이게 설명한 것 같지만 사실 모든 장면이 다 그럴 필요는 없겠지. 때로는 아무 준비가 필요 없기도 하거든. 여기서 질문 있는 사람?"

존이 손을 들었다. "영화를 촬영할 때보다 무대에서 연기할 때에 더욱 풍부한 감정적 준비를 해야 할까요?"

"이거 하나만 말해두지. 인간은 누구나 감정에서 벗어날 수 없어. 규모나 역할의 비중과는 상관없이 말이야. 감정은 배우의 내면에서부터 부풀어. 아니 정정하지. '부풀다(inflate)'는 적절한 표현이 아니야. 한 인간이 가진 감정은 배우에게는 물론 관객 모두에게 침투되어야 하겠지. 만약 감정이 없다면, 헬렌 헤이스Helen Hayes처럼 대사를 최대한 진실하게 전달할 수 있어야만 해. 감정은 위조할 수 없기 때문이야. 억지로 만들려고 해봤자 비어 있다는 사실이 더욱 무자비하게 드러날 뿐이지.

"모린 스태플턴은 늘 감정이 풍부한 배우야. 킴 스탠리Kim Stanley는 간혹 과할 때가 있지. 제럴딘 페이지Geraldine Page는 사랑스럽고.

훌륭한 배우들이 참 많아. 만약 여러분이 여기서 배운 방식대로 파트너와 훈련을 계속해나간다면 머지않아 자신의 변화를 느낄 수 있을 걸세."

이번에는 브루스가 질문했다. "예전에 수업에서 조지프에게 불륜을 저지른 아내에 대해 어떨 것인지 생각해보라고 하셨죠. 그것도 일종의 준비라고 할 수 있을까요?"

"내가 의미했던 것은 배우라면, 신뢰가 없는 아내의 불륜 사건에 대한 반응이 있어야 한다는 거야. 조지프도 더 이상 어린애가 아니니 남몰래 바람을 피우고 있던 아내를 생각하면 감정적인 무언가가 끓어오를 거라고 했었지. 나는 전적으로 조지프의 반응을 기대한 거라네. '준비하라'라고 말한 것이 아니었어. 오늘은 '준비하라' '비어 있는 채로 시작하지 말라'고 말하고 있지. 그전까지 어디에 왜 있었으며 이제는 어떻게 살아갈 것인가. 내가 말하고자 하는 전부지. 그 외에 더 있었던가? 아닐세. 예전에 '두세의 홍조'에 대해서 이야기했던 거 기억하나? 다시 설명해줄 사람?"

"준비의 좋은 사례였을까요?" 빈센트가 되물었다.

"아니야. 허구의 상황에서도 진실함을 담고 살아가는 연기에 대한 것이었어. 때로는 준비만으로 절대 만들어낼 수 없는 것도 있다네. 그 장면은 두세의 천재성과 허구 속에서도 진실하게 살아가는 그녀의 완성도 높은 신념에서 비롯된 것이었지."

12월 5일

"다음 수업에서는 여러분들이 장면 시작 전 어떻게 준비하는지 낱낱이 살펴보겠네. 준비해오게!"

"장면 발표인가요, 훈련인가요?" 레이가 물었다.

"모두 각자 연기할 장면을 갖고 있지?"

"집에서 준비 단계만 리허설해봐도 될까요? 아니면 월요일 수업을 위해 기다릴까요?"

"아니, 시도해보게. 해보고 원하면 얼마든지 바꿔도 괜찮네."

"독립적인 액티비티는 그대로 하면 될까요?" 베티가 물었다. "애나는 메이크업을 하고 저는 잡지를 읽는 것처럼요."

"그대로 하되, 각자에게 감정 준비 단계가 더해진 거라네."

"그 위에요?"

"아니 그 아래에."

"그 아래에."

마이즈너의 말장난에 다들 웃음을 터트렸다.

"저희 같은 경우, 문밖에서 들어오는 역할을 맡은 사람 말고 안에 있는 사람은 무엇을 기반으로 한 감정적 준비를 해야 하죠?" 로즈메리가 물었다.

"독립적인 액티비티를 기반으로 한 준비를 해야겠지. 한 사람은 액티비티와 관련된 상황에서 비롯된 감정 준비와, 다른 사람은 드러난 사건에서 비롯된 감정을 준비하면 되겠지."

"조지프의 경우에는 여기 앉은 채로 마음을 졸여가며 불륜을 저지른 아내를 기다리면 될까요?"

"그런 경우에는 어두운 구석을 찾아 준비하면 좋겠지. 오늘 우리가 뭘 이야기하고 있었지?"

"첫 등장의 감정적 상태는 그 장면의 전체를 이끄는 것이기에 스스로의 내적 상상력으로 무엇을 해야 하는지에 대해서 말씀하셨어요." 브루스가 대답했다.

존이 손을 들었다. "어두운 구석을 찾아가는 것도 좋은 방법이라고요."

"혼자 있는 것. 그것도 도움이 된다네. 지금 여러분이 조용히 앉아 있기만 한다고 해서 내가 말하는 것을 모두 다 이해하는 건 아닐 거야. 내 설명에 대한 여러분의 해석을 들려주게나."

"제가 이해한 것은," 레이가 대답했다. "장면으로 들어가는 첫 순간을 위해 감정적으로 충만해야 한다는 거예요. 따라서 한 장면이 시작하기 전에, 백일몽처럼 상상을 통해 감정적으로 스스로를 자극해야 하죠. 장면이 진행되는 동안 그 상태가 계속될 수도 있고 그렇지 않을 수도 있지만, 첫 등장에는 감정이 생기 있게 꽉 차야 해요. 그러나 장면과 직접적으로 연결된 것은 아닐 수도 있어서, 지극히 개인적이고 은밀하며, 오롯이 자신에게만 자극을 주는 것이면 돼요."

"잘 설명해주었네." 마이즈너가 말했다.

"샌디?" 존이 질문했다. "가만히 앉아서 생각하는 것보다 준비를 끌어낼 수 있도록 큰 소리로 말하거나 하는 기술 같은 것이 혹시 있을까요?"

"그 질문에 대한 답은 명확하지. 배우가 한 장면의 연기를 위해 자신을 움직이게 만드는 것만큼 개인적인 것도 없다네. 세상 가장 사적이고 은밀한 것 가운데 준비보다 더한 것은 없다네. 이게 바로 내가 오늘 이 이상을 말할 수 없는 이유야."

레이도 손을 들어 말했다. "즉, 저희는 어떻게 하는지 샌디와 함께 공유하며 배워나가는 것이 아니라 우리가 무엇을 해야 하는지만 설명해주실 있다는 거지요? 부정적인 의미로 말씀드리는 건 아니에요. 샌디의 설명에 따르면 준비는 지극히 사적인 것이라 특별히 알려진 기술이 없다는 뜻 같아요. 감정적 준비는 그저 장면의 시작 전, 반드시 해야만 하는 과정이지만 그것을 실행해보는 방법은 스스로가 익혀야 하는 것이고요."

"장면 시작 전, 반드시 이루어져야 하는 과정이고, 나는 가능한 한 그 과정을 의식적으로 짚어줄 수 있을 뿐이지. 이해했나?"

12월 8일

릴라와 데이브는 윌리엄 잉게William Inge의 〈위험한 계단The Dark at the Top of the Stairs〉 속 한 장면을 막 시작할 참이었다.

"실제 장면에 들어가기 전에 어떤 상황이 선행되지, 릴라?" 마이즈너가 물었다.

"리니가 들어와요. 제가 그녀에게 파티에 가는 게 좋겠다고 말하자, 리니는 화가 나서 피아노를 연습하러 가요."

"그건 극의 줄거리지. 내가 묻는 건 장면을 시작하기 전에 자네가 딸을 파티의 주인공으로 만들 드레스를 고르는 상황이었네. 그때 어떤 기분이지?"

"오, 무척 신이 났어요. 정말 아름다운 드레스였거든요."

"즉, 릴라 킹은 환희에 찬 상태였다는 거군. 자네는 이 감정을 어떻게 만들어냈나? 자네가 몇 년 전 무대 위에서 연기를 하던 시절에 들은 좋은 평을 떠올렸을 수도 있고, 내일 유명한 극단에서 에설 베리모어Ethel Barrymore 대신 릴라 킹을 주연 자리에 앉히는 걸 상상할 수도 있지. 릴라 자네의 상상력이 어떻게 작용했는지 나는 모르겠지만 준비가 되면 그 드레스를 들고 자리에 앉아서 혼자 노래를 부르든 뭐든 원하는 대로 해보게. 그 순간 우리는 이 자리에서 배우 릴라 킹이 아닌 환희라는 감정에 차오른 여인 릴라 킹을 보게 되겠지. 감독이 바보가 아니고서야 그런 릴라 킹이 드레스를 손에 들고 혼자 신나게 왈츠를 춘다한들 누가 자네를 막을 수 있겠나?"

마이즈너는 데이브를 바라보며, "지금 우리에게는 남편이 있지. '19.95달러.' 이게 무슨 의미지?"

"살인입니다. 릴라가 저를 배신하고 돈을 가로챘거든요."

"자네가 그걸 감당할 수 없다는 사실을 떠올려보게."

"월세며 전기세를 낼 돈도 부족한 데다 정말 겨우 먹고사는 수준인데 파티 드레스에 쓸 돈 같은 건 없어요."

"그게 바로 재정적인 곤궁함에 처한 감정 상태의 토대가 되어줄 거야. 밖으로 나가서 준비가 끝나면 시작해. 알겠나?"

두 사람 모두 고개를 끄덕였다.

"데이브보다 릴라가 먼저 들어와야 하네."

릴라와 데이브는 강의실을 나간 뒤 문을 닫았다.

"간단하지 않은가? 배우고 익히는 데만 몇 년 더 걸리겠지만."

몇 분 후 릴라가 들어왔다. 탁자 위에 놓인 드레스를 들고 자신의 몸 앞에 대어본 뒤 벽에 기대어 있는 거울에 비춰보며 흡족한 표정을 지었다. 그녀는 만족스러운 듯 콧노래를 흥얼거리더니 자리에 앉아 바늘에 실을 꿰려 했다. 데이브가 벌컥 문을 열고 들어오면서 장면이 시작되었다. 3~4분쯤 지나고 마이즈너가 두 사람을 멈추게 했다.

"잠깐 이야기해보세. 괜찮아. 잘못한 건 없어. 하지만 여기서는 질이 아닌 양에 대해서 이야기하고 싶군. 행동의 질 자체는 좋았네. 하지만 첫 등장에서 감정이 충분히 차 있지는 못했어. 무슨 뜻인지 설명해보지. 데이브, 자네가 들어와서 릴라가 드레스를 들고 춤추는 걸 봤을 때 옷을 모조리 찢어버리고 싶지 않았나? 그 드레스야말로 그녀가 자네 인생을 망치고 있다는 증거니까 말이야. 릴라, 데이브가 들어오기 전에 자네가 딸 또래인 열다섯 소녀마냥 춤을 추는 모습을 봤다면 훨씬 좋았을 거야. 데이브, 만약 내가 틀린 게 아니라면, 누군가 비합리적인 행동을 하는 것에 역겨워하고 분노하는 것이 자네에게 아주 어려운 일은 아니었을 텐데, 맞나?"

"맞습니다." 데이브가 대답했다.

"내가 보고 싶은 게 그거였어. 그리고 릴라, 파티의 주인공이 된 열다섯 살 소녀처럼 드레스를 품에 안은 채 춤을 추는 것 또한 자네에겐 쉬운 일이었을 거야." 그녀가 동의하듯 고개를 끄덕이자 마이즈너가 말을 이어나갔다. "그 또한 내가 원하는 것이었지. 하지만 아직 시작 단계에 있으니 감정적으로 완벽하게 내면을 끌어내는 것이 결코 쉬울 리 없지. 다만 두 사람 모두에게 가능성이 열려 있다는 걸 알려주고 싶어. 장면에서 현실성을 유지했고, 감정적 충만함을 성취하지는 못했지만 적절한 감정은 가졌네. 두 사람의 첫 등장에서의 '충만함(fullness)'에 대해 말하는 거야. 오늘 내가 확립하고 싶은 것은 얼마나 양질의 준비를 할 수 있는가일세. 단순히 데이브가 사치스러운 아내 때문에 분노할 거라는, 릴라가 아름다운 옷에 신이 날 거라는 사실을 아는 것 그 이상으로 자네들의 감정은 온전하게 충만해야 해."

12월 12일

레이의 파트너 레이첼은 애나와 같은 모델 출신으로, 큰 키에 아름다운 금발이었다. 두 사람이 주어진 장면을 시작하자마자 마이즈너가 레이첼에게 물었다.

"자네는 왜 들어왔지?"

"레이에게 말해주려고—"

"그건 신경 쓰지 않아도 괜찮아. 대본에서 자연스럽게 해결될 테니까. 어디에서부터 왔나?"

"사귄 지 얼마 안 된 사랑하는 남자의 집에 있다가 왔어요."

"만난 지 얼마나 됐지?"

"7개월이요."

"그거 기록적이군." 마이즈너의 농담에 모두가 웃었다. "좋아. 만난 지 7개월밖에 안 된 남자 친구의 집에서의 일을 떠올리며 준비했다는 거지. 오늘 밤 무엇이 자네를 황홀하게 만들었는지 더한 상상력을 발휘해볼 수 있겠나?"

레이첼이 고개를 끄덕였다.

"사적인 것이겠지?"

고개를 다시 끄덕이는 그녀의 얼굴이 발그레해졌다.

"레이, 조지프에게 말했던 걸 해보세. 자네는 엄청나게 수치스러운 상태야. 마치 공개적으로 다른 친구들 앞에서 놀림당하는 어린아이처럼 말이야. 두 사람 모두 준비되면 들어오게."

두 사람이 강의실 밖으로 나가자 마이즈너가 말했다. "활기차게 대본을 따라 연기한다고 하면 전혀 문제될 것이 없겠지만, 지금 우리는 다른 단계의 이야기를 하고 있지. 어떤 단계지?"

"준비에 대한 것입니다." 빈센트가 답했다.

"준비가 여러분을 어디로 이끌어주지?"

"내밀한 사적인 영역." 로즈 메리가 답했다.

"감정적인 솔직함," 존이 덧붙였다.

"충만함까지!" 마이즈너가 강조했다. "우리는 무엇을 향해 가야 할까?"

"보다 꽉 찬 감정의 차원으로요." 베스가 말했다.

잠시 후 문이 열리고 레이가 들어와 침대 맡에 앉았다. 레이첼이 들어오면서 본격적으로 장면은 시작되었고 마지막까지 연기가 이어졌다.

"잘했네. 준비가 도움이 되었어. 지난 시간보다 행동에 더 의미가 생겼어. 이제 다른 걸 한번 시도해보지. 레이첼, 자네는 밖으로 나가서 마침내 자네의 모든 꿈이 다 이루어졌다는 기분이 드는 순간 춤을 추면서 들어오게! 어떤 춤이든 상관없어. 나가서 준비해보게."

"네, 대사도 같이 해야 하나요?"

"대사도 해야 해. 하지만 내가 보고 싶은 것은 자네가 극도의 황홀감에 빠져 있는 모습이야. 맛이 끝내주는 케이크를 떠올리면서 한다 해도 상관없네! 그리고 레이, 자네는 등을 돌려 침대에 앉은 채 심장이 찢어질 정도로 대성통곡을 해보게. 키우던 반려견이 갑작스럽게 죽었다는 상상을 해도 괜찮아. 혼자만의 시간이 필요하다면 잠시 나갔다 들어와도 좋네."

두 사람은 준비를 하기 위해 잠시 밖으로 나갔다. 몇 분 뒤 돌아와 다시 한 번 장면을 연기했다.

마이즈너가 레이에게 말했다. "(아주 미묘하긴 했지만.) 크게 달라지지는 않았어. 레이첼도 마찬가지였지만. 자네는 눈물에 민감한 편인가?"

"다른 사람이 우는 것에 민감하냐는 말씀이신가요?"

"왜 울지 않았냐는 말일세."

"잘 모르겠어요⋯."

"자의식이 강한 편인가?"

"어느 정도는요. 지나치게 노력한다고 생각하긴 해요. 평소에도 완벽해야 한다는 생각이 강한 편이고요."

"늘 반드시 성공할 필요는 없어. 배우기 위해 도전할 필요가 있겠지."

레이가 고개를 끄덕였다.

"내가 자네에게 '울라'고 했지. 그건 결과였네. 웨이터가 에그스크램블이 아니라 프라이로 가져다줘서 울었다고 한들 이유는 중요하지 않아. 그저 자네가 무너져 우는 모습을 보고 싶었을 뿐이니까. 레이첼이 카르멘처럼 들어오는 모습을 보고 싶었다네."

"장면에서의 극적인 감정의 변화를 말씀하신 건가요?" 레이가 말했다.

"그것과는 전적으로 다르지. 계속 훈련해보게. 다음 시간에는 어떨지 살펴보겠네."

12월 15일

"〈미스터 로버츠〉를 해보지." 마이즈너의 말에 존과 랄프가 나와 강의실 중앙에 있는 접이식 철제 의자에 앉았다. "존, 작품에서 랄프의 캐릭터가 눈엣가시 아닌가? 극중 자네는 그를 완전히 뭉개버리고 싶던 참에 뭔가를 손에 넣게 되었지. 그게 뭐였나?"

"편지예요. 그를 완벽하게 망칠 수 있는 증거였죠."

"'무단결근'. 기분이 어땠지?"

"어땠냐고요? 끝내줬죠!"

"이제 책상 뒤에 앉아서 그 권력을 만끽해보게. 지금 이 장면은 마치 타인이 전기 처형당하는 광경을 보며 짜릿해하는 잔인한 사내가 자신의 바람을 이루는 순간이지."

존은 의자를 기다란 탁자 뒤로 끌고 가서 그가 가져왔던 깨끗한 종이 서류를 정리하기 시작했다.

"랄프, 내가 '만약에(Magic if)'에 대해 알려준 적 있나? 이 장면을 위해 '만약에' 자네에게 세 살짜리 남동생이 있었고 그 아이의 장례식에서 막 돌아왔다면 어땠을지 생각해볼 수도 있어. 말하자면 엄청난 비극에 휩싸인 상황인 거지. 이 연극이 해군에 대한 작품이라는 생각은 개의치 말고, 자네 감정의 비극적 상황에만 집중해."

랄프가 고개를 끄덕였다.

"나가서 준비하게. 존, 자네는 거기 앉아서 혼자만의 쾌락에 빠져 있으면 돼. 하지만 원한다면 자네도 나갔다 돌아와도 괜찮아."

존이 자리를 떠나려는 참에 마이즈너가 학생들에게 말하기 시작했다. "모두들 누군가를 죽이는 꿈을 꿔본 적 없나? 죽이고 싶을 만큼 증오하던 상대에게 복수하는 데 성공하는 기가 막힌 꿈 말이야."

존이 말했다. "아뇨. 없어요."

"그럼 대체제(substitution)를 한번 찾아보도록 하게."

존은 고개를 끄덕인 뒤 밖으로 나갔다. 마이즈너가 로즈 메리를 보며 말했다.

"가장 친한 친구가 이렇게 말했다고 해볼까. '로즈 메리, 연기를 그만 포기하는 게 어때? 너에게는 재능이 없거든.' 그러나 끝내 자네는 주인공 배역을 맡게 되었고 그 친구는 해고되었지. 통쾌한 기분이 들지 않을까?"

로즈 메리가 씩 웃었다.

"이제 준비를 어떻게 하면 되는지 조금씩 이해가 되나?" 마이즈너가 강의실을 둘러보며 물었다. "그래? 전부 다는 아닌 듯하군. 만장일치로 이해했다는 쾌감을 내게 허락하지 않을 속셈인가?"

몇 분이 지나고 존이 탁자로 돌아와 서류 위에 놓여 있던 편지를 제법 흡족한 표정으로 읽어 내려가기 시작했다. 랄프는 문을 두드린 후 존이 들어오라고 했고 의자에 마주 앉았다. 책상 앞에 앉아 있는 그의 모습은 마치 교장 선생님 앞에 앉은 어린 소년 같았다. 준비는 매우 완벽한 상태였고, 장면이 진행될수록 상관의 잔악무도함 앞에서 좌절감에 빠지는 모습이 점점 강렬해졌다. 눈물이 그렁그렁한 채, 그는 부하들의 제대 취소 명령을 철회시켜달라며 간청했다. 끝내 함장이 명령을 철회하기로 하자, 랄프는 안도의 한숨을 내쉬며 기쁨에 눈물을 흘렸다.

"아주 좋았어. 준비가 자네를 어떻게 이끌었는지 알겠나? 랄프, 자네의 감정은 훌륭했네."

"감사합니다." 랄프는 만족스러운 듯 미소 지으며 손수건으로 코를 풀고 눈물을 닦았다.

"크리스마스 선물이 마음에 들었나?" 마이즈너의 질문에 랄프가 고개를 끄덕이자 모두의 얼굴에 웃음이 번졌다.

¶

마이즈너는 54번가와 1번 대로의 모퉁이에 서서 집으로 갈 택시를 기다렸다.

"데이브가 걱정이야. 감정 연기의 수준이 배우로서 충분히 물오르지 않았어. 마치 풍부한 감정을 위해 완벽하게 몰입하고 연기하지 않아도 되는 이유라도 찾는 것 같더군. 자제력과 과묵함은 미덕일 수 있지만 배우에게는 꼭 그렇지만은 않지. 그가 반드시 헤쳐나가야 할 문제야. 물론 나는 질풍노도의 시기를 무척이나 사랑하지만 말일세. 내가 식탁에서 소금통을 들어올릴 기운마저 잃어버린다면 그 친구들이 날 침대까지 옮겨줘야 할 거야. 그때 데이브도 한몫하게 되면 좋겠군."

부슬비가 내리기 시작했지만 택시는 한 대도 눈에 띄지 않았다.

"레이는 아주 훌륭하게 성장하고 있어. 레이첼도 그렇지. 레이는 예수회 수사가 되려고 공부하다가 성찬식 와인을 마시는 바람에 쫓겨났다고 하더군. 사실은 아닐 테지만. 똑똑한 친구거든. 내가 막힐 때마다 아주 정확하게 요점을 요약해주지. 모든 학생들 중에서 그가 가장 훌륭한 선생이 될 걸세"

길 끝으로 택시 한 대가 들어오자 마이즈너는 지팡이를 들어올렸다.

"쉽게 무너지지 않을 거야. 아직 이른 단계에 불과하지 않나. 말했다시피 준비는 정말이지 아주 간단하네. 배우고 익히는 데 수년이 걸릴 뿐이지."

마이즈너는 멈춰선 택시에 올라탔다.

07

즉흥연기(Improvisation)

백일몽의 특징 몇 가지를 살펴보도록 하자. '환상(fantasies)은 행복한 자의 것이 아닌 현실에 만족하지 못한 자의 것'이라는 말을 들어본 적 있는가. 이뤄지지 못한 소망은 환상의 동력이 된다. 모든 환상은 소망이 성취된 형태를 취하고 있으며, 불만족스러운 현실을 능가한다. 충동적인 소망은 소망을 품는 사람의 성과 성격, 상황에 따라 달라지지만 크게 두 가지로 분류할 수 있다. 소망을 품은 사람이 더 승격할 수 있도록 기여하는 야심찬 소망, 혹은 성애적인 소망이다. 젊은 여성의 경우 성애적인 소망이 거의 독점적으로 환상에 영향을 미치는데, 이는 그들의 열망이 성적인 바람과 맞닿은 경우가 많기 때문이다. 젊은 남성의 경우에는 성애적인 소망과 아울러, 아욕(我慾)이 강하고 야망이 넘치는 소망을 강렬하게 품는다. 그러나 우리는 여기서 이 둘 사이의 차이점을 구분하기보다, 이들은 종종 서로 연계된다는 점에 대해 살펴볼 것이다. 우리는 많은 알타피스(제단화, altar-pieces) 작품들의 한 모퉁이에서 여성을 발견할 수 있다. 영웅적인 야심가들의 승리의 발 앞에 놓여진….

지그문트 프로이트, 〈시인과 백일몽의 관계The Relation of the Poet to Day-dreaming〉[5]

2월 6일

"방금 빈센트가 이상한 질문을 하나 했네. 캐릭터 훈련은 대체 언제 하느냐고 물었지. 글쎄, 아직 한 번도 하지 않았다고 생각할지도 모르지만, 이미 한참 전에 시작했다고 할 수도 있어. 우리가 어떤 감정을 갖는 것에서부터 캐릭터 훈련은 시작되기 때문이지. 캐릭터의 내적인 요소(internal part)는 우리가 무엇에 대해 어떤 감정을 품느냐에 따라 정의할 수 있어. 예를 들어 여러분이 옷 가게에 가서 마음에 드는 정장을 발견했다고 해보지. 지금 형편을 생각하면 절대 사서는 안 되는 옷인데도 불구하고 앞뒤 재지 않고 사버렸다면, 어떤 사람이라고 할 수 있을까?"

"충동적인 사람이라고 할 수 있죠." 조지프가 대답했다.

"충동적인 사람," 마이즈너가 되풀이했다. "혹은 무모하다고 할 수 있겠지. 그것이 캐릭터의 내적 요소를 이루는 핵심이라 말할 수 있어. 스웨덴 극작가 스트린드베리Johan August Strindberg의 난해한 캐릭터 '미스 줄리Miss Julie'를 예로 들어보세. 증오 때문에 남자들의 자존심을 짓밟고, 그들을 파멸시키고 싶어 하는 그녀의 바람은 자신을 아

159

름답게 만들어 그들을 유혹하고 싶다는 생각으로 이어지지. 바로 여기서 캐릭터의 두 가지 요소를 볼 수 있어. 배우의 직관으로 구현될, 그녀가 어떤 유형의 인간인지를 결정하는 내적 요소, 즉 스트린드베리가 묘사한 잔혹한 파괴자의 모습이 그것이지. 또 다른 하나는 남자들을 유혹하겠다는 그녀의 바람을 투영한 아름다운 외모는 외적 요소가 된다네."

"악센트는 어느 쪽에 속할까요?" 조지프가 물었다. "외적 요소인가요, 내적 요소인가요?"

"미국에 온 지 얼마 되지 않은 프랑스 남자라면 무거운 프랑스 악센트가 두드러지겠지. 하지만 만약 대본에서 그가 거의 평생 영어를 써왔다고 묘사된다면? 아주 미약한 정도로만 프랑스 악센트가 느껴질 거야. 그러나 어느 쪽이든 그가 프랑스인이라는 사실을 바꾸지는 못해. 세련되고 위트 있으며 사랑에 있어서 냉소적인, 우리가 프랑스인을 떠올릴 때 자연스럽게 연상하는 그런 성격들을 갖춘 캐릭터 말이야. 초기 훈련 단계에서 우리는 극작가의 대사를 읽고 직관적으로 떠오르는 것들에 의지할 수밖에 없어. 이 시점에서 캐릭터는 대사를 읽은 우리의 내적인 반응에 따라서 정의되지. 하지만 기억해보게. 악센트는 캐릭터의 기초 혹은 유기적으로 연결되는 요소이기보다는, 붉은 머리색이나 금니처럼 외적인 속성이라 할 수 있지. '세련되고' '냉소적인', 즉 감정이 드러나는 행동 양상들이 근본적인 요소에 속하며, 이것들이 캐릭터의 근원을 이룬다네."

그는 잠시 빈센트를 바라보았다. "빈센트, 내 눈에는 자네가 잔뜩 실망한 것처럼 보이는군. 듣고 싶었던 답을 듣지 못해서 말이야."

빈센트가 뭔가 말하려 했으나 마이즈너가 다시 말을 이었다.

"하나 이야기해볼까. 누군가 두 사람에게 같은 질문을 했어. '어마어마하게 독한 술 한 병이 있는데 맛보겠나?' 한 남자는 감탄조로 이렇게 대답했네. '그럼, 맛봐야지!' 다른 남자는 이렇게 말했지. '그럼.' 짧은 침묵 후, '맛봐야지.' 같은 말을 했지만 두 사람이 같은 캐릭터라고 할 수 있을까? 빈센트, 자네가 먼저 이 이야길 시작했으니 물어보겠네. 자네라면 앞의 캐릭터를 어떻게 정의하겠나?"

"충동적이라고 정의할 것 같습니다."

"충동적이라. 다른 한쪽은?"

"조심스럽죠."

"우리는 그렇게 캐릭터를 확립해나간다네. 에드거 리 매스터스 Edgar Lee Masters의 《스푼 리버 사화집 Spoon River Anthology》을 활용하여 훈련하면 이 과정이 더 명확하게 이해될 걸세. 빈센트, 자네의 질문이 오히려 좋은 계기가 된 것 같군. 이렇게 시작할 작정은 아니었지만, 어쨌든 난 꽤 유연한 캐릭터거든."

"이제 다 같이 해볼 훈련의 방식을 들려주겠네. 두 사람이 함께 살고 있다고 가정하지. 반드시 이성적인 관계일 필요는 없어. 한 사람은 독립적인 액티비티를 하고, 다른 사람은 문밖에서 아주 강렬한 준비 단계를 거친 후 들어오면 돼. 지금까지는 들어오기 전에 노크는 필수였지만, 이제는 선택할 수 있어. 이게 전부야. 두 사람 중 한 사람은 독립적인 액티비티를 하고, 다른 한 사람은 어떤 상황을 만들어낸 뒤 감정적 준비 과정을 거쳐 안으로 들어오는 거야. 모든 순간 하나하나가 서로에게 영향을 미칠 거야. 본질적으로 말하자면 즉흥연기라 할 수도 있지. 레이, 자네의 파트너는 누구지?"

"로즈 메리입니다."

"좋아. 둘 모두 여기 나와보게. 자네들은 같이 살고 있고, 레이가 집에 있는 상태야. 그 말은 아주 진실되고 충실한 독립적인 액티비티를 해야 한다는 것이지. 파트너와는 상관없이 전적으로 자네가 해내야 하는 몫이지. 생각해둔 게 있나?"

"오디션에서 해야 할 대사를 암기하려고 해요."

"좋아. 그동안 로즈 메리는 스스로 창작한 상황으로 준비 과정을 거치고 안으로 들어오면 되네. 준비는 자기 자극이라 할 수 있지. 자네의 본성, 직감이 자네가 어떤 준비를 하고 싶어 하는지 알려줄 거야. 규모가 큰 연극에서 기대했던 배역을 따냈다고 가정한다면 말로 형언할 수 없을 만큼의 행복감이 준비 과정이자 자기 자극이 되겠지. 어떻게 이토록 멋진 상황이 펼쳐졌는지 얼떨떨한 기분이 들 수도 있을 테고. 정말 엄청난 행운 아닌가?"

로즈 메리가 고개를 끄덕였다.

"시작하기에 앞서 한번 정리해보자면, 레이는 집에서 액티비티에 집중한 상태이고, 로즈 메리는 준비 과정을 통해 설정한 상황을 거쳐 들어오기로 했지. 그다음 두 사람은 매 순간 서로의 행동에 대한 반응을 주고받는 거야. 여기서 질문 있나?"

"그러니까 우리가 직접 만들어낸 상황을 떠올릴 때, 그것이 우리를 감정적으로 움직일 수 있도록 최대한 현실적이고 진실하게 만들려고 노력해야 한다는 말씀이신가요?" 존이 물었다.

"반드시 그렇게 해야 하네."

"알겠습니다."

"이제 시작하지. 로즈 메리, 자네 모자와 코트는 어디 있지?"

로즈 메리가 의자에서 코트와 가방을 챙겨들고 걸음을 옮기기 시작했다.

"레이, 어디서 액티비티를 할 건가?"

"여기는 제 집이라고 하셨죠? 여기요."

"로즈 메리의 집이기도 하고."

"네, 들어올 때 노크할 필요는 없을 거 같아요." 로즈 메리가 말했다.

"두 사람은 어떤 관계지?"

"저희가 같이 정해야 하나요? 로즈 메리가 우리 사이를 어떻게 생각하는지 제가 알 필요가 있을까요?"

"자네 둘 다 부부 사이인지 남매 사이인지 알아둘 필요는 있겠지."

"제가 안으로 들어오기 전에 감정이나 목표를 정해두는 편이 좋을까요?" 로즈 메리가 질문했다.

"억울하게 배역에서 잘린 뒤 감독에게 편지를 쓰겠다는 생각으로 준비했다면 그렇게 해도 돼. 혹은 준비 과정 자체에만 몰입해도 상관없어."

"저희가 같이 산다고 해서, 제가 들어왔을 때 항상 레이가 집에 있는 건 아니죠? 집에 아무도 없을 때도 있으니까요." 로즈 메리의 말에 마이즈너가 대답했다.

"맞아."

"들어오는 사람이 일종의 감정적인 자기 자극으로서 활용할 상황이 안에 있는 사람과 관련된 것일 수도 있나요?"

"처음에는 그렇지 않은 것이 훨씬 낫지. 일단 어떻게 할지 살펴보세." 마이즈너가 말했다.

레이와 로즈 메리는 잠시 속삭인 뒤 로즈 메리가 밖으로 나갔고, 레이는 긴 탁자 뒤에 앉아 대본을 외우기 시작했다. 몇 분 뒤 로즈 메리가 안으로 들어오면서 두 사람의 훈련은 시작됐다.

"이 프레젠테이션에 대해 의견 말해볼 사람?" 훈련이 끝난 뒤 마이즈너가 물었다.

"꽤 좋았어요."

"조지프, 왜 그렇게 생각하지?"

"로즈 메리의 감정에서 진정성이 느껴졌고, 레이의 연기 역시 매 순간 살아 있었어요."

"로즈 메리의 첫 등장은 어땠지?"

"화가 나 있었어요."

"격정적이기도 했지. 레이는?"

"배려심이 있었어요."

"좋아. 한 번 더 해볼까? 이번엔 어느 팀이 해보겠나?"

레이와 로즈 메리가 자리로 돌아갔다.

"그건 그렇고, 레이, 자네의 액티비티가 다소 흥미롭지 못했던 점은 아쉬웠네."

"샌디가 부르셨을 때 막 생각해낸 거라 준비가 충분하지 못했던 것 같아요."

"어떻게 하면 더한 흥미를 자아낼 수 있겠나?"

"특정한 악센트로 큰 소리 내어 대사를 외우면 어땠을까요? 혹은 리듬에 맞춰 걸으면서—"

"지나치게 특이하지만 않다면 해볼 만했겠어. 그렇지 못했기에 그저 외우기만 하는 사람이었지. 조금 심심할 정도로 말이야. 액티비티는 반드시 몰입 가능하며 스스로의 감정을 불러일으킬 만해야겠지. 이번 연습의 목표가 무엇인지 이야기해볼 사람 있나?"

존이 손을 들었다.

"감정적 준비 과정 자체에 완전히 몰입한 뒤, 외부적인 요소에 진정성 있게, 순간순간 반응하는 것입니다."

"여기서 외부적인 요소는 뭐지?"

"액티비티나 파트너가 되겠죠."

"맞아. 파트너지. 파트너를 어떻게 이용해야 스스로에게 의미가 있을까, 조지프?"

"자신이 어떻게 존재해야 하는지를 머리로만 궁리하는 것보다 실제로 우리에게 더더욱 영향을 미치도록 매 순간 반응하는 것이 스스로가 존재하는 것이라고 할 수 있습니다."

"답에 거의 근접했네." 마이즈너가 사색에 잠긴 듯한 목소리로 말했다. "거의 근접했어." 그는 안경에 달린 마이크를 조정한 뒤 말을 이었다. "이번 연습에서는 한 차원 더 추가되지. 독립적인 액티비티를 하는 사람은 그저 그 일을 방해받는 것에 그치지 않고, 파트너와 대면하게 되지. 파트너의 내면은 준비 과정을 거쳐 강렬하고 설득력 있는 상태지. 풍부한 감정 상태로 방에 들어온 파트너와 순간순간 서로를 향한 반응을 주고받게 되는 거야."

"잠깐 멈춰보지." 마이즈너의 말에 존과 레이첼은 즉흥연기를 멈추고 벽 쪽에 위치한 침대에 나란히 앉았다.

"존, 자네는 어떤 상황을 준비했지?"

"길에서 누군가와 마주친 상황을 떠올렸습니다."

"그게 누구지?"

"제가 제작하고 싶었던 연극의 극작가예요. 무척 까다로운 사람이라 제작 허가를 받기가 쉽지 않았는데 우연히 마주친 덕분에 간신히 30분이라는 시간을 내어주기로 했죠."

"좋아. 자네가 그 작가를 만났기 때문에, 자네가 제작하고 싶은 작품의 극작가이기 때문에, 또한 자네와 이야기할 시간을 내어주기로 했기 때문에, '지금 자네는 기분이 어떻지?'"

"하늘을 날아갈 것만 같죠."

"실제로 감정의 강도는 그보다 더 증폭될 수 있을 거야. 자네가 더 강렬하게 감정을 느낄수록, 액티비티 중이던 파트너 역시 행동을 멈추고 자네에게 집중할 가능성이 높아지지. 선택한 상황은 자네에게 충분히 자극적이지 못했고, 그렇기에 충만한 감정을 가지지도 못했어. 내가 무슨 말을 하는지 알겠나?"

"제가 스스로를 압도할 정도로 진정성 있고 강렬한 감정을 만들어내지 못했다는 말씀이신 거죠." 존이 말했다.

"그렇게 하려면 무엇이 필요하지?"

"저 자신을 움직일 수 있는 상황이요."

"그걸 가지고 즉흥적으로 연기해보게."

레이가 손을 들어 질문했다.

"샌디, '즉흥적으로 연기하라'는 말씀은, 반복은 줄어들고 대사처럼 실제 대화를 주고받으라는 뜻인가요? 즉흥연기라는 말 자체의 의미는 알지만, 실제 대화와 유사한 방식으로 흘러가도 좋다는 말씀이신지 궁금합니다."

"맞아."

"한 가지 더 궁금한 것이 있어요. 두 사람의 관계에 있어서 노크를 하지 않는 것, 자연스럽게 서로를 대하는 태도 외에 둘 사이의 과거 사건이 굳이 존재하지 않아도 되는 거죠?"

"맞아."

"그 외에는 우리가 지금까지 해온 대로 하면 되는 거고요."

"맞네. 여기서의 즉흥연기는 지금까지 해온 연습과 동일해. 다만 전보다 더 강렬하고 충만한 감정적 준비 과정이 더해졌다는 점에서 차이가 있지. 크리스마스 전에 수업에서 내가 어떤 요소를 더했는지 기억하나?"

"파트너와 제가 어떤 관계인지의 설정을 추가하셨어요." 베티가 말했다.

"그리고 완전한 준비 과정의 도약판으로서 강렬한 상황을 추가하는 것에 대해서도 이야기했었지."

"감정적인 준비 외에도 각자 이야기가 있어야 하는 거지요?" 레이가 물었다. "지금까지의 준비는 감정이 어떤 상태인지를 위한 것이었다면, 지금 우리가 해야 하는 것은….."

"정당한, 혹은 타당한 이유가 필요한 것이지." 마이즈너가 말했다.

"네, 그래야 제가 집으로 들어올 때 준비된 감정이 직전에 제게 일어난 어떤 일의 결과물이라고 할 수 있을 테니까요."

"맞아."

"그리고 그것이 감정을 강화시키고요." 로즈 메리가 말했다.

"물론이지."

"오히려 더 연극적으로 보이지는 않을까요?" 레이가 덧붙였다.

"아냐, 오히려 자네의 감정이 더욱 풍성해지도록 하지. 자기 자극으로 더욱 깊고 확장된 감정을 갖는 계기로 삼아야 해. 무슨 의미인지 알겠나?"

"즉흥이 진행되는 동안 감정적인 행동에 제약을 두지 말라는 말씀이실까요?" 로즈 메리가 말했다.

"맞아. 그래선 안 돼."

"실행하기 무척 어려운 것 같아요. 어린 시절부터 감정을 억제하도록 훈육받는 경우가 훨씬 많으니까요. 성인이 된 후에도 일상에서조차 이런 제약에 익숙해져 있고요. 자신의 내면에 어떤 경계가 있는지 잘 알고 있지만 이를 부숴버리기도 어렵고, 그렇기에 연기 수업에서는 더욱 쉽지가 않아요. 하지만 감정의 자유는 우리 내면의 삶이 보여주는 그대로의 길로 따라갈 때 비로소 얻을 수 있는 것 같기도 해요."

"듣던 중 반가운 이야기로군." 마이즈너의 말에 모두는 웃음을 터트렸다.

2월 9일

"이번 훈련은 무척 만족스러웠네."

마이즈너의 말에 조지프는 안도의 한숨을 내쉬었다.

"조지프, 자네의 연기가 좀 더 풍부했다면 좋았을 거라는 아쉬움은 있어. 무엇을 어떻게 해야 좋았을까?"

"감정적 준비 과정을 더욱 보완했다면 좋았을 것 같아요."

"어떤 준비를 해야 자네에게 더 강렬한 자극을 줄 수 있었을까?"

"보다 더 의미 있고 구체적인 준비가 필요했어요."

"어떤 준비라고?"

"더 의미 있고 구체적인 준비요."

"맞네."

"생각은 했지만 실행하지는 못했어요."

"충분히 가능한 일이지만, 못했다고 해서 자네를 비난하지는 않아. 준비하는 과정에서 최선을 다했으니, 앞으로 더욱 진정성과 강렬함을 갖추면 충분히 나아질 거야. 이해했나?"

"네."

"〈햄릿〉의 도입부에서… 오늘 내 목소리는 최악이군. 다들 잘 들리나?"

"네." 학생들이 대답했다.

"극이 시작할 때 햄릿은 깊은 절망감에 사로잡혀 있지. 원인이 뭐였지?"

"아버지의 죽음입니다." 조지프가 조용한 저음의 목소리로 대답했다.

"그의 아버지는 살해당했지."

"햄릿의 숙부가 죽였지요."

"그 또한 햄릿이 좌절한 원인 중 하나야. 책상 위에 내려앉은 파리 한 마리를 손바닥으로 때려죽였다고 그렇게 깊은 절망감에 빠질 수 있을까?"

"아뇨."

"내 생각도 그렇네."

"햄릿에 대해 좀 더 여쭤보고 싶어요." 조지프가 말했다. "연극이 시작될 무렵 어머니에 대한 햄릿의 대사가 있어요. '오! 이 단단하고 단단한 살이 녹아내려 / 허무한 이슬이 되어버리네…' 그의 어머니가 아버지를 살해한 숙부와 혼인하는 것을 가리키는 내용이었죠. 이런 상황을 연기하려면 무엇을 준비해야 할까요?"

"누가 할지에 따라 다르지 않겠나." 마이즈너가 대답했다. 짧은 침묵 후 조지프가 말했다.

"각자에게 강력한 자극이 되는 상황은 다 다르니까요?"

"그렇지. 보다 풍부하게 준비할 수 있도록 고민해보게. 벽돌로 지어진 벽에서 변함없이 일정한 것이 있다면 벽돌은 벽돌이며 벽 또한 벽돌이라는 사실이네. 이게 무슨 의미일까?"

"벽을 이룬 것은 그저 벽돌일 뿐이라는 말씀이신가요?" 조지프의 파트너 베티가 대답했다.

"장면은 근본적으로 현실에 의거해 있다는 것이지. 그러나 여기서 내가 요구하는 것은 1파인트에 불과한 가벼운 연기가 아니라 1갤런 정도의 합당한 무게감을 갖춘 연기라네." 마이즈너는 긴 탁자 뒤에 앉아 있는 베티를 보았다. 베티 앞에는 뭔가가 인쇄된 카드 여러 장이 펼쳐져 있었다. "자네는 카드로 뭘 하고 있었지? 내기 돈을 얼마나 따려고?"

"사실 저도 제가 맞게 하고 있었는지 모르겠어요. 머릿속에 나름 구체적이고 개인적인 시나리오를 짜두었지만 남들이 보기에는 진부할까 봐 두려워요."

"25달러 정도라면 내기 돈으로 충분하지."

"아뇨, 그게 아니라—"

"더 복잡한가?"

"제가 생각한 방향이 틀렸을지도 모르니 말씀드려볼게요."

"말해보게."

"소아암 병동에서 자원봉사를 하는 상상을 했어요. 전 십대 아이들을 돌봤는데 그중 배우가 꿈인 열네 살짜리 소년과 친해졌죠. 하지만 병원에 있는 아이들은 외출이 여의치 않아요. 그래서 어떤 꿈을 꾸든 다양한 무언가를 시도해보기가 어렵죠. 그래서 저는 아이에게 다음 주 월요일에 셰익스피어 연극 대사를 일부 낭독해주기로 약속했어요. 이 카드에는 대사 구절들이 인쇄되어 있고요."

"이야기가 좀 복잡한 것 같군."

베티는 잠시 생각에 빠졌다가 다시 말했다. "그럼 이 카드로 집을 만든다고 하는 건 어떨까요?"

"소아 병동에서? 아이들의 오락거리로 말인가?"

"너무 엉뚱한 상상일까요?" 베티가 물었다.

"아니! 병원에서라면 충분히 가능한 상황 아닌가."

"하지만 먼저 말씀드린 내용은 다소 복잡하다는 말씀이신 거죠?"

"그렇네."

"너무 이것저것 뒤범벅되어 있어서요?"

"자네가 어떤 상황을 상상하면 내적으로 반응이 일어나야 하는데, 그 상황이 복잡할수록 감정적으로 몰입하기가 어려울 수 있어."

"그렇다면 아이들에게 카드로 집을 짓는 것을 보여주는 상상을 했을 때 더 많이 자극받을 수 있을까요?"

"몰입(involvement). 불치병에 걸린 아이에게 잠시나마 웃음을 주는 상황을 통해서 자네 스스로도 더욱 몰입할 수 있겠지. 단순함이 핵심이야. 이것저것 어수선하게 채워넣지 말게. 나는 '히틀러^{Hitler}'라는 단어 하나만으로 어떤 감정을 떠올리기도 하지. 내가 스페니쉬 (Spanish)라 그럴지도 모르겠지만."

"브루스, 레이가 했던 질문 기억하나? 이런 형식의 즉흥연기는 반복이 줄어들고 진행할수록 더 인간적인 대화라는 결과물이 나오지 않겠느냐고 했던 것 말이야."

브루스는 괴로운 얼굴로 숱이 적은 머리를 쓸어내린 후 대답했다. "네, 전 그렇게 할 수 없을 것 같지만요."

"못할 것 같다고? 자네 셔츠가 무슨 색이지?"

"연한 갈색이에요."

"그건 반복이 아니었네. 내가 자네 셔츠의 색을 물었고, 자네는 대답했지. 자네도 반복하지 않았지."

"네, 그저 질문에 대답했을 뿐이죠."

"양말은 무슨 색이지?"

"검은색이요."

"브루스 외에 달리 예명처럼 쓰는 이름이 있나?"

"물론이죠."

"그게 뭐지?"

"패트릭이에요."

"지금까지 반복한 부분이 있었나? 왜 질문에 대답할 수 없다고 했지? 방금 이렇게 해냈으면서 말이야!"

"모르겠어요. 그냥 꽉 막힌 기분이었어요."

"괜찮아. 강의실의 벽이 무슨 색인지 말해보겠나?"

"노란색입니다."

"좋아하는 색인가?"

"나쁘지 않아요."

"무슨 색을 좋아하지?"

브루스는 잠시 머뭇거린 후 대답했다. "회색이요."

"대답하기 전에 고민했나?"

"네, 아주 잠깐요."

"누군가 자네에게 이런 식의 질문한다면 충분히 대답할 수 있지 않을까?"

"네, 하지만 앞서 샌디에게 지적받았던 훈련에서 릴라가 제게 질문했을 때는 제대로 대답하지 못했어요. 화났다는 감정을 가진 채 대답하면 되었겠지만… 머릿속엔 사전에 준비했던 내용을 노출해선 안 된다는 생각을 했어요."

"이번에는 브루스 자네가 내게 질문해보게. 직접적으로 진실을 말하지 않고도 대답할 수 있는 방법을 보여주지. 내 나이가 몇일까? 자네 눈에는 내가 몇 살처럼 보이나?"

브루스가 돌연 크게 웃었다.

"뭐가 그렇게 재밌지?"

"많아야 50세 정도 되셨을까요?" 브루스가 대답했다.

"맞아!" 마이즈너가 유쾌하게 답하자 다 같이 웃음을 터트렸다. "브루스, 자네 나이는 몇이지? 내게 거짓말로 대답해보게."

"팔팔한 28세입니다."

"그렇게 안 보이는데." 마이즈너의 대답에 브루스가 한 번 더 웃었다.

"뭐가 그렇게 재미있지?"

"거짓말이요!"

"뭐가 거짓이었지?"

"28세라는 거요."

"그게 거짓이었나?"

"네."

"자, 지금 우리가 한 것은 대화였어. 아닌가? 즉흥 훈련의 방향성이기도 하지."

브루스가 고개를 끄덕였다.

"릴라." 마이즈너의 시선이 브루스의 파트너에게로 옮겨졌다. "자네에게도 같은 문제가 있었어. 타당성 있게 반응하는 것이란 무엇일까?"

"타당하게 반응하는 것이요?"

"지금 몇 시지? 타당성을 갖고 반응한다면 어떻게 대답하겠나?"

"모르겠어요."

"왜 모르지? 자네 손목에 시계가 있는데, 그걸 보고 말해주면 되지 않겠나?"

"5시 10분쯤 된 것 같아요."

"그렇게 망설이는 모호한 태도는 이 훈련에서 독이야. 다시 대답해볼까?"

"5시 10분이에요."

"좋아. 내가 '지금 몇 시지?'라고 물었을 때 자네가 반복적이고 연극적으로 대답한다면 어떨까?"

"저의 연극적인 대답이요?"

"지금 말이야."

"무슨 말씀이신지 너무 헷갈려요." 릴라는 커다란 푸른 눈동자로 마이즈너를 초조하게 응시하며 말했다.

"내가 '지금 몇 시지?'라고 질문했을 때 자네가 반복적이고 연극적으로 대답한다면 '지금 몇 시냐고요?' 하고 되묻겠지. 나는 '지금 몇 시지?' 되물을 테고 자네는 '지금 몇 시냐고요?' 하고 다시 물을 거야. 그럼 나는 '자네 정말 짜증 나는군'이라고 말하고 자네는 '제가 짜증 나시는군요'라고 말하겠지. 이어서 내가 '그래, 자네 정말 짜증 나네' 하고 말하면 자네는 '네, 저 정말 짜증 나요'라고 말할 수 있지. '그래, 맞아. 자네 정말 짜증 나'라는 내 말에 '그래요, 맞아요. 저 정말 짜증 나요!' 이렇게 대답이 이어지겠지. 이런 대화가 타당성 있는 이성적인 대화라 할 수 있을까, 아니면 반복적이고 연극적이라 할 수 있을까?"

"연극적이요."

"그래. 훈련의 초기 단계에서는 무의식적인 반복의 차원이 가치 있는 방식이었지. 머릿속에서 대화를 어떻게 이어나갈지 고민할 필요 없이 쭉 반복으로 지속했지. 마치 반복 자체가 대화인 것 같은 기분이 들지. 사실은 아니지만 말이야. 이런 식의 파트너와 주고받았던 비논리적인 성질은 충동적인 변화를 일으키는 가능성을 열고, 진짜 감정을 유발하는 과정으로 이어지게 만든 거라네. 결국은 좋은 연기의 바탕이 되는 셈이야. 이제 우리는 근본적인 단계를 넘어섰다고 할 수 있어. 타당성을 갖고 반응하는 것이 가능하지. 따라서 이제 파트너가 몇 시인지 질문한다면, 제발 부탁이니 망설이지 말고 손목에 찬 시계를 보고 대답해주게나! 그리고 혹여나 파트너가 여러분의 나이를 묻는 만용을 부린다면 얼마든지 거짓말을 할 수 있게 허락하겠네!"

2월 13일

세라는 벽 쪽 침대에 앉아 조용히 책을 읽는 데 집중하고 있었다. 그때 갑자기 벌컥 문이 열리고 빈센트가 방 안으로 뛰쳐 들어왔다. 첫 수업 때와 똑같이 회색 카디건 아래로 밝은 핑크색 글자가 있는 티셔츠 차림이었다. 그는 잠시 거칠게 숨을 고르더니 재빠르게 문을 닫고는 서랍장을 문 앞으로 끌어다 방어벽을 치기 시작했다. "세상에, 맙소사." 세라가 놀란 목소리로 말했다. "대체 무슨 일이야?" 빈센트는 아무 대답 없이 이번에는 의자를 가져다 쌓기 시작했다.

마이즈너는 랄프에게 뭔가 속삭였다. 랄프는 고개를 끄덕인 후 조용히 강의실 뒷문으로 나갔다. 빈센트는 이제 어딘가에 몸을 숨기려는 참이었다. 그는 세라가 앉아 있는 침대와 그 옆의 침대 사이에서 머리를 감싼 채 쭈그려 앉아 과장된 연극조로 숨을 크게 내쉬었다. 그런데 돌연 문을 세게 두드리는 소리가 연달아 세 번 들렸다.

마이즈너는 손을 들어 연습을 중단시켰다. "빈센트, 문을 두드리는 소리가 들리는데 어째서 자네한테 아무 일도 일어나지 않는 거지? 그렇게 거칠게 들어왔으면서? 자네를 쫓는 사람은 누구지?"

"모르겠어요. 전철에서부터 미행을 당했거든요."

"왜 미행하는 거지?"

"모르겠어요. 아마도 미친 남자일 거예요. 제가 자기 발을 밟았다는 이유로 저를 죽여버리겠다며 쫓아오고 있는 거죠."

"너무 광범위하군." 마이즈너가 단호하게 말했다. "추상적이고, 의미가 없어. 그저 과장된 행동을 연극적으로 하고 있을 뿐이네. 누군가에게 쫓기는 중이라면 저 문을 두드리는 노크 소리가 자네에겐 의미가 있지 않겠나."

"잡히지 않으려고 하는 것만으로는 충분하지 않다는 말씀이신가요?" 빈센트가 방어적으로 물었다.

"지금 자네에게 무슨 일이 일어났지? 그저 무언가를 두려워하는 척하는 것 외에는 아무 일도 일어나지 않았어. 자네는 지금 칼을 든 남자에게 쫓기는 연기를 하는 거지? 상황이 좀 더 구체적이라면 자네의 풍부한 감정이 훨씬 설득력 있었을 거야. 하지만 문을 두드리는 소리에도 자네에게는 아무 반응이 없었네. 그러니 현실성이 떨어지는 것이지."

"무슨 말씀이신지 알겠어요." 빈센트가 조용히 대답했다.

"세라, 자네는 어땠나?"

"빈센트에게 무슨 일이 벌어지는지 감도 잡지 못했어요."

"그가 미친 것 같다는 생각을 했나?"

"네, 제가 무슨 일인지 물었을 때 제대로 대답하지 못하고 몸을 숨기기에 바빴으니까요."

"여기에 진정성은 존재하지 않았네. 그저 연극적인 상황으로만 보였을 뿐 아무 일도 일어나지 않은 것이지. 이해했나?"

"네." 빈센트가 대답했다.

"내가 뭐라고 했는지 설명해보게."

"제 행동에 진정성이 없었고, 그저 두려워하는 모습과 상황만 보여졌을 뿐이라고 하셨잖아요."

"왜 화를 내는 건가?" 마이즈너가 물었다.

"저도 알고 있다는 말씀을 드린 것뿐이에요!"

"자네가 더 이상 솔직해지지 않는데 내가 어떻게 그걸 알 수 있겠나?"

마이즈너의 말에 빈센트는 더 이상 대화를 이어가고 싶지 않은 듯 어깨만 으쓱할 뿐이었다.

"제가 그 상황을 좀 더 이용했어야 했던 것 같아요." 세라가 말했다.

"빈센트의 행동이 어딘가 비논리적이고 진정성이 약하다는 사실을 이용했다면 좋았겠지."

빈센트는 뭔가 불편한 듯 자세를 바꿔 섰다.

"세라가 빈센트의 여동생이고 두 사람이 같은 아파트에서 살고 있다고 가정해보세. 집에 오기 전에 여자 친구가 자네보다 재력 있는 남자와 결혼하게 될 거라는 사실을 알게 되었다면 어땠을까? 이 설정이 더 나은 이유가 있다면 그게 뭘까?"

"그건… 잘 모르겠어요."

"더 인간적이어서? 자네 안에 인간적인 면으로 실망감, 수치심, 그것이 무엇이든 가질 수 있지 않겠나? 만약 그렇다면 자네가 지금 집에 와서 구석으로 숨어든 이유가 여자 친구에게 차였기 때문이라고 볼 수 있지 않을까?"

"그런 상황에서 이렇게 말해보라는 말씀인가요? '그게 나한테 어떤 영향을 미칠까? 이런 영향을 미치겠지?' 그러고 나서 그대로 행동하라는 말씀이신 거죠." 빈센트는 심통이 난 듯 얼굴을 일그러뜨렸다.

"아냐, 그것이 자네에게 영향을 미치면, 자네의 충동이 이끄는 대로 행동해보라는 말이야."

"전부 정확하게 이해했어요. 노력해보죠."

"자네가 보여준 것이 광범위하고 연극적인 상황만 있다는 말에 대해서도 이해했나?"

"네."

"세라, 빈센트로부터 구체적으로 영향을 받은 부분이 있었나?"

"실은, 그렇기도 하고 아니기도 해요."

"무슨 말인가?"

"현실적으로 느껴지지는 않았어요."

"내가 말한 그대로군."

"아까는 제 의견을 정확히 말하지 못했어요."

"자네는 너무 예의를 차리는군. 그러한 예의로는 아무것도 할 수 없어. 여러분 모두 자기 내면의 보편적인 인간성에 대해 고민해보게. 텔레비전에서 보던 대로 연기하지 말고! 여기서 우리에게 필요한 것은 강렬하게 문을 뚫고 들어오는 상황이야." 마이즈너는 잠시 쉬었다 말을 계속했다. "만약 여러분이 초등학생이고 평소보다 훨씬 일찍 학교에서 나와버렸다고 해보지. 엄마에게는 학교에서 큰 불이 나서 거의 타 죽을 뻔한 바람에 일찍 왔다고 말한다면 어떨까? 그건 거짓말이겠지! 어떻게 해야 엄마가 믿게 할 수 있겠어? 어떻게 해야 거짓이 아니라 진실을 말한다고 믿게 할 수 있을까?"

"구체적인 사실을 이야기하면 어떨까요? 학교에서 있었던 일들을 자세히 말하는 거예요."

베티의 말에 마이즈너가 말했다.

"그건 대본에 이미 쓰여 있을 거야. 무엇이 여러분을 설득력 있는 거짓말쟁이로 만들어줄 수 있지?"

"행동이요." 조지프가 대답했다.

"어떤 행동?"

"만약 믿는 대로 행동한다면—"

"여러분의 감정적인 행동이지. 만약 이런 식으로 했다면," 마이즈너가 깃털을 불어 날리듯 손바닥 위로 숨을 훅 불며 말했다. "믿음을 갖기란 불가능할 거야."

"엄마 앞에서 펑펑 울면 어떨까요." 베티가 말했다.

"거짓말을 믿게 만드는 것은 감정의 진정성이지. 해야 할 이야기는 많지만, 나중으로 미뤄두지." 마이즈너가 말했다.

"조지프, 자네 연기는 제법 좋았네. 명확하고 세심했지. 다만 좀 더 풍부해질 필요가 있어. 보다 사적인 부분을 부여하면 그렇게 될 수 있지. 그 편지는 왜 쓰고 있었나?"

"방금 제가 사랑하는 숙모님이 돌아가셨다는 소식을 들어서요. 이 정도라면 충분히 개인적이라고 생각했습니다."

"하지만 감정이 자연스럽게 흘러가도록 하진 못했어. 시작은 좋았지만 금세 감정이 시들해지고 말았지. 어떻게 해야 더 충만해질 수 있을까? 하나 알려주자면, 자네를 뒤흔들 정도로 사적인 무언가가 필요하네."

"어떤 순간에는 감정이 멀어졌다가 다시 돌아오기도 하잖아요.

그 자리에 계속 머무르지 않으니까요."

"처음부터 훨씬 강렬한 수준에서 시작되었어야 한다는 말일세." 마이즈너는 조지프의 파트너인 베티에게 시선을 돌렸다. "베티, 자네도 매우 잘했어. 단순하면서도 진실되고 명확하게 조지프에게 반응했지. 자네는 어떤 상황을 준비했지?"

"에이전트에게 저와 같은 배역을 준비하던 배우가 다른 역을 맡게 되었다는 소식을 들었다고 생각했어요. 원하는 배역을 얻을 확률이 거의 확실하게 된 셈이죠."

"그렇다면 자네가 엄청나게 들떠 있다는 걸 잘 보여줘야 했네."

"황홀할 정도로 들떠 있었지만 동시에 두렵기도 했어요. 너무 흥분하면 성사될 일도 어그러질까 봐요. 제가 어떤 면에서는 미신을 좀 믿는 편이거든요."

"그래도 어쨌든 시도해보게. 지금 자네 말은 적당히 하고 싶었다는 소리나 다를 바 없어. 적당히 해선 안 돼! 조지프야말로 적당히 했지. 세심하고 진정성 있었고 나쁘지 않았지만, 온전히 풍부하지는 못했어."

"샌디, 이해하기 어려운 부분이 있어요." 레이가 말했다. "'풍부'해지라는 말씀을 자주 하시는데, 때로는 그 말이 '더 깊다' '더 넓다'는 의미로 들리기도 하거든요."

"'더 넓다'는 아니야. '더 깊다' 쪽이 맞네."

"지금보다 더 확장된다는 의미는 아닌가요?"

마이즈너는 말없이 고개를 끄덕였다.

"그렇다면 조지프가 숙모가 돌아가셨다는 사실을 이용하되," 로즈 메리가 덧붙였다. "더 사적으로 만들어서 숙모가 그를 아기 때부터 길러주셨거나."

"혹은 조지프가 숙모의 죽음에 책임이 있다고 바꿔볼 수 있지. 그가 의대생인데 실험 중이던 약을 숙모에게 제공했고, 그걸 먹는 바람에 숙모가 돌아가셨다고 한다면 훨씬 감정이 풍부해지지 않겠나."

학생들이 그의 말을 이해하는 동안 마이즈너는 잠시 침묵했다. 마침내 베티가 솔직하게 입을 열었다.

"사실 처음에는 제가 직장을 얻었다는 상상을 하며 준비할 계획이었어요. 광분했다고 볼 정도로 행복한 상태로 들어오려고 했는데, 그 지점까지 가는 것이 쉽지 않아서 바꾼 거였어요."

"조급해하지 말고, 천천히 해보게." 마이즈너가 말했다.

"제가 할 수 있을지 모르겠어요."

"시도하면 돼! 포기하지 마!"

2월 16일

"오늘은 기분이 썩 좋지 않군. 여러분에게 화를 좀 내야 할 것 같아. 내가 왜 쓸데없이 누군가를 설득하는 데 에너지를 쏟아야 하지? 여러분 가운데 상당수가 다른 선생들로부터 배운 바 있는 데다, 상당히 잘못 배운 경우도 적지 않은 덕분에 문제가 더 복잡해졌다네." 마이즈너는 스콧 로버츠를 보며 물었다. "오늘 결석한 사람 있나?"

"아뇨, 모두 출석한 것 같습니다."

"뭐라고?"

"모두 출석한 것 같아요. 방금 출석부를 다시 살펴봤습니다."

"자네 발음이 형편 없군!"

"죄송합니다. 모두 출석했습니다."

마이즈너는 마이크를 조정한 뒤 말을 계속했다. "솔직하게 터놓고 말해보지. 여러분은 여기서 무언가를 배우고 있다고 생각하나?"

강의실 여기저기서 긍정하는 대답이 들려왔다.

"공연히 아첨할 필요는 없네!" 마이즈너가 일갈했다.

"아첨이 아녜요." 애나가 대답했다.

"여러분 가운데 몇 명이나 배우는 게 없다고 생각하지?" 그가 학생들을 쭉 돌아보며 물었다.

"처음에 뭐라고 질문하셨죠, 샌디? 무슨 말씀인지 이해가 되지 않아서요." 조지프의 질문에 마이즈너가 로즈 메리에게 말했다. "다시 설명해주게!"

"이 수업에서 무언가를 배우고 있다고 생각하고 있는지 솔직하게 알려달라고 말씀하셨어요."

"그걸 질문한 게 맞네."

"아니라고 생각하는 사람은 손을 들면 될 것 같아요." 로즈 메리가 말했다.

마이즈너는 두 줄로 앉아 있는 학생들을 쭉 훑어보았다. 천천히, 하지만 머뭇거림 없이 빈센트가 오른손을 들어올렸다. 잠시 후 마이즈너가 학생들에게 질문했다. "여러분은 이 수업에서 배우는 테크닉이 여러분 모두를 위한 것이라고 생각하나?" 짧은 침묵 후 그가 다시 이어 말했다. "난 아니라고 생각하네. 그리고 빈센트 자네는 배우는 것이 없는 게 맞는 것 같군. 바로 짐을 싸서 자네 취향에 맞는 선생을 찾아가도 좋네."

빈센트는 들고 있던 손을 내리고 조용히 대답했다. "네, 알겠어요." 그는 어쩔 수 없다는 듯 어깨를 으쓱했다.

"지금 당장 일어나게!" 마이즈너가 외치자, 빈센트는 충격을 받은 듯 경직된 몸짓으로 고개를 끄덕인 뒤 외투를 집어들고 일어섰다. 밖으로 나가기 위해 강의실 한복판을 가로지르는 중 마이즈너가 그에게 물었다. "자네 파트너가 누구였지?"

"세라였어요."

"파트너를 한 명 더 맡을 사람 있나?"

레이가 손을 들었다.

"레이, 한번 해보겠나?" 마이즈너의 물음에 레이가 고개를 끄덕였다.

"그럼, 세라와 같이 해보게."

빈센트는 강의실 한가운데서 얼어붙은 듯 서 있다가 서서히 오른손을 들어올렸다. 이번에는 마지막 인사를 하기 위해서였다. "감사했습니다."

"그래, 잘 가고, 행운을 비네."

마이즈너도 손을 들어 인사했다. 빈센트는 강의실 밖으로 나갔다.

"자, 릴라와 브루스부터 시작하지."

그렇게 수업은 다시 시작되었다.

¶

"학생에게 수업을 그만두라고 하는 건 정말 못할 짓이야." 마이즈너가 그의 작은 아파트 현관에 들어서며 말했다. "하지만 내가 가르치는 걸 받아들이지 못하고, 열심히 배우고 있는 다른 학생들에게 오히려 해를 끼치고 있다면, 응당 그렇게 하는 것이 선생의 의무 아닌가. 보통은 편지를 써서 내가 적합한 선생이 아니라고 알리거나, 자네가 전화해서 설명하도록 하는 것이 서로가 덜 괴로운 방법이지만. 어쨌든 오늘처럼 연극조로 난동을 부린 건 일반적이지 않았어."

마이즈너는 지친 몸으로 뉴욕의 냉엄한 겨울을 버티기 위한 그의 갑옷인 무거운 울 코트를 벗어 내려놓았다. "아무래도 필립과 브루스 역시 떠나라고 얘기해야겠어."

그는 지팡이의 도움으로 천천히 거실을 가로질러 고관절 수술후 따로 주문 제작한 소파에 힘겹게 걸터앉았다.

"필립은 정말 성품이 좋은 친구야. 본인은 배우가 되기를 간절히 바라지만, 배우로서 살아남기에는 힘든 성품이지. 자네 말로는 24시간 영업하는 식당에서 일하고 오후에는 수업을 오고 오디션을 다닌다지. 연기를 하고 싶어 하는 마음만큼은 잘 알지만, 그의 내면에 있는 억압이 연기를 위한 자신을 못 쓰게 만들고 있어. 그의 부모를 탓해야겠지. 배우로서 성공하기까지 너무나 요원해 보이니."

"브루스 역시 놀라울 정도로 필립과 비슷한 경우야. 다만 브루스는 릴라와 마찬가지로 이 업계에 20년 넘게 있었지만, 아, 릴라에게도 같은 통보를 해야 할지도 모르겠군⋯. 어쨌든 브루스에게는 아직도 테크닉이란 것이 전혀 없어. 그저 겉보기만 그럴 듯한 잔재주만 잔뜩 쌓아뒀을 뿐. 그것들이 스스로를 안심시켜주는 방어막 역할을 해주었겠지. 결과적으로는 자의식이 강렬해진 나머지 파트너와 긴밀하게 반응하지 못하고 겁에 질린 자신을 초월할 가능성마저 끊어버리고 있는 격이지. 연기란 두렵고도 역설적인 비즈니스야. 가장 중심에 있는 역설 가운데 하나가 바로 배우로서 성공하기 위해서는 자의식을 완전히 지워버리고 작품 속 캐릭터로 변형해야 하는 것이지. 쉽지 않지만 해낼 수 있어. 브루스, 필립, 빈센트, 그리고 수많은 다른 학생들에게 그 방법을 온전히 가르칠 수 없다는 사실이 유감스럽군."

08

준비(2) :
"번개처럼 빠르게(Quick As Flame)"

(…) 〈베니스의 상인〉 중 3장의 그 유명한 장면에서 샤일록은 딸의 도주 소식에 분노와 슬픔을 터트린다. 배우에게는 단숨에 전력을 불어넣어 연기해야 하는 난관의 장면이다. 대기실에서는 차분하게 안정을 취하고 있다가 무대 위에 올라와서 모든 감정을 터트려야 하지 않는가. 신경질적인 기질로 번개처럼 재빠르게 바꿀 수 있는 사람이 아니라면 격노의 감정이 최고조로 달한 상태로 이 장면을 시작할 수는 없다. 배우가 제아무리 울부짖음의 몸짓을 하며 연기를 선보이더라도 그 내면의 감정이 돌덩이 같은 상태라면 관객들이라고 해서 마음이 동할 리 없다. 배우 머크리디는 무대 뒤에서 조용히 욕을 중얼거리며 벽에 고정된 사다리를 격하게 붙잡고 흔들며 스스로가 상상하는 분노의 상황으로 몰아갔다고 한다. 그냥 보면 이 무슨 미친 짓인가 싶을지 모르겠지만, 관객에게는 진정 격노한 캐릭터로 보일 것이다. 샤일록의 분노를 표출하기 위해서 머크리디는 자신의 감정을 적절한 음조까지 끌어올린 것이다.

조지 헨리 루이스George Henry Lewes, 《배우와 연기 예술에 대하여On Actor and the Art of Acting》[6]

2월 20일

"대사는 카누와 같아." 마이즈너는 말했다.

"이 카누는 감정이라는 강 위에 떠 있지. 대사는 강물의 흐름을 따라 흘러가기에, 물살이 사납게 날뛸 때는 대사 역시 사나운 강 위의 보트처럼 튀어오르지. 감정이라는 강의 흐름에 모든 것이 좌우된다네. 대사는 감정의 특질을 띠고 있어. 오늘 우리가 할 연습도 그렇다네. 강 위에 떠다니는 대사에 속박받지 않고 감정이 자유롭게 흘러가도록 하는 방법을 배우는 것이지."

브루스는 양손으로 초조하게 머리카락을 쓸어내렸다. 수업을 그만두는 것이 좋겠다는 이야기를 들었을 때, 그는 한 번 더 기회를 달라고 부탁했고 마이즈너는 어렵게 이를 승낙했다.

"브루스, 감정을 쉽게 드러내지 못하는 자네의 성향을 고려하면 이번 연습은 상당히 중요해. 릴라가 안으로 들어오기 전, 자네는 잠시 준비할 시간이 있었고, 눈물을 흘릴 듯 보였던 찰나에 감정을 꾹 눌러버렸지!"

"느끼는 그대로 내버려두기가 너무 어려워요." 브루스가 말했다.

마이즈너는 답답한 듯 손을 내저었다. "이 문제를 해결하려면 가장 먼저 과감할 수 있어야 해. 카리브 해에서 다이빙을 배울 때 내가 그랬다네. 일단 저질렀지! 당연히 어렵고 만만찮은 일이라는 걸 알았지만, 실행 먼저 하고 봤어! 스스로 하지 못할 이유를 찾으려 하지 말게. 바닥에 몸을 던져 탁자 다리를 씹는다 해도 상관없어. 경솔하고 남자답지 못하고 비신사적이라고 해도 연기를 위해서는 과감해져야 해."

"해보겠습니다." 브루스가 대답했다.

"대사를 외우는 것도 마찬가지야. 대사를 꼭 자네가 예상하는 감정에 맞춰 외워야 한다는 강박관념을 갖지 말게나. 일단 카누 하나를 만든 다음 물위에 띄우고, 강물이 어디로 가든 자연스럽게 흘러가 봐. 대사는 카누라고 했지만, 폭풍이 몰아치는 강에 중점을 두는 것부터 시작해야 해." 그는 자리에 앉은 학생들 쪽으로 몸을 돌려 말을 이어나갔다. "충분히 명확하게 설명했다고 생각하네. 지금 우리는 완성된 형태의 공연이 아니라 훈련에 대한 이야기를 하고 있다는 걸 염두에 두길 바라네. 호로비츠Vladimir Horowitz는 피아노 스케일을 연습할 때 베토벤이나 관객에 대해서는 일절 신경 쓰지 않았지. 야구로 비유를 바꿔보자면, 내가 번트밖에 할 줄 모르는 선수로 훈련시킬 수는 없지 않나!"

브루스와 릴라가 자리에 돌아간 후 마이즈너는 잠시 쉬었다 이야기를 계속해나갔다.

"맞아. 우린 지금 상당히 난해한 주제를 다루고 있다네. 내 말이 어려운가?"

"네, 조금은요." 존이 대답했다. "지금껏 살면서 우리가 스스로를 얼마나 억압해왔는지, 그리고 모든 것을 정해진 대로 따르려고 했다는 것을 인정하는 것 자체가 쉽지 않아요. 그리고 이제는 갑자기 그 모든 걸 내던져야 한다고 말씀하니까요."

"그게 바로 우리가 지금 이 자리에 모여 있는 이유라네."

· · ·

"어떤 작품으로 연습했지?" 마이즈너가 조지프와 베티에게 물었다.

"〈그해 여름All Summer Long〉입니다." 조지프가 대답했다.

"이 장면을 시작하기 전에 어떤 상황이 있었지?"

"제 남동생이 개 두 마리가 짝짓기하는 걸 우연히 봤고, 그걸 보며 베티가 인생의 섭리에 대해 이야기해주었죠."

"어떤 섭리?"

"짝짓기가 무엇인지에 대해서요. 저는 그동안 남동생을 제 보호하에 두면서 삶과 세상에 대해 제대로—"

"지금 자네 설명이 얼마나 지적인지 알고 있나?" 마이즈너가 조지프의 설명을 끊고 말했다. "상당히 논리적으로 설명하려 하고 있군. 만약 내가 자네라면 이렇게 설명했을 거야. '그 재수 없는 여자가 자기가 섹스를 싫어하면 그만이지. 개 두 마리가 붙어먹는 걸 굳이 제 순진한 남동생에게, 순진하기 짝이 없는 녀석인데! 보여줬지 뭡니까! 아주 불결해 죽겠어요!' 차이가 뭐지?"

"감정과 논리 사이의 차이를 말씀하시는 것 같아요."

"자네가 그녀와 대화할 때는 논리적이었나?"

"아뇨, 감정적이었어요."

"그 말인즉, 분노에 차 있었고 감정 준비 과정에서도 그렇게 했다는 말이지. 베티가 남동생에게 말한 내용 중에 도덕적으로 역겨운 부분이 있었나?" 마이즈너의 질문에 조지프는 혼란스러운 표정이었다. "만약 자네가 소중히 생각하는 사람이 '자연의 섭리'라 할 수 있는 장면을 목격했고 그것이 비도덕적이고 추악하며 더럽다고 생각해 죽을 만큼 두려워하고 있다면 베티가 그에게 심리적으로 부정적인 영향을 미쳤다고 여기지 않나?"

"그렇겠죠."

"베티가 한 행동이 그런 거라네. 그녀는 지나치게 신경이 과민하고 섹스를 싫어하기 때문이지. 베티, 작중 자네는 왜 섹스를 싫어하지?" 마이즈너가 질문 상대를 바꿨다.

베티는 임신 4개월 차에 접어들어 배가 살짝 나온 상태로 우물쭈물하며 대답하지 못했다.

"아무래도 대답하기 어려운 질문이었던 것 같군." 마이즈너는 농담처럼 가볍게 넘어갔다. "그것이 이 인물이 가지는 캐릭터적 요소라 할 수 있네. 섹스에 대한 인물의 태도가 베티 자네에게 낯설게 느껴졌을 수 있지."

"지적으로 처리하지 않고 말할 수 있는 방법을 고민하던 중이었어요." 베티가 대답했다.

"감정적으로 받아들이는 것 먼저 고민해보면 어떨까. 지저분한 개 두 마리가 길거리에서 붙어 있는 장면이 역겹다는 것만 떠올리면 되네. 자네와 동의하지 않는 사람이라면 말없이 그 자리에서 벗어나겠지. 조지프의 순진한 남동생처럼 말이야."

"그녀의 관점에서는 그렇지만, 저는 아닌 걸요." 조지프가 말했다.

"자네의 관점은 뭐지?"

"그녀가 섹스는 더럽고 불결하다고 말해서 제 동생에게 충격을 주었어요."

"동생은 어떻게 했지?"

"그 자리에서 도망쳤죠."

"불쌍한 녀석이군."

존이 고개를 끄덕였다. 마이즈너는 베티에게 물었다.

"조지프의 남동생은 왜 달아난 것 같나?"

"뭔가 추잡한 생각을 했다는 것에 죄책감을 느낀 것 같아요."

"그렇다면 꺼지라고 하지."

"맞아요. 그럴 만했어요. 달아난 게 당연했죠."

"그렇게 하길 잘했다고 생각하나?"

"그럼요."

"심술궂다고 해도?"

"네."

"준비를 위해서, 자리에 앉아 세상에서 혐오하는 것들을 하나하나 떠올려보게. 조금씩 감이 오나? 준비야말로 연기에서 최악의 문제지. 내가 정말 '싫어하는' 거라네."

"저도 그래요." 애나가 말했다.

"어째서지?"

"저에게는 스스로를 자극할 수 있는 무언가를 찾는 과정 자체가 엄청난 거죠. 간신히 무언가를 찾아냈다고 해도 매우 강렬하고 뿌리

깊게 이해하지 못하면 말짱 도루묵이고요. 마음속의 억제나 어색한 감정을 완전히 뛰어넘을 수 있을 정도로 강렬하지 않으면 금세 사라져버리는 걸요.”

“그 과정을 즐기려 하다 보면 조금씩 익숙해질 거야.”

“샌디, 지금 제가 제대로 준비하고 있는지 아닌지를 어떻게 알 수 있죠?” 조지프가 질문했다.

“감독이 말해줄걸세. 스스로 그걸 확인하려고 한다면, 원하는 방향에 절대 도달할 수 없지. 자기 자극, 야망 혹은 성애. 섹스가 뭐라고 생각하나?” 마이즈너가 베티에게 물었다.

“불결하고 역겨워요!” 베티가 외쳤다.

“맞아!” 마이즈너의 호탕한 대답에 모두가 웃음을 터트렸다. “야망이냐 성애냐. 프로이트의 말이지만 나 역시 동의한다네. 경제적으로 넉넉지 못한 인물들이 등장하는 현실적인 극에서 배역을 맡았다고 해보게. 자네가 맡은 건 상점 포장부에서 일하는 점원 역이야. 얼마 전 감독관으로 승진해서 주급이 5달러가 늘었지. 이 극에서는 상상도 못할 만큼 짜릿한 일이지. 점원의 감정을 끌어내고자 베토벤 9번 교향곡 ‘환희의 송가Ode to Joy’를 불러야 할 정도라네. 그야말로 웅장한 음악에 맞춰 노래 부르며 황홀경에 빠져야 하지. 주급 5달러 인상으로 어디에도 견줄 수 없는 행복감을 손에 넣은 인물에 몰입하기 위해 할 수 있는 선택 중 하나라 할 수 있어. 반대로 인상된 급여로 뭘 할지 상상하는 건 최악의 방법이라 할 수 있네. 5달러로 할 수 있는 게 뭔지 빤한 상황에서는 어리석은 일 아닌가. 오히려 현실적이지 않을수록 더 환상에 가까운 상태로 스스로를 매혹시킬 수 있다면, 행복감이 더 유효하게 느껴지며, 5달러의 가치는 더 높아진다네.

점원은 5달러를 손에 쥐고 환호하여 껑충껑충 뛰지만 배우의 상상은 사실 오랫동안 짝사랑했던 상대로부터 내일 밤 데이트 승낙 받아냈기 때문일지도 몰라."

그는 베티와 조지프에게 자리로 돌아가도 좋다는 의미로 고개를 끄덕였다. 베티는 살짝 불러온 배 때문에 의자에 찬찬히 앉았다. "언제까지 수업에 나올 수 있겠나?" 마이즈너가 그녀에게 물었다.

"일단 7월까진 계속 나올 수 있어요. 보기엔 전혀 말도 안 되게 들릴 수 있지만요." 베티가 웃으며 말을 이었다. "랄프가 제게 뭐라고 했는지 들으셨어요?"

"아니."

"랄프, 샌디에게 똑같이 들려줘."

랄프는 웃으며 미스 아메리카 선발대회 주제가를 불렀다. "북미 최고 미녀, 그녀가 납신다!"

모두의 웃음소리로 수업이 끝났다.

2월 23일

"준비 과정에서 자네들이 하나같이 부딪히는 문제 가운데 하나가, 지나치게 부풀려 만들려고 한다는 점이야." 마이즈너가 말문을 열었다.

"기분이 좋은 것만으로는 충분하지 않고, 발작적일 정도로 흥분한 상태여야 한다고 여기는 거지. 그건 너무 지나쳐. 우리가 감정에 대해 알아야 할 한 가지는 감정이 행동에 색을 입힐 뿐 아니라, 숨기지 못한다는 사실이라네. 절대 숨길 수 없어."

그는 잠시 말을 멈추었다가 천천히 학생들을 마주보고 섰다.

"여러분 앞에서 이야기하는 지금 내 기분은 어때 보이지?"

"심각해 보여요." 베티가 말했다.

"걱정스러워 보이기도 하고요." 조지프가 덧붙였다.

"그럴 수도 있고, 아닐 수도 있지. 내 생각에 여러분은 감정을 너무 과하게 보고 문제를 만들어내려고 하는 경향이 있어. 기분이 좋은 상태라고 과도하게 흥분해야 하는 건 아니고 우울한 상태라고 장례식에 있는 것처럼 보일 필요는 없어. 지금 내가 심각하고 걱정스러워 보인다고 했지. 그러나 우울하기도 하다네. 내 개인적인 삶, 가정사로부터 영향을 받았을 수 있지. 스스로 죽고 싶은 기분이 들 때도 같은 이유 때문일 수 있지. 그게 현재의 나에게까지 영향을 미치고 있기 때문에, 만약 파트너가 장면 중 내게 '오늘 기분이 어때?' 하고 질문한다면 나는 조용히 이렇게 말할 거야. '엉망진창이야.' 이 정도면 충분하지 않나. 총을 꺼내서 머리에 쏘거나 바닥에 쓰러져 몸부림칠 필요도 없지. 앞서 말했듯 감정은 숨길 수 없다는 걸 깨달아야 해. 임시방편으로 가릴 수 있을지 몰라도 완전히 숨길 수 없어. 기분 좋은 상태로 있는 것은 어렵지 않아, 그렇지 않나? 하지만 기분 좋은 상태를 천 배는 더 확장된 상태로 만들어내야 한다고 생각하는 순간부터 문제가 생긴다는 거지."

마이즈너는 자신의 책상으로 돌아가 앉았다. "여러분도 기억할지 모르겠지만 수업 중에 조지프가 레이첼과 훈련한 적이 있네. 당시 조지프가 우울한 기분이라는 것은 누가 봐도 의심의 여지가 없었어. 레이첼의 어깨에 머리를 기댄 채 어딘가 상심한 듯 보였지. 비열한 수단으로 남을 괴롭힌 뒤 양심의 가책을 느끼는 장면이었던가, 조지 프?"

"맞습니다."

"요점은 당시의 조지프의 연기에서 감정 표현이 명확했다는 거야. 만약 그것이 훈련이 아니라 실제 공연이었다면 어떤 회차에서는 감정이 더 강했을 수도 또 어떤 회차에서는 약했을 수도 있었겠지. 하지만 만약 조지프가 비참함의 저 바닥 끝까지 끌어내리기 위해 준비 과정에서 온 힘을 다했다면 그 감정으로의 첫 등장을 할 무렵에는 관객들까지도 완전히 지쳐 나가떨어져 버릴지도 몰라. 이해했나?

감정은 숨길 수 없으나 행동에 더 진한 색을 입힌답시고 서너 배 이상으로 만들 필요는 없어. 그저 텅 비어 있는 상태는 절대 안 된다는 거지. 지금도 그렇고 앞으로도 그렇겠지만 나는 로렌스 올리비에가 그렇게 훌륭한 배우가 아니라고 생각해. 자네들 〈엔터테이너The Entertainer〉라는 영화를 봤나? 이 작품에서 그는 당시 보드빌 배우들이 어울리던 브로드웨이 47번가를 배경으로 보드빌 배우의 특성인 화술이나 매너뿐만 아니라 추잡한 행위들까지 소화해 보여줘야 했지. 로렌스 올리비에는 제법 그럴싸하게 해냈어. 재능 있고 사려 깊은 배우였으니 말이야. 그는 사람을 웃기려 마음만 먹으면 얼마든 해낼 수 있는 배우였어. 하지만 감정 씬에 대해서 말하면 전혀 달라. 작품 속에서 그가 크게 좌절하는 장면이 두 군데 있는데 감정이 너무 빈약한 나머지 한심할 정도였지."

마이즈너는 마치 올리비에가 설명적으로 울던 모습을 따라하며 손을 얼굴에 갖다 대었다.

"19세기 영국의 위대한 드라마 비평가 윌리엄 해즐릿William Hazlitt

이 있었네. 그는 당시 뛰어난 배우였던 에드문드 킨Edmund Kean이 셰익스피어의 연극 중 극적으로 끌어올린 감정을 가라앉히는 것을 보고 마치 썰물이 빠져나가는 것 같다고 표현했지. 또 다른 뛰어난 배우 세라 시든스Sarah Siddons는 레이디 맥베스를 너무나 강렬하게 해낸 나머지 여성 관객 중 일부가 극장을 뛰쳐나간 일도 있었어. 하지만 올리비에가 감정 연기를 하는 순간 극장에서 뛰쳐나간 사람은 아무도 없었지. 올리비에의 경우, 감정적 순간으로 관객을 동요시킨 적은 없다네. 관객의 마음을 움직일 수 없다면 훌륭한 배우라 할 수 없네."

마이즈너는 잠시 마이크를 고쳐 달았다. "그러나 나는 킨과 세라 시든스의 감정이 남다른 특별한 준비 과정을 겪었기 때문만은 아니라고 생각하네. 준비는 연기에 포함된 과정이지. 추운 날 차를 운전하기 전에 시동을 켜놓고 예열을 하는 것과 같이. 이보다 더 적절한 비유는 없을 것 같네. 내 설명이 이해가 되나?"

그의 시선이 좌중을 쭉 훑었다. "레이, 이해가 어렵나?"

"네. 준비란 단순해야 한다고 설명해주셨는데, 말씀해주신 위대한 배우들의 감정은 무척 풍부하다고 말씀한 것 같아서요."

"하지만 그들의 감정은 극의 주어진 상황에서도 자연스럽게 생겨난 것이라는 게 달라. 배우 스스로 상황에 몰입했다는 거야."

"반드시 직전의 준비 과정을 거쳐나온 것만으로 흘러갈 수 없다는 거지요?"

"그럼. 킨이 〈오셀로〉에서 부인의 불륜을 발견하는 장면을 연기했을 때 그가 마치 발작이라도 일어난 것처럼 연기할 수 있었던 것은 그의 재능에서 비롯된 결과이지. 재능은 막을 도리가 없다네. 아주 간혹 말하네만 '타고난 배우'인 경우도 있지. 어쨌든 여기서 중요한 건, 로렌스 올리비에가 되고 싶지 않다면 감정을 비어 있게 두지는 말라는 거야."

그의 말에 모두 웃었다.

2월 27일

"랄프, 이 장면에서 감정적인 벽에 부딪힌 것 같군." 마이즈너가 말했다.

"네, 맞아요." 랄프는 푸념하듯 한숨을 푹 내쉬며 침대 가장자리에 걸터앉았다. "자의식에 너무 사로잡혀서 감정을 유지하기가 어려워요. 마치 모래처럼 손가락 사이로 빠져나가는 것 같달까요. 한 주 내내 준비를 연습해보려고 했지만 감정을 끌어내려는 데 실패했어요."

"랄프, 이 장면에서 자네 여자 친구는 인기 배우와 동침을 하고 있지. 의문은 그걸 발견한 직후에도 자네의 감정이 잠잠했다는 거야. 이해할 수가 없군."

"그게 문제예요. 어떤 이유 때문인지 이 자리에서 바로 화를 낼 수가 없어요. 길을 걷다가 무지하게 싫어하는 사람의 얼굴이 갑자기 머리에 떠오르면 얼굴을 한 방 날려주고 싶은 기분이 들거든요. 그걸 여기서 시도해보려고 했지만 할 수가 없었어요."

"자네는 연상 과정에서 더 마음을 열어야 할 것 같군."

"예전에 제게 언제나 최고가 되려고 한다고 말씀하신 적 있죠. 언제든 늘 잘하려 한다고요. 그래서 파트너에게 집중하거나 감정적인 상황에 집중하는 대신 최고의 연기를 하려고만 애썼던 것 같아요."

"자네 마음속 분석가 열여덟 명은 이런 어려움에 대해 무슨 의견을 내놓던가?"

"스물이나 있지만 모두가 혼란스러워 하기만 하네요." 랄프가 우스개로 대답했다. "실은 같은 말을 반복하고 있죠. '넌 화내는 걸 두려워하지.' 어렸을 때는 꽤 성질이 난폭한 편이었거든요."

"그때로 돌아가게나." 마이즈너의 말에 다들 웃음을 터트렸다. "진지하게 말하네만, 랄프 자네 추측이 맞네. 늘 좋은 사람이 되려고 지나치게 애쓰는 데서 문제가 생기는 거야. 충분히 이해되지만, 좋은 사람이 되고자 큰 애를 쓰는 것에도 상당한 위험이 있어. 신인 야구 선수가 삼진아웃을 당하고, 내과 인턴이 환자에게 뺨을 맞는 것도 같은 이유 때문이야."

3월 1일

"지금 뭘 하는 거지, 랄프? 문제가 있다는 걸 알고 있나?"

랄프와 레이첼이 시작한 지 몇 분도 지나지 않아 마이즈너가 훈련을 중단시키며 말했다.

"음, 어젯밤에 바에서 《펜트하우스》 잡지를 읽다 '이달의 반려동물'이라는 코너를 읽었는데 그걸 읽어줬더니 레이첼이 밤새 웃음을 터트렸거든요." 랄프가 초조한 듯 말했다. 손에는 공책과 연필을 들고 있는 상태였다. "그래서 잡지 속 유쾌한 기사들이 현실로 펼쳐지는 것을 주제로 재미있는 시를 지어주겠다고 했어요."

"일단 자네의 상상에 현실성이 떨어진다는 게 문제인 것 같군. 이 문제에 대해서는 나중에 이야기하기로 하고, 지금은 또 다른 문제에 대해 살펴보지. 지속적으로 감정에 활기를 부여하기 위해서 온갖 종류의 대화를 억지로 이어간다는 것이 바로 그걸세. 자네는 계속해서 무언가를 말하고 파트너에 대해서도 언급하고 있지만, 그것들은 파트너의 행동을 기반으로 이루어진 것이 아니라 연기를 진행하기 위한 수단 정도로만 보이는군."

"이해했어요. 저 역시 지나치게 연기만 하고 있다는 건 느꼈어요. 억지로 이어가고 있었죠."

"왜 그랬지?"

"잘 모르겠지만, 아마도 고질적으로 반복되는 문제예요. 언제나 최고가 되고 싶어 하는 욕심 말이에요."

"자기 과시욕 말이군. 그게 꼭 나쁜 것은 아니야. 배우로서 어느 정도의 과시욕은 필요한 법이거든."

"저한테 과시욕은 자랑하고 으스대는 것처럼 느껴지기도 해요."

"맞아. 그렇다면 연기를 잘하기 위한 최고의 방법이 뭘까?"

"진정성 있게 살아가고 보여주기 식의 상황을 연출하지 않는 거겠죠."

"자네가 이미 잘 알고 있는 것에 대해 내가 다시 질문하는 이유가 뭐라고 생각하나?"

"자연스럽게 제 성향이 튀어나오려고 하니까요."

"부자연스럽게 행동하도록 만드는 그 성향 말이지."

"네, 맞아요. 준비에 대해 계속 고민하면서 장면을 지나치게 계획했던 게 문제였을까요? 저는 그저 잘하고 싶었을 뿐이었는데―"

"랄프. 전에 우리가 이런 말 했던 걸 기억하나. '내가 행동하게 만드는 무언가가 일어나기 전까지는…'"

"'아무것도 하지 마라.'"

"맞네. 이게 무슨 의미지?"

"비어 있는 부분을 애써 채우려고 하지 말라는 거죠."

"잘 알고 있군. 제2의 밀튼 버얼이 되고 싶은 건 아니겠지?"

"아뇨."

"천만다행이군."

"무의식적으로는 그럴지도 모르지만요." 랄프의 대답에 학생들이 웃었다.

"재미있는 건, 뭐 주관적인 부분이니 나만 그렇게 느낄 수도 있겠네만, 수업 중 내가 랄프 자네에게 뭔가를 말한 이후부터 중심을 잃었다는 점이야. 내가 뭐라고 했었지?"

"감정적인 벽에 부딪힌 것 같다고 하셨어요. 훈련 중 분노를 느끼지 못했고 사전에 준비도 미흡했죠. 그때 제대로 준비 과정을 거치지 못했다고 지적하신 거라고 받아들였고 그 이후부터 더 잘할 수 있다는 걸 증명해보려고 했어요."

"준비가 부족했다고 말한 적은 없네."

"네, 그건 그저 제 생각일 뿐이에요."

"자네가 노래를 하며 등장할 때는 제법 괜찮아. 만약 레이첼이 없었다면 더 좋은 연기가 나왔을지도 몰라. 내가 왜 이런 말을 하는지 아나?"

"그랬다면 제가 억지로 뭔가를 더 하려고 하지 않았을 테니까요. 반드시 집중해야 할 부분에만 집중하고, 제 행동이 다른 사람에게 영향을 미칠 수 있다는 걸 애써 증명하려 하지 않았을 거예요."

"이성적으로는 모든 답을 알고 있으니 내가 뭘 더 해줘야 할지 모르겠군. 다음 수업에는 조금 바보가 되어 파트너의 행동에 훨씬 단순하게 반응해보는 게 어떻겠나. 매일 완벽한 햄릿을 연기할 수는 없어. 내가 자네에게 그 이야기를 한 것이 공연히 문제를 일으켜버렸군."

"저, 저는, 그게⋯." 랄프는 말을 더듬었다.

"괜찮아. 내 잘못이니까."

"아니에요. 괜찮습니다." 랄프의 수줍은 반응에 모두들 웃지 않을 수 없었다.

"배우는 하나같이 과시욕이 강한 존재들이야. 그렇지 않다면 배우라고 할 수 있을까 싶어. 하지만 좋은 배우가 되기 위해서는⋯." 그는 잠시 말을 멈추었다. "랄프, 지금 당장 자네에게 무슨 일이 일어나는지 집중해보게. 알겠나?"

"네, 알겠습니다."

3월 5일

랄프가 방으로 들어왔고, 레이첼은 탁자에 앉아 편지를 쓰고 있었다. 연출가 프랑수아 트뤼포 François Truffaut의 책 《히치콕 Hitchcock》이 펼쳐진 채 탁자 위에 놓여 있었다. 레이첼을 본 척 만 척한 채 랄프는 침대로 걸음을 옮겨 가장자리에 앉은 뒤, 공책을 펼쳐 무언가를 쓰기 시작했다. 두 사람은 꽤 오랫동안 말없이 각자의 일에만 몰두했다. 마이즈너가 침묵을 끊고 질문했다.

"지금 이건 무슨 상황이지? 뉴욕 공공 도서관에라도 와 있는 건가? 두 사람은 무슨 관계지?"

"저희는 사촌이에요." 편지를 쓰고 있던 레이첼이 고개를 들고 대답했다.

"그 정보만으로는 관계를 결정 지을 수는 없어."

"같은 집에 살고 있는 사촌 사이죠."

"무슨 일로 같이 살게 된 거지?"

"남매처럼 자랐고, 지금은 이 집에서 함께 살고 있어요."

마이즈너가 두 사람에게 말했다. "장면이 시작되자마자, 그 순간에 최소한 두 사람이 함께 있다는 것이 보여져야 해. 랄프가 러시아 스파이와 같이 살고 있다고 하든 말든 상관없어. 이 관계의 뿌리에 뭐가 있는지를 알아야 해. 그게 랄프가 안으로 들어왔을 때 펼쳐지는 연극적인 현실이 서로의 관계 안에서 정당성을 갖추기 시작하지."

"랄프가 들어왔다는 것에 대한 반응이 있어야 했어요."

"그래. 가령 '안녕, 얼빠진 얼굴이네' 하고 최소한 인사 한 마디라도 건넬 수 있겠지. 하지만 지금 두 사람 사이에는 전혀 아무 일도 일어나지 않았네. 무슨 말인지 알겠나?"

"네, 알겠어요." 랄프가 시무룩하게 대답했다.

"혹 현재의 상황 자체만을 그대로 활용한다면, 웅크린 자세로 침묵에 빠진 랄프를 보고 전혀 섞이고 싶어하지 않은 상태라는 걸 포착할 수도 있겠지. 게다가 랄프가 고양이를 무척 싫어한다는 걸 모르는 상태에서 '고양이가 혀라도 물어간 거야? 왜 그래?' 하고 질문한다면, 랄프로부터 '내 앞에서 한 번만 더 고양이를 말하면 얼굴에 주먹을 날릴 거야!'라는 반응을 할 수도 있었을 테고. 현재 보여지는 상황 자체를 활용한다는 건 무슨 의미 같나, 랄프?"

"지금 일어나는 일이 저에게 영향을 미치도록 한다는 거 같습니다."

"최소한 인지는 해야겠지? 자네가 안으로 들어왔을 때 무슨 일이 일어났던가?"

"아무것도 일어나지 않았어요. 레이첼은 제 쪽으로 등을 돌린 채 앉아 있을 뿐이었어요."

"아무것도 아닌 건 없어. 뭔가 의미가 있는 것이었지. 이게 무슨 말일까?"

"반응하지 않는 것 역시 제겐 자극이라는 말씀이죠."

"맞아. 무의미한 것은 존재하지 않는다네."

"억지로 무언가를 하고 싶지 않았어요. 지난번처럼 실수하고 싶지도 않았고요."

"지나간 일은 잊어버리게!"

"저는 그저… 제 자신에게 너무 답답해요."

"자넨 자의식이 강해. 늘 잘하고 싶어 하지."

"맞아요."

"그렇지 않은 사람이 어디 있겠나. '무의미한 것은 없다'는 말이 무슨 의미인가? 레이첼?"

"침묵에도 의미가 있다는 뜻이죠."

"아무것도 아닌 것이라 할지라도."

"네."

마이즈너는 잠시 멈췄다. 훈련을 이어갈지 말지를 고민하는 듯 보였다. 그가 다시 입을 열었다. "랄프, 밖으로 나갔다가 다시 들어오게. 공책은 탁자 위에 놓고 가도록 해. 들어와서 발견하는 것으로 하지. 들어오기 전에 무슨 일이 있었나?"

"직장에서 돌아왔어요."

"그건 별 의미가 없지 않나."

"직장에서 아주 좋지 않은 일이 있었다고 하면 어떨까요?"

"좋지 않은 일이란?"

"제가 담당할 업무가 아닌 오물을 처리하라는 지시를 받았기 때문이에요."

"그래서 자네 기분이 어떻지?"

"너무 열 받아서 당장이라도 회사를 때려치우고 싶어요. 당장 사표를 쓰고 싶어요."

"화가 난 게로군?"

"네. 화가 났어요."

"그럼 자네가 직장에서 수치심을 느낀 상태로 집으로 온 거로군. 지켜보겠네. 외투를 챙겨들고 나가서 준비가 되면 들어오게나."

랄프가 문을 닫고 나갔다. 마이즈너는 레이첼에게 랄프의 공책을 자신에게 달라고 손짓한 뒤, 자신의 책상 서랍에 숨겼다. 그 뒤 레이첼에게 물었다. "자네는 지금 뭘 하는 상황이지?"

"최근 호감을 느끼는 사람에게 편지를 쓰고 있어요. 그 사람은 알프레드 히치콕 마니아고요."

"그가 자네에게 대시하길 바라나?"

"아뇨, 제가 그 사람에게 하려고 해요."

"알프레드 히치콕에게?"

"아뇨, 제가 대시하려는 사람이 알프레드 히치콕의 작품을 좋아해요. 그래서 지금 그에게 편지로 지난 식사에 대한 고마움을 담아 편지를 쓸 거예요. 물론, 히치콕 영화의 내용들을 조금씩 인용하면서 말이에요."

"좋아. 랄프에게 내가 공책을 숨겼다는 건 말하지 말게."

랄프가 집으로 돌아왔다. 그는 조용히 문을 닫은 뒤 잠시 문 앞에 서 있었다. 한눈에 봐도 어딘가 화가 난 상태로 외투를 벗더니 침대 위에 내던졌다. 그리고 공책이 있던 탁자로 걸음을 옮겼다. 하지만 있어야 할 자리에 공책이 없다는 것을 발견한 뒤 그는 실로 깜짝 놀라고 말았다. 그 순간 이후, 그들의 연기에 활기가 생겼다는 점에서 결과는 성공적이었다. 몇 분 뒤 마이즈너가 말했다.

"좋아. 이제 말해보게. 내가 뭘 했지?"

"어떤 일이 일어나게 했어요. 제가 뭔가를 간절하게 원하도록 하신 거죠. 당장 필요한 무언가가 없어졌기에 더욱 간절해졌고, 그것을 찾는 행동에까지 영향을 끼쳤기에 ―"

"상황에 생기를 불어넣은 거지. 내가 뭘 했는지 알겠나?"

"제가 할 일을 주셨죠."

"들어오기 전에 어떤 일이 일어났는지도 정리했지."

"네. 더 구체적으로 해주셨고요."

"그래서 어떤 결과가 일어났지?"

"장면에 더욱 생기를 불어넣어 주셨어요. 전 더 중요한 것에 몰입할 수 있었고요."

"장면은 삶이 되었지. 두 사람은 서로에게 영향을 주고 받았나?"

"네."

"랄프, 내가 자네에게 한 것은 다시 출발점으로 돌려보낸 것과 같았네. 자네를 비하하려는 것이 아니라 오히려 반대라는 걸 알아주게나. 내가 왜 그렇게 했는지 알겠나?"

"제가 방향을 잃었으니까요."

"그래서 나침반을 쥐어준 거지."

"맞아요."

"자네 안에서 일어나는 일들이 강력하지 않다고 여길 때에는 언제나 그 근원을 보완해야 한다는 점을 고수하게나. 오래 걸리지는 않을 거야. 1～2주 정도 되겠지."

랄프는 고개를 끄덕였고 레이첼과 함께 자리로 돌아갔다.

마이즈너는 수업을 재개하기에 앞서 생각을 정리한 뒤 입을 열었다. "여기서 주목해야 할 것은 '내가 행동하게 한 어떤 일이 일어나기 전까지는 아무것도 하지 마라'는 거야. 이번 연습에서 랄프는 직장에서 어처구니없는 상황을 겪고 집으로 돌아왔지. 그는 형편없는 사장에게 쓰레기 처리를 지시 받았고 앞으로도 이런 일이 반복될 거라는 생각에 당장에라도 사표를 써야겠다는 마음을 먹었어. 첫 번째 훈련에서 그는 준비 과정 없이 들어오자마자 노트에 사표를 썼지만 우리 모두가 목격한 것처럼 마치 도서관에 있는 상황과 다름없이 진행되었지. 하지만 두 번째 훈련에서는 분노라는 감정이 드러나는 데 성공했어!"

랄프는 쑥스러운 듯 씩 웃었다.

"아무것도 없는 상태로 시작하지 말게. 준비의 발판을 만들어 주는 상황에서 출발해야 해. 지난가을 이 수업을 시작했을 때 랄프는 배우로서 아무런 문제가 없어 보였어. 하지만 '삶'을 사는 배움의 과정에 들어서자 금세 극약 처방이 다급한 상태로 전이되었지. 그때 내가 그에게 내린 처방이 바로 '연기하지 말라'는 것이었지. 랄프, 오늘 아주 잘했네. 단순하면서도 파트너와 함께 살아 있었어."

랄프는 안도의 한숨을 내쉬었다.

"배우가 되려고 하지 말게. 주어진 상상의 상황에 존재하고 진실되게 살아가는 한 인간이 되어야 해. 상황을 연기하려고 하지 말고, 그 상황 속에서 살아가게."

3월 8일

"잠깐만. 자네가 대사를 전부 알고 있는 줄 알았는데."

"후반부에 대사를 할 때 엄청나게 떨렸어요." 랄프가 말했다.

"내 평생 떨지 않은 적이 없다네." 마이즈너의 말에 모두가 웃었다.

"이번 훈련에서 독립적인 액티비티로 무엇을 할 생각이었지?"

"편지를 쓰려고 했어요."

"분명 매우 '중요한' 편지였겠지. 펜과 종이를 챙기게. 그리고 레이첼, 자네는 방을 최대한 깨끗하게 정리해보게나."

"대사는 기계적으로 주고받나요?" 레이첼이 질문했다.

"아니. 랄프가 중요한 편지를 쓰고 자네는 방을 정돈하는 데 집중하는 동시에 서로의 반응을 주고받으며 하게."

레이첼은 고개를 끄덕이고 연기를 시작했다. 랄프는 탁자에 앉아 편지를 쓰고, 레이첼은 책들을 하나둘 책장에 꽂아 정리했다. 중요한 편지를 쓰는 데 몰두하고 어수선한 방 안을 깨끗하게 하느라 정신이 없는 사이 그들의 대사 하나하나가 편지를 쓰기에 집중하기 힘겨운 상황과 방 정리를 하는 데 힘쓰는 상황 속에서 서로를 향해 적극적으로 흘러나왔다.

잠시 후 마이즈너가 끼어들었다. "좋아. 계속 이렇게 해보지. 대사가 가지는 색깔은 자네들이 물리적으로 그 순간에 무엇을 하고 있었느냐에 따라서, 즉 책을 꽂고 침대 시트를 정리하고 편지를 쓰는 행동에 따라서 결정되었지. 이번 훈련의 경우, 좀 거창한 표현이지만 대사의 색깔이 유기적으로 두 사람의 내면에서 감정적으로 어떤 일이 벌어지는가에 따라 달라질 수 있다는 거지. 레이첼, 장면 속에서 자네는 사랑하는 아버지가 스스로 목숨을 끊고 싶어 한다는 걸 알게 된 상황이야. 암 말기 환자인 아버지는 고통을 견디기 어려워하지. 그리고 자네, 랄프는 레이첼의 돈 많은 한량인 남동생으로 사우샘프턴에 살고 있지. 자네는 레이첼의 연락을 받고 고급 스포츠카에 올라타 그녀가 사는 이스트 햄프턴으로 곧장 달려왔네. 앞서 두 사람의 감정적 특징은 활력이 넘치는 유머로 시작하지만, 방을 정리하고 편지를 쓰는 등 무엇을 하고 있었느냐에 따라 대사 역시 변화를 했지. 특정한 순간 어떤 행동을 하고 있었느냐에 따라 바뀔 수 있다는 말일세."

두 사람은 알겠다는 듯 고개를 끄덕였다.

"따라서 레이첼, 자네는 내면의 감정 상태를 준비해보게. 행동 범위는 책 정리 정도로 생각하면 돼. 여기 들어올 때에는 직전까지 아버지의 병상을 지키다 온 상황이어야 해. 의사로부터 아버지의 우울증에 대해 조언을 듣고 온 참이지. 자네가 아버지를 무척 사랑한다는 점을 잊지 말게. 그러나 랄프의 경우에는 사우샘프턴 컨트리클럽에서 제작하는 오페레타 〈메리 위도우The Merry Widow〉의 주역을 맡는다는 것이 내면으로 접근하는 포인트라 할 수 있네. 내가 왜 이런 말을 하는지 이해가 되나?"

"제 입장에서는 재미있는 상황이니까요. 가볍고 유머러스하게 행동할 수 있을 것 같고요."

"1주 전쯤 강 위에 떠 있는 카누에 비유했던 이야기 기억하는가? 레이첼, 자네에게는 방을 정리하는 것이 강물과 같은 역할을 하지. 랄프에게는 편지를 쓰는 것이고. 우리는 강물 위를 서서히 나아가고 있어. 강물이 바로 자네들의 내면이야. 레이첼은 죽어가는 아버지를 둘러싼 이런저런 사실들이 내면을 채웠고, 랄프는 오페레타의 주역이라는 사실이 그 역할을 했어. 이제 각각의 마음속 강물이 흐르며 온갖 형태로 일렁이고 굽이칠 거야. 이해했나?"

"네."

"좋네. 한 번에 전부 다 해내려고 애쓰지 말게. 오는 월요일 발표를 위해서 오늘은 할 수 있는 만큼만 하도록 해."

3월 12일

조지프와 애나는 극작가 알프레드 헤이스Alfred Hayes의 〈플라미니아 가도의 소녀The Girl on the Via Flaminia〉 속 한 장면의 대사를 조용히 읊던 중, 마이즈너가 잠시 중단시켰다.

"애나, 제법 명망 있는 중산층 가문 출신의 숙녀를 떠올려보게. 정숙하고 예민하며 높은 수준의 교육을 받은, 어느 모로 보나 훌륭한 아가씨야. 그러나 전시 동안 그녀와 가족들은 배를 곯는 일이 많아졌어. 당시 이탈리아의 상황은 끔찍할 정도였지. 이런 상황에서 그녀가 뭘 했을까? 그녀는 의도적으로 미군 사내에게 접근했어. 미국 남자들은 부유하고 없는 게 없었거든. 그런데 흥미롭게도, 그녀는 놈팽이 같은 놈이 아니라 자신과 마찬가지로 어느 방면에서 나름의 우월함을 갖춘 사내를 선택했지. 하지만 경찰이 쳐들어와 그녀를 체포하고 매춘부로 등록한다네. 처참한 몰락이었지. 따라서 방으로 들어올 때에는 완전히 좌절한 상태에 빠져 있어야 해. 이것이 그녀의 감정을 대변하는 배경이야."

"가족들은 그 사실을 알고 있나요?" 애나가 질문했다.

"아니. 하지만 아래층 이웃들이 알고 그녀가 선택했던 미군에게 이를 알려주지. 조지프, 자네는 위층으로 올라가기 전에 그녀에게 무슨 일이 생겼는지 알게 되었네. 자네가 원했든, 그렇지 않든 자네는 그녀를 몰락하게 만든 원인이야."

"매춘부가 된 게 제 탓이라는 말씀이신가요?"

"그래! 따라서 그녀가 느끼는 수치심과 좌절감을 똑같이 느끼지. 자네에게는 그녀를 해할 의도가 애초에 없었기 때문이야. 이해됐나?"

"네."

"애나, 하나 더 있네. 다음에는 벽에 기대어 서 있다가 무너지듯 주저앉아 마치 바퀴벌레라도 된 것처럼 벽 아래로 사라지고 싶은 듯 행동해보게. 대사를 입 밖으로 내기 전의 감정적인 부분이라 수월하게 접근할 수 있을 거야. 다음 시간에 장면 전체를 완수하려고 애쓰기보다 이러한 감정으로 시작하는 것에 집중해야 해. 조지프도 이해했나?"

"제가 '내가 할 수 있는 일이 있었다면 했을 거예요'라는 대사를 말하는 시점에서 그녀에게 닥친 사실을 알게 되는 건가요?"

"아니, 아래층에 있을 때 이미 듣고 안 상태야."

"그렇다면 첫 번째 대사 '코냑 한잔 할래요?'를 언급하는 순간 부터 시작되는 건가요? 거기서부터 제 감정을 끌어내면 될까요?"

"아래층에 있었을 때부터 감정은 이미 시작된 거라고! '코냑 한 잔 할래요?'는 그녀를 북돋아주고자 하는 말이니까."

"들어오기 전에 준비 과정을 거치고 장면을 시작하라는 말씀이 시군요. '코냑'을 언급하는 부분부터 말이에요."

"'코냑 한잔 할래요?' 그전부터 감정적인 상황은 이미 시작된 거라고 말했네! 질문 있나? 암기한 대사를 하려고 애쓰지 말고 자연 스럽게 흘러가보게. 몰락한 순간, 그리고 죄책감을 품은 순간에 일어 나는 감정에 생생한 활기를 가진 그 어떠한 행동도 좋으니 즉흥적으 로 해봐. 강물과 그 위를 떠 있는 대사라는 카누에 대해 했던 이야기 모두 기억하겠지? 나는 그 강물의 흐름을 보고싶네."

3월 15일

애나는 안으로 들어와 문을 닫았다. 벽 쪽 침대로 걸음을 옮긴 그녀는 진녹색 시트 위에 웅크리고 앉았다. 몇 분 후 그녀가 흐느끼 기 시작했다. 조지프가 안으로 들어오면서 장면은 시작되었다. 그가 준비한 감정은 깊이가 얕아 금세 사라져버렸다. 진지하고 사려 깊으 며 염려스럽게 보였으나 감정적으로 드러나지는 못했다. 애나는 홀

212

륭했다. 감정은 충만했고 깊은 울림을 남겼다. 일부 대사가 불안했다는 점이 유일한 흠이었다.

"자, 이야기를 나눠보지. 지난 시간에 이어 크게 발전했어. 이제 가능한 한 대사를 완벽하게 숙지해보도록 하게. 다음 대사가 뭐였는지 생각하는 동안 감정의 흐름이 깨져버리거든. 대사를 어떻게 말하느냐의 방식에 얽매이지 말게. 이미 어떻게 해야 하는지는 알고 있을 테니까. 중요한 건 감정이고, 스스로 그 감정을 찾아내는 좋은 방법을 깨우친 것 같군. 그런가?"

"그런 것 같아요." 애나가 눈가를 닦아내며 대답했다.

"조지프, 자네는 더 잘할 수 있어. 특히 시작 부분에서 말이야. 자네가 감정적으로 어떤 상태인지를 애나에게 들키지 않으려고 문밖에서 감정 정리라도 하고 들어온 것처럼 보였다네. 내 말 이해했나?"

"네."

"만약 이 장면에서 50퍼센트를 얻고자 한다면, 지금의 자신보다 50퍼센트만큼 앞서가야 가능하지. 알겠나?"

"네."

"나 역시 인내하며 지켜보고 있으니, 자네도 인내하게. 중요한 건 감정이야. 감정적으로 대사에 접근할 수 있어야 앞서 이야기했던 강이, 조지프, 난 지금 자네에게 하는 얘기야. 정당한 깊이를 갖추고 흐르기 시작해. 따라서 50퍼센트를 얻었다는 것은 엄청난 발전을 이뤘다는 의미지. 그렇지 않나?"

"네." 조지프는 다소 기가 죽은 듯 대답했다.

"조지프, 준비 과정에서 극 자체와 충분히 거리를 두고 자네 스스로에게 몰입했는지 궁금하군."

"네, 상상의 상황을 저의 개인적인 관점으로 받아들이려고 했어요. 하지만 그렇게 연결하는 데 시간이 좀 걸렸던 거 같아요. 어떻게 설명해야 좋을지 모르겠지만…. 제게는 상황이 현실적이어야만 하는 것 같아요."

"혹시 지나치게 개인적인 상황에 접근하려 한 건 아닐까?"

"그건 잘 모르겠어요. 대개 어느 지점에는 무언가가 저를 뒤흔들면 진정성 있는 감정을 느끼기 시작하거든요. 실은 제 준비 과정은 꽤 개인적이에요. 제 가족과 관련되어 있기도 하고요. 하지만 도중 한번 놓쳤더니 와장창 끝나버렸어요."

"구태여 다시 해보려고 하지 말게." 마이즈너가 말했다.

"네. 제 생각에는 시간이 필요한 문제인 것 같아요."

"동의하네. 목요일 수업에 이야기한 문제에 대해서 월요일 수업까지 완전히 해결해야만 할 필요는 없어. 변화는 서서히 일어나기 마련이니까. 오늘의 애나는 목요일의 애나보다 크게 한 걸음 성장했고, 그게 자네에게도 영향을 미쳤지."

조지프는 동의하듯 고개를 끄덕였다. 마이즈너가 설명을 계속했다.

"언제 어디였는지 정확히 기억은 못하지만 길거리에서 불쌍한 노숙자를 봤다고 해보지. 그가 쓰레기통을 뒤져 끼니를 해결하는 모습에 속이 뒤집히는 기분이 들었어. 바로 그게 이 장면에서 필요한 준비일지도 모르겠군. 나에게 자극이 되는 지극히 개인적이지만, 상상력으로 만들어진 상황이라 할 수 있지. 준비가 갖고 있는 지극히 개인적인 특성은 문자 그대로 '개인적인 경험'을 의미하지 않네. 나의 아버지가 돌아가셨을 때, 우리, 가족들은 무덤 곁에서 입관을 지켜봤지."

마이즈너는 자리에서 일어나 목소리 증폭기를 재킷 오른쪽 주머니에 집어넣고 지팡이를 짚었다. 그는 책상 앞으로 나와 학생들과 마주섰다.

"관이 구덩이로 내려가는 동안 나는 내가 발에 잔뜩 힘을 주고 있다는 걸 깨달았다네. 그때 내 다리는 바로 이랬지."

그는 마치 침착하게 담배꽁초를 끄거나 바퀴벌레를 눌러 죽이는 것처럼 오른쪽 발꿈치를 바닥에 문질렀다.

"세상에." 애나가 조용히 말했다.

"봤나! 방금 애나의 반응 말이야!" 마이즈너는 손끝으로 애나를 가리켰다. "자네의 반응은 어땠나?" 그가 이번에는 베티에게 말했다. "자네도 충격을 받았지. 애나와는 다른 방식으로 드러났지만 말이야. 그때 그 무덤가에서 내 머릿속에서는 '절대 다시는 돌아오지 말아요'라고 외치고 있었어. 그보다 더 개인적인 게 있을까? 지금은 그때를 회상하면 피식 웃는 것 외에, 그 상황 자체가 내게 미치는 영향은 전무해. 여러분에게 이런 이야기를 들려주는 이유는 무엇이 어떻게 감정적으로 스스로에게 영향을 미칠지는 절대 알 수 없다는 점을 짚어주기 위해서야. 만약 내가 수치심 혹은 자존심 때문에 망설였다면 이 이야길 꺼낼 수도 없었겠지. 이 경험을 얘기하는 지금의 내겐 그런 건 없다네."

마이즈너가 책상으로 천천히 돌아가는 동안 애나가 손을 들어 질문했다.

"샌디, 좀 전에 지나치게 개인적인 지난 경험에는 오히려 감정에 아무 영향도 미치지 못할 수 있다고 하셨는데, 그렇다면 조지프에게 말씀하신 것처럼 무언가가 입 밖으로 내뱉고 싶지 않은 극도로 사적인 일은 가능할까요? 너무 개인적이라면 외부로 공개하고 싶지 않을 테니 실은 매우 깊이 영향을 미치지만 어쩌면 때로는 스스로를 억제한다고 할 수 있나요?"

"맞아! 그리고 그 둘 사이의 차이는 오직 자기 자신만 알 수 있겠지."

"개인적이고 영향을 미치지만 굳이 비밀로 하지는 않을 때와의 차이 말씀이신가요?"

"그렇네. 나는 내 아버지에 대한 이야기를 내 내면의 42명의 분석가들에게 털어놓았고 그중 단 한 명만이 그 의미에 깊이 동요되었지."

"그랬을 것 같아요." 애나가 말했다.

"나머지 41명은 아무 말도 하지 않았다네. 도통 반응하는 일이 없지."

¶

사무실로 들어서는 스콧 로버츠를 보며 마이즈너가 말했다.

"맞아, 바로 그 책이야. 30년 전에 도서관에 기증했었지."

스콧은 그에게 빨간색의 작은 책을 건넸다. 지그문트 프로이트의 《정신분석 강의A General Introduction to Psychoanalysis》였다.[7] 마이즈너는 잠시 책장을 쭉 넘겨보았다. "이게 자네가 질문했던 구절이야." 그가 거의 끝부분의 페이지를 가리키며 말했다. "대단한 내용이지. 환상에 대한 이 논의 덕분에 준비 과정에서 벌어지는 끔찍한 문제들에 대한 고민을 해결하는 데 얼마나 큰 도움을 받았는지 상상도 못할 걸세."

그는 책을 다시 스콧에게 건넸다. "큰 소리로 읽어주겠나. 이제
는 읽기가 힘들어서 말이야."

스콧은 목을 가다듬은 후 프로이트의 선구적인 문장들을 쭉 읽
어내려가기 시작했다.

"오늘 이 자리를 떠나기 전에, 매우 일반적인 관심사에 존재하
는 환상의 삶에 대한 일면에 잠시 여러분의 주의를 기울여주길 바란
다. 사실, 환상에서 현실로 돌아올 수 있는 방법은 존재하며, 그것이
바로 예술이다. 예술가들은 내향적인 기질을 가졌으며 신경과민의
경계에 있다. 상당히 떠들썩한 본능적 욕구에 시달리기도 한다. 명예
와 권력, 부, 여인들의 애정까지 모든 것을 손에 넣기를 열망하는 것
이다. 그러나 정작 이를 충족하기에는 마땅한 수단이 없다. 그래서
열망을 충족하지 못한 다른 이들과 마찬가지로 현실에서 등을 돌리
고, 모든 관심사와 욕구를 환상의 삶에서 소망을 창조해내는 것으로
전환한다. 이는 쉬이 신경증으로 이어지기도 하는데, 이것이 그의 성
취 전부가 되는 불상사를 방지하려면 여러 요소들이 결합되어야 한
다. 특정 예술가들이 신경증으로 인해 자신의 능력을 일부 억제하며
고통을 받는 경우는 종종 일어나고 있다. 아마도 그들은 승화에 필요
한 강력한 능력과 갈등을 결정 짓는 억압에 대한 특별한 유연성을 타
고나는지도 모른다. 그러나 현실로 돌아가는 방식 또한 예술가들로
부터 발견할 수 있다. 환상의 삶을 영위하는 것은 오로지 예술가들만
이 아니다. 환상의 중간계는 일반적인 인간의 동의에 의해 유지되며,
모든 굶주린 영혼들은 위안과 안식을 위해 이 세계를 열망 어린 시선
으로 바라본다. 그러나 예술가가 아닌 이들이 환상의 샘으로부터 얻

217

을 수 있는 만족의 범위는 매우 제한적이다. 의식적으로 수용 가능한 일부 빈약한 백일몽을 제외하고는 억압과 통제가 지칠 줄 모르고 완벽한 만족감을 손에 넣지 못하도록 막기 때문이다. 진정한 예술가는 더 많은 것을 뜻대로 할 수 있다. 무엇보다 자신의 백일몽을 정교하게 바꾸는 방법을 알고 있어, 모르는 이들에게는 그저 거슬리는 소리일 뿐이지만 다른 이들에게는 즐거운 개인적인 음조들을 만들어낸다. 희귀한 자원인 그들의 근원이 쉽사리 포착되지 않도록 이를 효율적으로 수정하는 방법 역시 잘 알고 있다. 더 나아가, 예술가에게는 환상을 진심으로 표현해낼 때까지 자신의 특별한 재료를 주조할 수 있는 신비로운 능력이 있다. 환상의 삶을 투영한 결과물에 강렬한 환희를 부여하여 적어도 한동안은 억압과 통제가 균형을 잃고 무너지게 만들 수도 있다. 이 모두를 해낼 수 있을 때 그는 쾌락의 의식적인 원천이 가져다주는 위안과 안락함으로 돌아갈 수 있는 방법을 모든 이들에게 공개하고, 감사와 존경이라는 수확을 얻는다. 그리하여 마침내 예술가는 환상을 통해 승리를 손에 넣는다. 이전에는 오로지 환상 속에서만 얻을 수 있었던 명예와 권력, 부, 여인들의 애정이라는 전리품을 얻게 되는 것이다."

로버츠는 책장을 덮고 마이즈너의 책상 위에 올려두었다.

"대단하지 않은가? '그리하여 마침내 승리를 손에 넣는다. …오로지 환상 속에서만 얻을 수 있었던 명예와 권력, 부, 여인들의 애정이라는 전리품을.' 명문장이야."

09

만약이라는 마법(The Magic *As If*) : 대체(Particularization)

마이즈너   여러분에게 한 가지 알려줄 것이 있네.

여러분의 가장 강력한 적은 바로 대본이라는 사실이지.

4월 26일

수업은 베티와 베스가 릴리안 헬먼Lillian Hellman의 〈아이들의 시간The Children's Hour〉 마지막 장면을 훈련하는 것으로 시작되었다. 장면이 끝나자 마이즈너가 이야기를 시작했다.

"연기란, 영국을 제외하고 미국, 러시아, 독일에서는 감정적인 창작을 가리키는 말이라네. 내적인 내용을 담고 있는 것이지. 등장인물이 어떤 감정을 느끼고 이를 어떻게 대사라는 언어적 형태로 표현해야 하는지를 이성적으로 이해하는 영국과 달리, 우리는 상상의 상황 속에서 진심을 다해 살아가며 연기하지. 베스, 천천히 하나씩 접근해보겠네. 이 극에서 자네가 사랑하는 남자가 자네를 레즈비언이라고 의심하고 떠나지?"

"네."

"이것이 현실의 자네에게는 그 어떤 의미로도 다가오지 않는다고 해보자고. 레즈비언으로 사는 것이 어떤 것인지 전혀 이해하지 못하고 동성을 사랑한 경험도 없지. 모든 게 완전히 낯선 상황임에도 불구하고 어쨌든 주어진 배역을 연기해야 해. 또한 떠난 연인은 레즈비언을 혐오스러운 변태라고 여겼지만 이런 비난이 자네에게는 손끝만큼도 타격을 주지 않는다면. 그저 대사는 대본 위에 찍혀 있는 무심한 글자로만 보일 거야. 이 문제를 어떻게 해결할까? '만약에(as if)' 자네가 끔찍하게 생각하는 다른 이유로 비난받게 되었다고 생각해보지. 자네에게 무엇이 끔찍할지는 모르지만, 자기 스스로에게 허심탄회하게 질문한다면 경험이나 상상 속에서 무언가를 발견할 수 있을 거야. 뭐가 가능하겠나? 반드시 성과 관련된 문제일 필요는 없어. 조금 괴롭지만 개인적인 영역에서 상상력을 발휘해 자신에게 일어났지만 아무한테도 절대 말하지 못할 법한 일을 떠올려볼까. 가령 이 배역을 맡은 배우가 다섯 살이고 난폭한 남자들에게 인적 드문 곳으로 끌려가 옷이 찢기는 일이 벌어졌다면? 그 상황의 끔찍하고 치욕스러운 기억이 떠오를 때마다 배우 본인은 무너져버리고 말 거야. 이 장면을 시작할 때 이런 식의 상상이 하나의 준비 과정에 도움을 준다네. 베스, 자네는 꽤 애처롭게 보였지만, 사실 전혀 생기 없고, 감정이 사라진 상태로도 보였다네."

"네. 저도 상의가 벗겨지지 않으려 애쓰는 상상을 했어요." 베스가 말했다.

"자네가 준비해야 할 것이 그런 것이지. 나는 자네에게 어떤 상황에서 두려움이나 공포, 수치심이 자극되었는지는 모르지만, 자네 스스로가 감정의 준비를 해야 한다는 사실이지. 단순히 단어로만 해결해보려는 것은 충분하지 않아. 핵심은 '만약'이라는 단어에 있어. 과거 스타니슬랍스키의 용어인 '대체(particularization)'라는 단어로 설명할 수 있지. 베스는 한때 진정한 삶의 동반자가 되어주리라 생각했던 남자가 그녀가 레즈비언일지도 모른다는 의심을 하고 떠나버리는 상황을 연기해야 했어. 만약 베스가 대사를 보이는 대로만 읽는다면 대사는 그저 텍스트에 불과할 거야."

마이즈너는 베스의 대사를 다른 말로 바꾸어 말했다.

"'그는 떠났어.' '저녁 식사 때는 돌아오지 않을까?' '아니.' '늦게 올 거라는 소리야?' '아니, 그는 돌아오지 않을 거야.' '영영 오지 않을 거라고?' '응. 오지 않아.' 그리고 그녀의 상대역이 이렇게 말하지. '나는 굴라쉬나 데워야겠어.' 여기가 바로 '만약'이 필요한 지점이야. 온전하게 스타니슬랍스키 방식이라 할 수 있지. 만약 그녀가 다섯 살짜리 꼬마이고 그녀에게 무언가 무섭고 끔찍한 일이 벌어졌다면 어땠을지를 상상하는 거야. 혹은 만약 그녀가 엄청난 충격 상태에서 비참한 모멸감을 느낀다면, 만약 그녀가 어마어마한 두려움과 긴장으로 인해 온몸이 마비될 지경이라면? 이런 대체화 과정이 준비로 이어지지."

"샌디." 베스가 말했다. "제 문제가 뭔지 모르겠지만, 집에서 혼자 준비할 때는 이전의 기억이나 상상을 통해서 감정이 우러나는데, 여기에 와서 다시 해보려고 하면 매번 실패하기 일쑤예요. 강의실에서 준비하려고 할 때 제가 스스로를 강요하는 게 느껴지거든요. 그래서 불안해지고, 억지로 노력하려고 하면 할수록 준비는 실패하게 되죠."

"자네의 경험이나 상상이 실질적으로는 깊은 의미가 없는 것일 수도 있지."

"하지만 혼자 있을 때는 가능했는걸요."

"그럼 상황 자체를 바꿔보게. 음악 한 곡을 몇 번까지 들어봤나. 열 번쯤 들어보고 '이 정도면 충분했어!' 하고 혼자 타협하지 말고, 음악을 바꾸게. 준비 과정 자체에 새로운 활기를 가져보는 것도 필요해."

마이즈너는 잠시 멈추고 마이크를 매만졌다.

"그러나 대체화, '만약'의 기술은 또 다른 것이지. 차가운 글자에 불과한 대사를 감정적으로 명확하게 만들어줄 수 있는 개인적인 경험이나 상상으로부터 자신만의 예시를 찾아내는 것이거든."

"한 번 더 설명해주시겠어요?" 존이 말했다.

"내가 뭐라고 했나?" 마이즈너가 릴라에게 질문했다.

"경험이나 상상으로부터 자신만의 예시를 찾아내야 한다고요. 앞부분은 듣지 못했어요."

"아무래도 여러분 모두를 위해서 이 주제를 좀 더 계속해야겠군. 레이, 지금까지 내가 설명한 내용이 뭐였는지 정리해보겠나?"

"대본을 마주할 때 상황 자체가 생소하기 그지없다면 자신에겐 아무 의미도 없기에, 대체를 활용하여, '만약'의 기법이라고도 하셨는데요, 개인적인 자신의 경험이나 상상을 묘사함으로써 그 장면을 연기하기 위해 필요한 감정을 찾아갈 수 있다고 하셨어요."

"경험이나 상상을 묘사하는 것이 아니라, 경험이나 상상으로 몰입하게 만든다고 해보지. 여러분 안에서 그 삶이 살아 숨쉬게 만들어야 하는 거야. 이 장면에서 또 다른 예시를 들어보고 다음으로 넘어가지. 베스, 자네는 실제 레즈비언인가?"

"아니에요."

"하지만 극중, 베티에게 '그 사람이 우리가 레즈비언이라는 걸 알고 있어'라고 말해야 하네. 어떤 대체를 활용해야 우리를 연인이라고 여긴다고 말하는 순간을 더욱 명확하게 해줄 수 있을까?"

"두 가지 문제가 있어요." 베스가 말했다. "하나는 남자 친구가 절 떠나서 슬프다는 것이고—"

"줄거리에 담긴 내용은 잊어버리게."

"만약 절 정말로 사랑했던 사람이 떠나버린다면 저는—"

"사랑은 잊어버려!"

"하지만 제가 다른 사람과 바람을 피웠다고 그에게 억울하게 비난당한다면—"

"성애는 잊어버리라고! 자네도 하나에 꽂히면 벗어나지 못하는군!"

다들 웃음을 터트렸다.

"성과 야망, 그게 전부라고 말씀하셨잖아요." 베스가 말했다.

"'만약' 남자 친구가 자네와 파트너가 헤로인을 했다고 생각한다고 가정해볼까. 입 밖에 내기 어렵겠지. 혹은 '만약' 남자 친구가 자네들이 전과자이고 살해를 저질렀다든가, 사악한 의도로 계약을 꾸민다고 의심한다면? 연기에서 여러분이 상상력에 얼마나 의존해야 하는지를 알 수 있겠나. 랄프와 존이 축구팀 동료 선수 역할로 캐스팅되었다고 가정해보세. 경기 중 랄프가 크게 다쳐서 무의식 상태가 되어 라커룸으로 옮겨졌고, 나머지 사람들은 그저 응급차가 오기를 손꼽아 기다리는 상황이라고 해보지. 그런데 감독이 존에게 '만약 랄프가 자네 실제 부인이라 가정하고 지금 여기서 죽어가고 있는 거라면 어떨지 상상하며 연기해보게'라고 지시했어. 실제로 두 사람 사이에 그런 관계가 있는 것은 결코 아니겠지만, 관객들의 입장에서는 존의 연기에 감동하면서도 그가 어디서 그런 감정을 끌어올렸는지 전혀 상상조차 하지 못하겠지. 누군가가 여러분에게 어떻게 그런 감동을 자아내는 연기를 할 수 있었냐고 묻는다면, '상관할 바 아니잖아!'하고 일갈해버리면 되겠지."

"감독이 존에게 지시한 것이 그저 그 상황을 명확하게 하기 위해서라면, 그가 대체 상황을 계속 유지해야 하는 것은 아니지요?" 랄프가 질문했다.

"어떠한 상황의 한 부분을 명확하게 하기 위해서지?"

"그가 직면하고 있는 상황에 대한 감정이요."

"감정."

"하지만 그가 부상당한 저를 보며 떠올리는 감정과 대체된 상황 속에서의 그의 감정 사이에는 어떤 차이는 없을까요?"

"관객들은 피를 흘리며 쓰러져 있는 랄프를 바라보는 장면에서 존의 감정적 깊이를 느끼는 것이지 그 순간 그의 감정이 어디서 어떻게 비롯되었는지는 궁금해하지는 않지."

"그럼 대체는 준비와 맞닿아 있다고 할 수 있겠네요. 오직 특정한 순간을 위해서 필요한 것이니까요."

"선택되어야 하고."

"개인적이어야 하고요."

"맞아. 그리고 훈련을 통해서 효과를 발휘할 수 있지."

"리허설까지 유용하게 쓰일 수 있도록 스스로를 탐구해야 하고요." 조지프가 말했다.

"그렇다면 대체는 연기에서 언제나 끊임없이 필요한 부분일까요?" 로즈 메리가 질문했다. "제가 〈세일즈맨의 죽음Death of a Salesman〉을 200번째 연기하는 순간이라 할지라도—"

"아, 그때쯤이라면 자네는 이미 준비를 위한 50개 이상의 상황을 익혔을 거라네. 그러나 대체, 즉 '만약'이라는 기법이 리허설에서 효과를 발휘하고 인물에 구체적인 형태를 부여할 수 있으려면 언제나 꾸준하게 훈련되어야 하겠지."

레이가 손을 들었다. "따라서 대체를 시도할 때는 선택된 감정을 일으키는 순간을 위한 것이지요? 이런 감정적 선택은 어떻게 할 수 있을까요? 지금 알려주실 수 있나요?"

"직관적으로 가능한 일이라네."

"그 특정한 장면과 연관된 직관 말씀이신가요?"

"물론이지."

"장면을 위해 모든 걸 제대로 이해했는지 아닌지에 따라 결과가 달라질 수 있겠죠?"

"당연하네! 베스가 〈아이들의 시간〉을 몇 번이나 연기했든 상관없이, 남자 친구가 영영 돌아오지 않을 거라는 말을 하며 그녀가 괴로워하지 않은 적이 있었던가?"

레이가 잠시 생각한 뒤 대답했다. "'아니오'라는 대답만 하고 싶다가도 동시에 함께 사는 그녀로 인해 일어난 일이기에 그녀에게 화가 날 수도 있을 것 같아요."

"그건 잘못된 선택을 한 것이라 할 수 있지."

"어떻게 올바른 선택을 할 수 있을까요?"

"직관이라고!"

"그리고 감독도 있고요." 로즈 메리가 덧붙였다.

"맞아. 감독도 있지. 감독은 배우가 어떤 감정을 드러내야 할지를 알려주기도 하지. 쇼팽의 〈에튀드 혁명The Revolutionary Étude〉을 이런 식이 아닌 다르게 연주하는 경우를 본 적 있나?" 그는 책상 위에서 웅장한 피아노곡을 연주하듯 양손을 크게 움직였다. "내 말이 무슨 뜻인지 알겠나?"

"네. 하지만 사람마다 다르게 연주할 수도 있고, 감독이 원하는 감정을 표출하더라도 거기까지 다다르는 방식은 개인적으로 다르지 않을까요?"

"피아니스트들은 개개인의 접근하는 방식은 다르지만 결국 같은 음조로 연주한다는 사실이야."

"모두가 같은 음조를 연주하기에 감정이나 특색도 같을 거라는 말씀이세요?" 베스가 물었다.

"깊이의 차이는 분명 있지. 발랄함이 넘치는 햄릿을 본 적 있나?" 마이즈너가 말했다.

"아뇨, 없어요. 아마 저 혼자만의 문제일 수도 있겠지만, 가끔 준비를 하면서 곧바로 행동에 옮기는 대신 저 스스로를 관찰할 때가 있어요. 그렇게 자신을 재단하는 순간 감정이 멈춰버려서 장면의 시작과 동시에 온몸이 얼어붙어버려요."

"자네가 스스로를 들여다본다는 이야기를 열 번쯤은 들은 것 같아. 자네는 아직까지 테크닉 훈련으로 해결하지 못하는 특정한 문제가 있군."

"저도 그렇게 하지 않으려고 노력하고 있어요."

"나도 자네가 어떻게 하면 좋을지 알려주려고 노력하고 있다네. 들어보게. 분명 준비 과정에서 자네가 스스로를 검열하게 만드는 요소가 있을 거야. 하지만 훈련을 하는 순간에는 스스로가 아닌 다른 무언가에 주의를 집중하면 자의식이 약해지는 순간을 겪을 걸세. 무슨 말인지 알겠나?"

"네, 해볼게요. 감사해요."

"대체는 사실 무척 단순해. 복잡하거나 미묘하지 않지. 예를 들어 내가 가르치는 일을 혐오하기로 마음먹었다고 해볼까." 그는 자리에서 일어나 강의실 문 쪽으로 걸음을 옮겼다. "그런 생각을 한 다음 수업에 왔다면…." 그는 절뚝거리며 안쪽으로 들어오더니 학생들을 노려보고 말했다. "제발 그 입들 좀 다물어!" 학생들은 그를 보며 웃음을 터트렸다. 마이즈너는 다시 한 번 강의실로 들어오는 장면을 재연하며 가벼운 발걸음으로 학생들을 향해 밝게 미소 지었다. "오, 다들 왔나!" 이번에도 다들 웃지 않을 수 없었다. "방금은 내가 큰 노력을 들여 연기하고자 한 것도 아니었네. 그저 '가르치는 일이 싫다'와 '가르치는 일을 사랑한다'는 것을 믿고 감정적으로 느꼈을 뿐이지. 해석에 그치는 것이 아니라는 걸세. 상상력을 가진다면 누구에게나 단순할 수 있어. 그게 직관을 따르는 일인 것이지."

마이즈너는 책상으로 돌아갔다. "헨릭 입센Henrik Ibsen의 〈헤다 가블러Hedda Gabler〉라는 작품을 알고 있나? 여주인공 헤다는 연극 마지막에 이르러 연인이 쓴 원고를 불태워버리지. 기억하는지 모르겠군. 한번은 헤럴드 클러먼에게 그 장면에 대해 이야기했더니 해럴드는 헤다가 태운 것은 단순히 원고가 아닌 그녀의 연인이라 했네. 종잇장들이 아니라 그녀에게 충실하지 못했던 연인 그 자체라는 것이었지! 어떤가, 불타버린 원고, 불타버린 연인, 그 사이의 차이점은 어마어마하지 않나? 이것이 바로 대체야. 원고는 연인이었다! 그의 책이 아니라 '그' 자체였다!"

마이즈너는 자리에 앉아 주머니에서 송신기를 꺼내 책상 위에 올려두었다.

"하나 더 덧붙이자면, 모든 배우에게 모든 역할이 다 특정화될 수 없다네. 만약 헬렌 헤이스가 헤다 가블러 역할을 맡았다면 터무니없는 결과가 나왔을지도 몰라."

그 말에 다들 웃음을 터트렸다.

"대사는 입 밖으로 발화된다지만. 심지어 주디스 앤더슨Judith Anderson도 대사 속에 감춰진 감정은 살리지 못했어."

"그녀라면 옳은 선택을 했을지라도 결국에는," 애나가 말했다.

"너무 뻔한 연기를 했겠지."

"제가 그럴까 봐 너무 두려워요." 베티가 말했다.

"두려운 게 단지 그것뿐일까?" 마이즈너가 응수하자 모두 웃었다.

"가장 두려운 열 가지 중에 하나겠죠? 사실 늘 두려워요."

"한 가지 알려주자면, 베티 자네는 그저 자네일 뿐이야. 자네의 기질도 포함하지. 세상에는 쉬이 바꿀 수 없는 것이 있기 마련이고 자네 역시 바꿀 수 없는 면들이 있기에 스스로를 있는 그대로 받아들여야 할 거야. 우리는 저마다의 가능성과 동시에 한계를 갖고 있지. 그게 우리야. 그 본성은 무척 광범위한가 하면 상당히 협소하게 제한되어 있기도 하지. 두세는 셰익스피어 작품을 연기할 수 없었어. 시도했지만 실패했지. 조지 버나드 쇼가 두세와 베르나르(사라 베르나르Sarah Bernhardt)에 대해 쓴 글을 꼭 읽어보게. 연극적인 유형의 다양성에 대해서 상당히 높은 수준으로 그들을 이해할 수 있을 거야."

마이즈너는 잠시 숨을 고른 뒤 설명을 이어갔다.

"모린 스태플턴은 훌륭한 배우지만 만약 〈유리 동물원The Glass Menagerie〉의 어머니 역할을 맡았다면 썩 좋은 결과가 나오지 못했을 걸세. 그녀의 기질 속에는 그 배역에 어울리지 않는 부분이 있거든.

하지만 〈장미 문신The Rose Tattoo〉의 주인공으로는 그 누구도 이견을 내지 못한다네. 머리로는 인물을 이해하더라도 배우가 연기해낼 수 없는 인물의 기질이 있기 마련이고, 머리로 다 이해한 것인지 확신하지 못하는데도 연기로 소화해낼 수 있는 부분도 존재하지."

"말씀하신 기질은 곧 감정적인 이해도를 의미하는 건가요?" 조지프가 질문했다.

"내가 맥베스를 연기한다면 자네들은 아마 다들 웃을 테고, 나 역시 마찬가지일걸. 어떤 배역이 나와 맞지 않을 수 있다는 사실 자체가 잘못된 것은 아니야. 그룹 시어터에 한 가지 관습이 있었어. 감독들은 새로운 연극의 배역을 섭외하기 위해 모두가 리허설을 했지. 그런 방식으로 한두 번의 공연 이후 어느 날 감독과 새로운 작품의 대본을 읽던 날 나에게 몇 년간 해본 적 없는 생각이 기어나왔어. '맙소사, 저건 날 위한 배역이야!' 내 추측은 거의 틀린 적이 없었고, 배우들은 저마다 남들보다 더 잘하는 배역이 있다는 걸 알게 되었다네."

로즈 메리가 손을 들었다. "만약 〈뻐꾸기 둥지 위로 날아간 새 One Flew over the Cuckoo's Nest〉에서 배역을 맡았다면 환자들을 관찰하기 위해 직접 정신 병동을 갈 필요가 있을까요?"

"없네."

"그냥 가서 보기만 하는 것도요?"

"나는 오데츠의 연극 〈실낙원〉에서 수면병으로 죽어가는 아들 줄리 역할을 맡았었지. 그렇다고 해서 내가 수면병 환자들이 있는 병동을 찾아다녔을까? 아니었네. 하지만 전문의에게 이 병의 증상에 대해서 질문했고, 마비 증세가 나타난다는 것을 알게 된 뒤 오른쪽은 평소 사용해야 하니 왼쪽이 마비된 상태를 숙련했지. 그게 전부였어.

주요한 한두 가지를 선택하는 것이지, 모든 증상을 실상 그대로 복제할 필요는 없어."

"저도 정보를 얻는 것이 중요하다고 생각했어요." 로즈 메리가 말했다.

"'관찰'과 '대체'."

"맞아요. 전에 에메랄드 드레스를 입고 백악관에 간 소녀에 대한 비유를 말씀해주신 것과 비슷한 것 같아요. 구태여 백악관으로 현장학습을 하거나 명품 에메랄드에 대해 연구할 필요 없이, 그저 더이상 치즈버거 파는 일을 하지 않아도 된다는 생각을 하는 데 집중하는 거죠. 개인적인 관점에서 적용하면 나머지는 저절로 따라오는 것 같아요."

마이즈너는 고개를 끄덕였다.

"대체, 즉 '만약'의 방법에 대해 설명하며 내가 무엇을 말하고자 했지? 현재를 사는 자신을 탐구하고 포착하는 것이지. 우리는 계속 '만약'을 활용하는 것에 대해 이야기했어. 비서가 상사로부터 호출소식을 전달 받았을 때 머릿속에 '만약'을 서두로 하는 불길한 상상이 떠오르는 것처럼 말이야. '만약'은 언제든지 활용할 수 있어. 대체는 연기에 있어서 핵심을 짚어주지. 여러분도 베스가 미스 헬먼의 대사를 매우 직설적이고 과장된 슬픔을 담아 읊는 걸 지켜봤지. 썩 좋지 못했네. 그래서 대체에 대해 이야기해야겠다고 생각한 거야. 베스는 대사에 아무 의미도 담지 못했어. 만약, 그녀가 적합한 대체를 선택해 준비 과정을 거쳤다면, 의미가 비어 있는 일은 없었을 거야. 내가 가르치는 것이 싫다고 할 때와 사랑한다고 할 때 강의실로 들어서며 여러분에게 어떻게 인사했는지 기억하나." 마이즈너는 마지막 한

마디를 덧붙이기 전에 잠시 숨을 골랐다. "내 의도가 충분히 전달되었기를 바라네."

"많은 것을 알게 되었어요." 베티가 말했다.

"퍽 일반화된 평가 같은데,"

"제가 보증하죠!"

"제대로 해줘야 할 걸세!" 마이즈너의 말에 모두 웃음이 터졌다.

"진지하게 질문하겠네. 연기를 하지 않는 연기 수업을 듣는 기분이 어떤가?"

"좋은걸요." 애나가 말했다.

"좋다고?"

"네, 꽤 좋아요. 정말로요." 존이 덧붙였다.

"약간 스텔라 애들러 같아요." 로즈 메리의 말에 마이즈너가 웃었다.

"그렇군. 스텔라는 꽤 말이 많은 편이지. 난 스텔라를 사랑한다네. 정말이야. 그녀와 나는 막역한 사이지. 그녀 덕분에 많은 걸 배웠어. 그녀가 마지막 수업에서 그 많은 학생들 앞에서 뭐라고 했는지 아나? '다들 날 사랑하나요?'"

그는 양팔을 크게 벌려 스텔라의 흉내를 냈고 자리에 앉은 학생들은 웃으며 입을 모아 외쳤다.

"네, 그럼요!"

"맹세하게!" 마이즈너가 말했다.

"맹세할게요! 맹세해요!" 좌중에서 터져 나오는 환성과 박수소리에 마이즈너는 황홀한 듯 보였다.

4월 30일

"몇 주 전 수업에서 자신이 가진 것에 대한 확신을 갖고 적합한 대체, 만약의 기법을 쓰는 것이 연기에 깊이를 더해준다고 말했지. 방금 훈련에서 두 사람 모두 단순하면서도 현실성 있는 장면을 보여주었네. 말 그대로 살아 있는 행동이 돋보였지. 버나드 쇼가 말하길 '연극이라는 광학렌즈를 통해 본 확대된, 자기현시성. 이것이 바로 예술의 전부다'라고 했었지. 무슨 의미인가?"

"그 장면의 진실성을 밝혀내어 자신 안에서 찾는 것을 의미하죠. 그리고 그것의 실제적 교류에 있어서는 더욱 깊이 있어야 하고요." 애나가 말했다.

"자네가 내게 카운테스마라에서 '빨간색 넥타이를 사드릴게요'라고 말한다고 가정해볼까. 연기는 자신을 드러내는 예술이기에 스스로가 빨간색에 대해 어떤 감정을 느끼는지 알고 있어야만 해. 대본에 따르면 내 대답은 '빨간색은 싫어!'이기 때문이지." 마이즈너는 베티를 보며 말했다. "이번에는 자네가 내게 빨간색 넥타이를 사주겠다고 말해보게."

"샌디, 제가 카운테스마라에서 빨간색 넥타이를 사드릴게요." 베티가 말했다. 처음에는 아무렇지 않던 그의 표정이 '빨간색'이라는 단어를 듣자마자 찌푸려지더니 입 밖으로 대사가 터져 나왔다. "빨간색은 아니야!"

"파란색은요?" 베티의 말에 마이즈너가 만족스러운 듯 미소를 띄었다. 다들 웃음을 터트렸다.

"방금 내가 무엇을 했지?"

"솔직한 반응을 보여주셨어요."

"마음에서 우러났지. 이번에는 응접실 인테리어가 끝나는 대로 저녁 식사에 초대하겠다고 말해보게. 메인 메뉴는 아티초크로 만든 요리라고 말이야."

"샌디, 응접실 인테리어가 끝나면 저녁 식사에 초대하고 싶어요. 메인 메뉴는 아티초크랍니다."

처음에는 흡족스러웠던 마이즈너의 얼굴이 아티초크라는 단어에 불쾌하게 뒤틀렸다.

"아티초크 싫어하세요?" 베티가 물었다.

"보면 모르겠나?" 마이즈너의 대답에 또 한 번 웃음이 터졌다. "그것이 바로 연극이라는 광학렌즈를 통해 확대된 자신의 모습이라네. 이해했나?"

"네."

"어떻게 이해했지?"

"그냥 지나치는 듯한 소소한 반응이 아니라, 어느 지점까지 상승된 반응이라 할 수 있을 것 같아요."

"자네가 하는 말이 스스로에게 어떤 의미인지를 항상 알고 있어야 해. 넓은 의미에서는 인물에 대해 연구하는 방식이니까."

"제가 맡은 인물을 탐구할 때 제 개인적인 부분과 닿아 있는 지점들이 무엇인지 연구해야 할까요?" 베스가 질문했다.

"기본적인 현실성을 온전히 이해한 이후의 과정이지. 이 부분에 대해 좀 더 이야기해볼까. 레이, 자네는 어떻게 생각하지?"

"음, 그 장면의 기본적인 현실성을 완전히 이해한 이후에 인물에 대한 탐구를 시작하라고 말씀하신 부분이 흥미로웠어요. 미처 생각하지 못했지만 어쩐지 이해가 되는 내용 같아요. 그래야 뭔가를 억지로 만들어내거나 결과적으로 인물을 잘못된 방향으로 발생하지 않을 테니까요. 제가 이해한 게 맞나요?"

"혹은 클리셰에 빠지는 것을 피할 수도 있지."

"만약 대화의 현실성을 이해한 후, 연극이라는 광학렌즈를 통해 드러내고자 하는 깊은 의미를 발견한다면, 클리셰에 빠지지 않을 수 있는 걸까요?" 레이가 말했다.

"연극이라는 광학렌즈란 무엇이지?"

"무대라는 공간에서 현실적인 상황을 연기할 때 현실성을 유지해야 배우와 관객 모두 납득될 수 있지만, 현실의 일상보다 좀 더 높은 수준까지 끌어올려야 관객과 소통하는 데 성공할 수 있다는 의미입니다."

"감정에 대해서 말하는 건가?" 마이즈너가 물었다.

"네, 그런 것 같아요. 하지만 또한 에너지에 대한 이야기이기도 하고요."

"에너지도 감정과 함께 오지. 영국 배우들의 문제는 흔히 에너지와도 연관되어 있는 경우가 많아. 반드시 필요하지만, 무대 위에서만 적용되는 힘이라고 생각하기 때문에 감정적인 주춧돌은 약하거든."

"감정을 우선적으로 갖는다면, 그 감정이 얼마나 깊이 있느냐에 따라 에너지는 따라오기 마련이고, 이는 감정적인 밑바탕이 없는 에너지와는 다르다는 말씀이시죠."

"나한테 넥타이를 사주겠다고 한번 더 말해보게."

"샌디, 빨간색 넥타이를 사드릴게요." 베티가 말했다.

마이즈너의 얼굴이 일그러지며 지나치게 점잔 빼는 듯한 목소리로 대답이 흘러나왔다.

"아… 빨간색이라니!"

"이번에 나는 소리의 억양으로 연기하려 했어. 반면, 그전에는 만약 베티가 빨간 넥타이가 아니라 마치 '히틀러'라는 말을 했다고 생각했지." 그의 목소리에서 혐오감이 느껴졌다. "조금 과장한 면도 있었지만 이 정도면 지나친 것은 아니었네. 첫 번째로 배우가 가져야 하는 건 현실성, 그리고 드러나기에 충분한 깊이야. 왜냐하면 무대 위에는 인물의 삶을 통해 극이라는 광학렌즈―시야든 관점이든 뭐라고 표현하든 간에―를 자기현시성으로 드러나야 하기 때문이지. 예를 들어 이 장면에서 파트너가 자네에게 남편과 성관계를 하는지 질문하는데, 자네는 뭐라고 대답하지?"

"그건 짐승들이나 하는 짓이야." 애나가 대답했다.

"아주 맞는 말이야." 마이즈너는 은근히 혐오스러운 듯 말했다. "이해했나? 기본적으로는 고유한 의미라 할 수 있지. '고유한 의미'가 무슨 뜻일까?"

"인공적으로 가미된 것이 없는 것이요." 베티가 말했다.

"헛짓거리도 들어 있지 않고요." 레이가 덧붙였다.

"헛짓거리도 들어 있지 않다라." 마이즈너가 따라 말했다. "꽤 수준 높은 평가로군."

웃음소리가 잦아들기를 기다렸다가 그가 설명을 계속했다. "자신이 지금 말하는 대사에서 어떤 감정을 느끼는지 확실하게 알고 있다면 문제는 해결될 수 있어. 하지만 명확하게 설명하기 어려운 부분이 있다네. '완전한 의미를 담아 자신을 표출하는 방법.' 다음 수업에서는《스푼 리버 사화집 Spoon River Anthology》을 같이 살펴보도록 하지.

새로운 무언가를 배울 수 있을 거야!"

　"사실 우리 모두는 자신이 진실되지 않게 보여질까 봐 두려워하는 것 같아요." 로즈 메리가 말했다. "그래서 스스로가 느끼는 것을 덜 중요한 것처럼 보이게 만드는 경향이 있어요."

　"그래서 지금 부추기고 있는 것 아닌가!"

10

"배역을 내 것으로
만든다는 것"

마이즈너   미국 배우들은 정말 행운아들이야. 왜냐고? 애초에 그들에 대한

기대치가 낮거든.

5월 3일

"다들 출석했나?"

마이즈너가 빠른 걸음으로 강의실에 들어서며 물었다. 스콧 로버츠는 시선을 휘 돌린 뒤 그에게 고개를 끄덕였다. "좋아." 마이즈너가 앉으며 말했다. "바로 시작하지. 오늘은 에드거 리 매스터스의 《스푼 리버 사화집》에서 한 편씩 훈련해보도록 하겠네. 연기 훈련을 하는 우리에게 이 책의 작품은 서가 아니며, 독백이나 일인극 또한 아니네. 극 속의 스피치(speech)라고 생각해야 해. 잠시 설명하지. 레이, 어떤 걸 선택했나?"

"일단 다섯 편을 골라두었는데 아직 무엇으로 할지 결정하지 못했어요."

"결정하게."

"지금 바로요?"

"지금 바로. 단순한 것으로 해. 자네에게 가장 와닿는 것으로."

"무엇이 '단순'한 것인지 판단하기가 어려워요."

"말 그대로 단순하고 자네에게 사적으로 가장 끌리는 것이면 되네.”

“알겠습니다. 그렇다면 ‘로버트 사우디 버크^{Robert Southey Burke}’를 하겠어요.”

레이는 강의실 한가운데 놓인 회색 철제의자에 앉아 나직하고 또박또박하게 시를 읽어 내려갔다.

“나는 당신을 시장으로 당선시키기 위해
내가 가진 돈을 쏟아 부었습니다,
A. D. 블러드.
나는 당신이 하늘이라도 되는 것처럼 존경했지요,
나에게 있어 가장 완벽에 가까운 사람이었으니까요.
당신은 내 모든 걸 낱낱이 먹어치웠습니다.
나의 인격, 내 젊음의 이상주의, 숭고한 충성 서약,
세상에 대한 희망과 진실에 대한 신념까지도.
이 모든 것은 당신에 대한 경애로 가득한 나머지
눈이 멀 정도의 뜨거운 열기에 제련되어
당신의 형상 그대로 만들어졌습니다.
그러나 훗날 나는 당신의 정체를 발견하고야 말았습니다.
당신의 영혼은 작고, 입 밖으로 나오는 당신의 말은
푸르스름할 정도로 미백된 당신의 치아처럼,
셀룰로이드 소맷귀처럼,
하나같이 위조된 것들 투성이라는 것을.
나는 당신에게 품었던 애정을 증오하게 되었고,
나 자신을 증오하게 되었으며, 당신을 증오하게 되었습니다.

허무하게 버려진 나의 영혼, 나의 젊음.

모두에게 말하노니, 이상을 경계하십시오.

당신의 모든 애정을 줘버리는 일을 경계하십시오.

살아 있는 그 어느 인간에게라도."

"좋아, 자네의 스피치가 시작되는 큐는 이렇게 정하지. '레이, 왜 갑자기 마음이 바뀐 거야?' 그 사람 이름이 뭐였지?"

"A. D. 블러드입니다."

"'한때는 A. D. 블러드를 그렇게 존경하더니?'라는 질문이 던져지면, 그에 대한 대답으로써 스피치를 시작하면 되네."

"질문은 제가 만들면 되나요?"

"파트너가 누구지?"

"로즈 메리요."

"로즈 메리가 질문하게. 자네는 어떻게 대답해야 한다고 했지?"

"이 시를 대사로 삼아서요."

"맞아. 이건 독백이 아니야. 질문에 대한 대답인 거지. 알겠나?"

"네."

"자, 일단 가볍게 해볼까. 로즈 메리, 레이에게 왜 A. D. 블러드에게서 등을 돌렸는지 질문해보게. 레이, 이제 책은 내려놓고 로즈 메리에게 대답해."

"왜 A. D. 블러드를 싫어하게 된 거야?" 로즈 메리가 물었다.

"난 그가 시장으로 당선되도록 아낌없이 자금을 지원했어." 레이는 격한 분노가 어린 나머지 그의 목소리는 살짝 떨렸다. "그만 한 정치인은 없다고 생각했고 온몸 바쳐 그를 지지했지. 그러다 그가 허위와 가식으로 가득한 인간이라는 걸 알게 되었고 그런 그를 좋아했다는 사실에 분노가 치밀어 올랐어. 진실을 모른 채 그가 훌륭한 사람이라고 생각했던 나 자신이 증오스러웠어."

"잘했네. 시가 연기를 위한 아이디어의 출발점이 되는 거야. 레이, 시의 마지막 두 문장이 뭐였는지 읽어보겠나?"

레이가 책을 들어 올리고는 문장을 찾아 읽었다.

"모두에게 말하노니, 이상을 경계하십시오. / 당신의 모든 애정을 줘버리는 일을 경계하십시오. / 살아 있는 그 어느 인간에게라도."

"어떤 감정이 들지?"

"열이 뻗쳐올라요! 호되게 배신당했다는 사실에 분노가 치밀고요."

"그 감정을 위한 준비를 해보겠나?"

"네."

"좋아. 다들 주목하게. 이번 훈련에 필요한 핵심 감정은 대부분 시의 마지막 두 행에 담겨 있어. 레이의 경우에는 '사기꾼 같은 우상 따위 엿이나 먹어라!'가 되겠지. 맞나?"

"네, 맞아요. 이제야 사적인 감정이라는 것이 뭔지 감이 와요."

"좋아. 지금부터 내 얘길 한번 들어보게. 극 속에서의 짧은 담화라고 상상해보자고. 실제로는 절대 웃으면서 말하지 못할 일이지만."

"내 대사는 이렇게 시작하지." 마이즈너는 즉시 경이로운 표정으로 환호하는 사람처럼 손뼉을 치며 말했다. "'내 생애 경험해본 중 가장 끔찍한 교통사고였어! 두 명이나 목숨을 잃었지!' 그다음 더 웃으며 다른 대사를 말한 뒤 마지막 대사를 읊네. '하지만 나는 무사하게 빠져나왔고 함께 있던 아내 역시 살아남았어!' 핵심 감정은 이 마지막 대사 안에 담겨 있네. 행복에 겨워 환희에 찬 기분을 준비한 뒤 바로 대사를 시작해야 해. 첫 대사가 '내 생애 경험해본 중 가장 끔찍한 교통사고였어!'임에도 불구하고, 이 극 전체의 감정을 좌우하는 것은 마지막 두 문장이지. 이 장면을 예시로 한다면 파트너는 이렇게 물을 수 있겠지. '당신은 언제나 행복해 보여. 어떻게 그렇게 늘 웃을 수 있는 거야?' 이에 대한 대답은 '난 생애 최악의 교통사고를 겪었어! 하지만 감사하게도 이렇게 살아남았는걸!' 어떻게 하는지 알겠나?"

레이가 고개를 끄덕였다.

"이제 로즈 메리와 훈련해봐. 창조된 장면 속 마지막 두 문장에서 떠올린 감정으로 준비를 거친 뒤 파트너의 간단한 질문을 큐로 시작하는 거지. 한 번 더 설명하자면 큐 또한 극중 스피치로서 기능해야 하고 자네는 이에 대한 대답을 이어가야 해. 일인극이 아니니까."

"여기에 쓰여진 글이 로즈 메리에게는 대답이 되어야 한다는 말씀이시죠?"

"그래. 왜 그토록 화가 났는지 구체적으로 이야기하는 거지. 로즈 메리, 자네 역시 스스로 감정을 준비하는 시간을 갖게. 그리고 레이가 선택한 작품과 연결되는 즉흥적인 반응이 될 수 있도록 하게." 마이즈너가 설명을 이어갔다.

"항상 준비 단계를 거치고 서로간의 즉흥적인 반응에서 오는 자신의 말이 텍스트 속 단어들과 적절히 연결될 걸세. 단, 항상 준비 과정을 잊어서는 안 돼. 다음 수업에서는 시를 그대로 대사로 옮겨 진행하지 않을 거야. 시 안에 담긴 감정을 온전히 이해했다고 판단되기 전까지는 지양해야 하네. 시의 마지막 문장에서 비롯된 감정을 온전히 준비하고 배우 자신의 언어로 바꾸어 파트너와 반응해야 대사의 현실성을 갖추게 되고 비로소 자기 자신의 것으로 만들 수 있게 된다네. 질문 있나?"

"네. A. D. 블러드에 대한 시에서 레이가 A. D. 블러드를 전혀 언급하지 않고도 즉흥적으로 훈련하는 것에 중점을 둔다면 괜찮을까요?"

"물론이지!"

"그냥 단순하게 특정인에 대한 언급 없이 '나를 가식적으로 대하는 사람들을 증오해!'라는 식으로 말해도 상관없고요?"

"맞아! 그 글은 단순히 A. D. 블러드라는 사람에 관한 것이 아니야. 잘못된 우상에 대한 것이지."

다들 고개를 끄덕였다.

"레이, 자리에 돌아가도 좋아. 베스, 자네는 무엇을 선택했지?"

베스가 나왔다. 숱이 풍성한 머리를 뒤로 묶어 올렸고, 회색 바지 차림이었다. 그녀는 자리에 앉아 시 〈아이다 프리키 Ida Frickey〉를 낭독했다.

"삶의 희망이 없다는 것은 당신에게는 낯설 거예요.
가진 것 없었던 섬멈 출신인 나는
이른 아침 기차로 스푼 리버에 도착했어요.
하나같이 문 닫힌 집들
커튼이 내려진 창문들— 나는 내쫓긴 듯했죠.
그중에 내가 머물 곳은 하나도 없었으니까요.
그러다 오래된 맥닐리 저택에 다다랐어요.

돌로 만든 저택과 정원,

그곳을 경호하는 일꾼들,

주와 연방의 수호를 받으며

자부심으로 가득한 저택의 소유자.

너무나 굶주린 내 눈 앞에 펼쳐진 환영처럼

하늘에서 내려온 거대한 가위가 예리하게 빛나며

커튼처럼 두 쪽으로 잘려버린 저택.

광고에서 본 그에게 일을 구하려고 다가가자

그는 나에게 윙크를 했죠.

그가 바로 워시 맥닐리의 아들이었어요.

그의 저택이 내게도 절반의 소유권이 있음을,

약속 위반 소송을 통해 증명했습니다.

내가 태어난 그날부터 그 저택은,

오로지 나만을 기다렸던 것처럼요."

"무엇에 대한 내용이지? 문학 강의를 하라는 건 아니야. 개인적인 관점에서 자네 자신의 언어로 말해보게."

"외딴 곳에서 고립되고 배척당하다가, 어떻게든 그곳에 소속되어 도움을 얻으며 스스로 문을 열고 머무를 곳을 찾다가 환영을 경험하는 이야기예요. 가까스로 일을 갖게 되면서 머무를 수 있는 집을 얻게 되는 환영이요."

"그건 여기서 말하고자 하는 게 아니야. 내 얘길 들어보게나."

마이즈너가 말했다. 그는 만면에 환한 미소를 띠었다.

"난 열차를 타고 낯선 마을에 도착했어. 연고가 전혀 없는 곳이지. 이른 아침이라 혼자 길을 걷다 거대한 저택 앞을 지나치는데, 너무 배가 고픈 탓인지 어마어마한 가위가 저택을 반으로 잘라버리는 환영까지 봤지 뭐야! 호텔에 갔는데 어떤 남자가 내게 윙크를 했어. 그래서 내가 어떻게 했는지 알아? 나도 그에게 윙크를 했지! 남자는 내게 식사를 사주었고 우린 함께 잤어. 결국 그는 나와 결혼하겠다고 약속까지 했어. 하지만 그는 약속을 어겼고 난 빌어먹을 그 남자를 고소했지! 그리고 보상으로 얻은 것이 바로 그 저택이었어! 내가 말야! 삶의 희망이 없던 내가, 원하는 건 무엇이든 손에 넣겠다는 걸 증명해낸 거지. 정말 대단하지 않아?"

그의 목소리에서 환호의 감정이 생생하게 묻어나와 모두들 웃지 않을 수 없었다.

"바로 이런 의미가 있네. 알겠나?"

"네." 베스가 대답했다.

"이 스피치를 위해 어떤 감정적 준비가 필요할까?"

"저라면 불가능한 건 없다는 생각을 할 것 같아요. 꿈이 이뤄지는 상상을—"

"그건 감정이 아니야. 문장에 불과하지. 간지럼을 잘 타는 편인가?"

"그다지요."

그는 앞줄에 앉아 있는 베티에게 말했다. "가서 베스를 간지럽혀주게! 간지럽혀!"

베티가 일어나 베스 뒤쪽으로 다가가 허리 쪽을 간지럽히기 시작했다.

"아, 정말! 저 간지럼 안 탄다니까요!" 베스는 이렇게 말하며 큰 소리로 웃음을 터트렸다. 다른 학생들도 따라 웃었다.

"자, 이제 베티에게 그 이야기를 말해보게! 어서!"

"내가 열차에서 내렸는데 엄청 고급스러운 저택이 보이는 거야!" 베스가 웃음기 가득 어린 목소리로 말을 이었다. "그런데 너무 배가 고파서 일이라도 구해보려고 호텔에 갔는데—" 이 지점에서 베티가 더욱 경쾌하게 웃음을 터트리기 시작했다. "거기서 우연히 만난 남자가 알고 보니 그 저택의 주인이었던 거지!" 두 사람은 점점 흥이 오르듯 함께 웃었다. "그 남자는 나와 결혼하겠다고 약속했지만 결국 지키지 않아. 그래서 그를 완전히 벗겨 먹을 작정으로 소송을 벌였지. 그리고 어떻게 됐는지 알아?" 베스가 묻자 베티가 고개를 저었다. "내가 승소했어!" 둘의 웃음이 몇 초간 계속되었다.

"이제 알겠나?" 마이즈너가 물었다.

"간지럼을 잘 타면 뭐든 가능하다는 거요!" 베스가 만족스러운 듯 말했다.

"다들 조금씩 이해가 되는지 궁금하군." 마이즈너가 학생들에게 질문했다.

"단지 마지막 두 문장뿐만 아니라 가장 먼저 등장하는 단어부터 바로 활용하는 거라고 생각하면 될까요? 감정적 준비가 되면 마지막 두 문장에만 집중하면 되는 것이 아니라, 결국 내용 전체가 준비된 감정으로 시작된다는 말씀이신 거지요?" 존이 물었다.

"교통사고에 대한 나의 예시에서 어떻게 했었지?"

"바로 처음부터 상황이 시작되었죠."

전염이라도 된 것처럼 베티와 베스가 다시 웃음을 터트리기 시작했다.

"다음 주 월요일까지도 그 상태였으면 좋겠군!" 마이즈너의 말에 다들 웃고 말았다.

"데이브? 자네도 한 편 선택했나?"

"네."

"같이 한번 들어보지."

데이브는 자신 있는 선명한 목소리로 '지그프리드 아이즈먼 박사Dr.Siegfried Iseman'를 읽기 시작했다.

"학위를 받는 순간 나는 맹세했습니다.

선하고 현명한 사람이 되겠다고.

용감하며 타인에게 도움이 되는 사람이 되겠노라고.

기독교 교리에 따라 의학자로서 종사하겠노라고!

어쩌면 세상과 다른 의사들은

자신의 마음속에 무엇이 있는지

이 숭고한 결의를 하자마자 깨닫는 모양입니다.

그에 따라 살면 굶주릴 것이며

오로지 가난한 이들만이 찾아올 것이고

의사로 사는 것은 그저 생계 수단의 하나일 뿐이라는 것을.

가난하지만 기독교 교리에 따라 성실히 사는데도,

아내와 자녀들로부터 외면당하는 것은 너무한 처사입니다!

내가 젊음의 영약을 만든 것은 바로 이 때문입니다.

덕분에 피오리아의 감옥에 갇혀

사기꾼과 구두쇠라는 낙인이 찍혔지요.

정직한 연방 판사님 손으로요!"

248

"마지막 두 행을 다시 말해보게." 마이즈너가 말했다.

"정확히는 네 행입니다. '내가 젊음의 영약을 만든 것은 바로 이 때문입니다. / 덕분에 피오리아의 감옥에 갇혀 / 사기꾼과 구두쇠라는 낙인이 찍혔지요. / 정직한 연방 판사님 손으로요!'"

"어떤 감정이 생기지?"

"억울함입니다."

"억울함보다 더 강한 건 없나?"

"증오예요."

"좋아. 그 외에는?"

"어이없는 우스갯소리 같아요."

"무슨 말이지?"

"실제로는 '정직한' 것 따위는 없으니까요."

"잠깐, 베스의 훈련에서 자네는 뭘 보았나?"

"베스의 준비 과정에서 웃음이 그녀를 상황에 더 몰입하게 했다는 점이요."

"'내 생애 경험해본 중 가장 끔찍한 교통사고였어!'라는 대사를 웃음과 함께 시작하면서 내가 의미한 바는 뭐였나? 뭘 관찰했지?"

"대사에서 느껴질 법한 감정과는 완전히 다른 또 다른 감정이 있다는 거였어요."

"맞아." 마이즈너는 잠시 말을 멈추었다. "거의 광적인 태도에 가까운 이 남자의 쓸쓸함을 어떻게 살릴 건가? 내게는 지나친 무력감이 이 남자를 비이성적인 상태로 몰아간 것으로 보이네. 이 스피치를 위한 큐는 아주 간단하네. '세상에, 데이브, 어쩌다 감옥에 갇히게 된 거야?' 세라와 훈련할 때 연필 몇 자루를 가루가 될 정도로 부러뜨리면서 자네 안의 독기를 끌어내보게. 그게 느껴지는 순간, 세라에게 감옥에 가게 되기까지 일어난 일을 자신의 말로 바꾸어 이야기하면 될 거야."

"네."

"모두 들어보게. 나는 방금 데이브에게 연기해야 할 캐릭터를 하나 설정해주었네. 데이브가 성형을 하거나 수염을 깎거나 억양을 바꿀 필요도 없지. 필요한 건 딱 하나야. '마음속 지옥'. 그는 미쳐버렸으니까 말이야. 이해했나? 캐릭터는 어떻게 행동하느냐에 따라 드러나는 법이거든. 그런 독기를 표출하는 것 자체가 쉽지 않을 걸세."

마이즈너는 잠시 숨을 고른 뒤 말을 이었다.

"다른 연기 방식을 고민해볼 수도 있어. 눈물을 흘리거나 울거나 삶의 비극에 완전히 부서져 내리는 식으로 말이야. 지금까지 선택한 것들은 감정적으로 다소 복잡한 편이었는데, 이 사화집에는 비교적 단순한 작품들도 있다네. 베스의 쾌활한 웃음을 떠올려보게. 이 연습의 핵심이 바로 거기에 있지. 메리, 이번엔 자네 차례야."

40대 후반의 금발 여성인 메리 프랑은 개강 때부터 청강생으로 수업에 참석했다가, 빈센트가 그만둔 다음부터 정식 수강생이 되었다.

"제가 선택한 건 '해나 암스트롱Hannah Armstrong'입니다."

"나는 그에게 편지를 써 옛정을 생각해서라도
내 아픈 아들을 군 의무에서 면제시켜달라고 부탁했습니다.
하지만 그는 미처 내 편지를 읽지 못한 모양이었습니다.
나는 읍내로 나가 제임스 가버에게 부탁해
그의 아름다운 필체로 다시 편지를 써 보냈지만,

아마도 도중에 분실이 된 모양입니다.

결국 나는 워싱턴까지 직접 찾아갔습니다.

백악관을 찾아가는 데 한 시간이 넘게 걸렸고

간신히 도착했을 때는 단번에 쫓겨났죠.

웃음을 숨긴 그들의 얼굴을 보며 나는 생각했어요.

'아, 그는 우리 집에서 하숙하던 시절과 다른 사람이겠구나.

그와 내 남편은 함께 일을 다녔었고

메나드에서 우린 그를 에이브라 불렀는데.'

마지막으로 나는 경비에게 매달리듯 말했습니다.

'제발 그에게 해나 암스트롱 아주머니가 왔다고 해주세요.

일리노이에서 군에 있는 아픈 아들에 대해 이야기하러

먼 길을 찾아왔다고 전해주세요.'

잠시 후 그들은 저를 들여보내주었습니다!

저를 보자마자 그는 환하게 미소를 지으며

대통령으로서 해야 할 집무를 내려놓고

직접 손 편지를 써 더그를 제대시켜주었으며,

지난날에 대해 한참을 이야기 나누고,

또 나누었습니다."

"좋아. 이번 스피치에 대한 해석을 해보지. 내용상 링컨이 선하고 어질며 이타적인 사람이라는 사실을 알 수 있지. 마지막 두 행이 뭐지?"

"'지난날에 대해 한참을 이야기 나누고, 또 나누었습니다'예요."

"어떤 감정이 들지?"

"제 생각에는 그녀가—"

"자네야! 자네!"

"저는 대통령이 절 기억하고 있다는 사실이 반가웠어요."

"그건 내용에 불과해. '그는 나를 기억한다.' 그 안에 함축된 감정이 있지 않나."

"자부심과 애정이 동시에 느껴져요."

"좋네. 이번에는 눈물 없이 떠올릴 수 없을 정도로 선하고 다정하며 인간애가 넘치게 만드는 상황을 상상해보길 바라네. 실제로 겪었던 경험에서 찾으란 얘기는 아니야. 상상력을 발휘해. 귀중한 인간적인 감정을 울지 않고는 생각할 수 없을 만큼의 상황을 떠올려보게. 온전히 준비되면 랄프에게 자네의 이야기를 들려주게. 이해가 되나?"

메리는 살짝 머뭇거리며 고개를 끄덕였다.

"예를 들어 나라면 이런 식으로 말할 수 있겠지. '어머니를 생각할 때마다 마음이 무너져 내리는 것만 같아. 우리 어머니가 어떤 사람이었는지 말하자면…' 이런 식이지. 자네가 읽은 시와는 무관해도 좋아. 말하자면 '도무지 해결하기 힘든 문제가 생겨서 나는 옛 친구 에이브러햄 링컨을 떠올렸어. 천신만고 끝에 백악관을 찾아갔고 예전과 전혀 달라지지 않은 그를 만났어. 그랬던 그가 세상을 떠났다는 사실에 얼마나 가슴이 아픈지….' 가령 누군가로부터 느껴진 다정함이나 선함을 통해 반응되는 자신이 감정적 지점에서부터 시에서의 상황으로까지 몰입할 수 있도록 말이야. '그가 얼마나 천사 같은 사람이었는지 이야기해줄게'라는 문장으로 전체 내용이 요약될 수도 있겠지. 감정적으로 흘러가게끔 자신을 내버려둔다면 무언가가 일어난다네. 이해했으면 준비 과정을 통해서 감정적으로 흘러간 후, 자신의 언어로 파트너에게 이야기를 들려주면 돼. 알겠나?"

"네, 알겠어요." 메리가 대답했다.

"그나저나 꽤 어려운 걸 골랐군!"

"제게는 다 어려워요."

"그렇지 않아. 두고 보게나. 조지프 모건, 자네는 어떤 걸 골랐나?"

"'해리 윌먼스Harry Wilmans'입니다."

"낭독해보게."

"나는 이제 막 스물하나가 되었습니다.
그리고 주일학교 관리자 헨리 핍스는
빈들스 오페라 하우스에서 연설을 했습니다.
'국기의 명예는 반드시 지켜져야만 합니다.
타갈로그의 야만족이든 유럽 대국이든
그 누가 공격해온다고 해도.'
우리는 환호하고 또 환호하였고 연설이 진행되는 동안
그의 손에 든 국기는 힘차게 펄럭였습니다.
그리고 나는 아버지를 대신해 참전하였습니다.
그리고 국기를 따라 걷고 또 걸었습니다.
마침내 마닐라의 논 옆에 캠프가 세워졌을 때
우리는 그곳에서 환호하고 또 환호하였습니다.
그러나 그곳은 온갖 벌레와 해로운 것들,
더러운 물,

끔찍한 더위,

토악질 나는 음식들,

막사 뒤 도랑에서 풍겨오는 악취,

군대를 따라다니는 매독에 걸린 매춘부들 천지였습니다.

다수 혹은 혼자 있을 때 생기는 잔인한 행태들,

우리 사이의 따돌림, 증오, 차별,

혐오감이 밀려오는 낮과 두려움에 치떨리는 밤까지

부글대는 늪지대를 따라,

국기를 따라다녔지요.

나의 내장을 뚫고 들어오는 총알에 소리를 내지르기 전까지는요.

이렇게 스푼 리버에 돌아온 나의 머리 위에도 국기가 있군요!

국기! 빌어먹을 국기 말입니다!"

"마지막 두 행을 읽고 어떤 감정을 느꼈지?" 마이즈너가 질문
했다.

"제 삶을 빼앗아버린 사람들을 죽이고 싶어요."

"화가 나는 건가?"

"전쟁에 내몰리고 죽기까지 방치되었으니까요."

"나라가 자네를 말 잘 듣는 바보로 만들었겠지."

"네."

"어떤 기분인가?"

"헨리 핍스를 죽이고 싶은 기분, 목이 나갈 때까지 비명을 지르
고 싶은 기분이에요!"

조지프는 주먹으로 자신의 허벅지를 내리쳤다.

"다음에는 자네만의 언어로 비명을 지르게! 스스로를 멍청이로 전락시켰지. 멍청이! 만약 자네가 열다섯 살에 크리스마스 파티에서 산타는 언제 오는 거냐는 질문에 모두들 바닥을 구르며 자네를 비웃었다면, 그럼 자네 기분은 어떻겠나?"

"바보가 된 기분일 거예요."

"그후, 열일곱 살 생일에 누군가 자네에게 산타 인형을 선물한다면?"

"얼굴을 한 대 날려버릴 거 같아요."

"바로 그런 감정으로 시작하게나. 알겠나?" 그가 학생들에게 질문하자 다들 고개를 끄덕였다. "어째서 자네 무덤에만 국기가 꽂힌 건가? 이제 그 책은 내려놓게!"

"나라에 목숨을 바친 대가로 아무 의미 없는 상징물을 받았을 뿐이죠."

"무슨 일이 있었던 거지?"

"총에 맞아 죽었습니다."

"이제 자네만의 언어로 시작해보게."

"음, 거만한 선동꾼이 국가를 수호해야 한다는 연설을 하는 것을 보고 젊은 치기에 믿어버리고 말았어요. 그래서 무작정 밖으로 뛰쳐나가 자원입대를."

"스스로에 대한 증오가 더욱 강해야 해. '난 내가 한 짓이 마음에 안 들어. 그들이 밀어넣은 상황으로 내몰린 내가 싫어. 내가 죽고 돌아왔을 때 내 무덤에 한 짓조차 싫어!' 자네 마음에도 와닿는가?"

"네."

"이것이 바로 솔직한 조지프 모건의 감정이지. 분노로 제 자신을 잃은 조지프 모건. 하지만 감정을 추스리려고 하는 자네. 항상 보이는 모습이지. 무슨 말인지 알겠나?"

"온전히 제 안에서 일어나는 감정 말씀이신거죠?"

"자네도 성질이 좀 있는 편인가?"

"네, 그런 편이에요."

"그런데도 감정을 억제하는 건 왜지?"

"아마도 제가 자라온 환경의 영향이 큰 것 같아요."

"난 정말이지 이럴 때 부모들이 싫다네!" 마이즈너의 단호한 한 마디에 다들 웃었다. "마취제 없이 수술 받고 싶은 생각은 없나?"

"감사하지만 그건 사양할게요."

"조, 이런 모습이 바로 내가 말하는 자네야."

5월 7일

"자네들은 작품을 마음이 아닌 머리로 판단하고 있어. 그것도 자신이 아는 만큼만 판단해. 불행히도 여러분 모두 대학을 다녔고 작품 속 글 중, 이해하기 어려운 단어가 없는 탓이기도 하겠지."

"다른 시를 선택해야 할까요?"

세라가 질문했다. 그녀는 방금 여성들의 모자를 제작하는 나이 많은 인물의 다소 철학적인 시를 읽고 난 참이었다.

"좀 더 단순한 것, 자네를 울고 웃고 화나게 하는 작품이 필요해. 감정 말이야! 생각해둔 다른 작품이 있나?"

"다음 주 월요일 수업까지 결정해볼게요. 괜찮으시다면요."

"물론이지. 20대 무렵 나는 쇼팽을 무척 좋아했었어. 낭만적이고 아름다운 선율 속에는 풍부한 그의 감성이 깃들여 있지. 나의 벗 애런 코플란드는 날 보며 포복절도하곤 했어. 아방가르드하고 불협화음이 넘쳐나는 곡들이 그의 취향이었거든. 나는 내가 현명한 반면, 그는 그렇지 못하다고 여겼어. 하지만 누군가의 관점에서는 정반대였을지도 모를 일이지. 각자 자신에게 옳다고 생각하는 게 달랐을 뿐인 거야. 이 자리에 피아노가 없는 게 아쉽군."

마이즈너는 현란한 손동작으로 연주하듯 책상 위를 두드렸다.

"멋지지 않나! 여러분도 자신의 마음에 끌리는 것을 선택하게. 머리가 아니라! 왜 단순해지지 못하는 거지? 단순한 게 죄라도 되나? 배우인 여러분을 가르치는 과정에서 나의 가장 큰일은 본연의 자기 자신을 찾도록 하는 거야. 독창적인 연기의 근원은 바로 거기 있다네."

그는 레이에게 말했다.

"《스푼 리버 사화집》 훈련에서 자네는 뭘 배우고 있나?"

"가장 뼈저리게 느낀 것은 선택한 작품을 어떻게 내 것으로 만들 수 있을 것인가예요. 먼저 온전한 준비 과정을 거치고 자기만의 언어로 말하면 그 작품을 생생하게 살아나게 하는 과정에 수월하게 한 걸음 내디딜 수 있는 것 같아요. 그 걸음을 내디뎠을 때 작품 속의 언어가 내 것이 되고 더 이상 말 자체에 휘둘리지 않게 되죠. 그 순간부터는 자기 안에서 샘솟는 것이 되니까요."

"쇼팽이 모차르트를 모방하려고 작곡했을까?"

"아뇨." 레이가 대답했다.

"그럼, 그는 누굴 모방했지?"

"제 생각에 쇼팽은 스스로가 만족하는 작품을 만들고자 했던 것 같아요. 자기 자신만의 직관과 영혼(spirit)으로 작곡한 거죠."

"그의 무엇?"

"직관과 영혼이요."

"화가 세잔Paul Cézanne을 알고 있나? 그가 렘브란트Rembrandt Harmenszoon van Rijn를 모방하기 위해 그림을 그렸을까? 아니라고? 확신할 수 있나? 그는 누굴 모방한 거지?"

"아무도 모방하지 않았어요."

"그는 왜 그림을 그린 거지?"

"자기 자신을 위해서요."

"그는 어디서 아이디어를 얻었을까?"

"그의 직관, 상상력에서요."

"두세는 누굴 모방했을까? 자네들은 그녀를 모르지만. 내가 하고 싶은 말이 뭔지 알겠나?"

"창작의 결과물은 오직 자기 안에서 나온다는 거예요." 베스가 말했다. "이미 존재하는 작품 안에 생명을 불어넣는 건 우리 자신이에요. 그래서 누가 창조했느냐에 따라 독특함이 다른 거고요."

"연기를 배우는 데는 시간이 걸린다네. 연기를 하는 배우 자체가 재료가 되지. 여러분에게는 각자 자기만의 외적으로 드러나는 매력들이 있고 그것을 활용하는 것은 어렵지 않아. 내적인 면들은 훨씬 더 어렵지만 이런 매일의 훈련 과정을 통해 얻게 되는 모든 것은 배움과 성장의 일부가 될 거라네. 화가든 작곡가든 자신에게 의미 있는 무언가를 재료로 삼을 수 있지만, 연기에는 사실 훨씬 어려운 문제가 있어. 자신이 살아온 삶과 크게 관계가 없는 작품이 주어지는 경우가 적지 않은 데다, 이를 자기 것으로 만드는 방법을 스스로 터득해야 하기 때문이지. 이것이 바로 훌륭한 배우를 찾기 쉽지 않은 이유이기도 해. 생각보다 훌륭한 배우를 보기 드문 까닭은 요즘 배우들은 본인에게 주어진 인물에게 그들 스스로를 어떻게 활용해야 좋을지 모르기 때문이지." 그는 엄지와 검지를 붙여 보이며 말을 이었다. "텔레비전은 딱 이 정도, 연기가 그저 보이는 것에만 그치는 경우를 무척 잘 보여주는 완벽한 예라고 할 수 있지."

마이즈너가 베스에게 질문했다.

"연주할 수 있는 악기가 있나?"

"아뇨. 없어요."

"스타가 되고 싶은가?"

"저는 작가예요."

"작가라고?"

"네, 저는 타자기를 연주하죠."

"자네는 누굴 모방하지?"

"아무도 모방하지 않아요."

"여러분은 '예술가가 독창적이다'라는 말의 뜻이 무엇이라고 생각하나?"

"자기 안에서 작품을 만들어낸다는 의미라고 생각합니다." 조지프가 대답했다.

"그건 이 수업에서 안 사실인가?"

"네."

"그렇다면, 자기 안에서 만들어낸다는 건 무슨 뜻일까?"

"자신의 충동에 따라 움직이는 것이죠. 스스로의 행동을 의식하

259

거나 검열하지 않고요."

"자신의 충동에 따라 움직인다, 그건 어떤 기준을 따르는 건가?"

"자신에게 얼마나 정직할 수 있는지에 따라서요."

"맞는 말이야." 그는 잠시 멈추고 마이크를 조정했다. "신사는 배우가 될 수 없다는 말은 무슨 뜻일까?"

조지프가 대답했다.

"무대에서는 현실에서 할 수 없는 것들이 허락된다는 거죠. 현실과는 다르게 자신을 억제할 필요가 없으니, 자연스럽게 드러낼 수 있으니까요."

"자신을 억제한다는 건 구체적으로 무슨 뜻이라고 생각하나?"

"스스로를 검열하는 거예요. 사회가 세운 기준을 따른다면 무대 위에서는 할 수 있는 게 없을 테고요."

"동감하네. 좀 더 자세히 설명해보게."

"연기는 표면적으로 보여지는 일상(everyday life)과 별 관계가 없다는 겁니다."

"진심과 더욱 깊은 관계가 있지." 마이즈너가 말했다.

"네, 진심과 더 깊이 관계해요. 그리고 우리의 틀에 박힌 일상과는 전혀 다른 것이고요."

"맞아. 예전에 모린 스태플턴이 파티에서 교양 넘치는 사람처럼 말하는 걸 들은 적이 있지. 무대 위에서 누가 그녀의 그런 모습을 떠올리겠나!"

"두 가지가 있는 것 같아요."

"무슨 소리지?"

"그러니까, 작품 속에 가지고 온 자기 자신 즉, 배우로서의 자신은 세상 밖에서 보여지는 자신과는 다르다는 거예요."

"본연의 자신을 배우로서 선보인다는 거겠지?"

"네, 진실한 자신이요." 조지프가 말했다.

"그래서 야망이나 지성에 따라서 작품을 선택하지 말아야 하는 걸세. 충만한 직관을 믿고 따라야 하지. 당장 밥벌이가 급하지 않는 한."

강의실의 모두에게 웃음이 번졌다.

5월 10일

"어떤 걸로 할 텐가?" 마이즈너가 베티에게 물었다.

"샌디에게 여쭤보려던 참이었어요. 여덟 번쯤 결혼한 여자가 끝내는 파리에서 독살당하는 이야기인데요."

"자네에게 맞을지 잘 모르겠군."

"음, 그럼 '엘사 월트먼Elsa Wertman'으로 하겠어요."

"해보게."

베티가 자리에 앉아 시를 읽어내려갔다.

"나는 독일에서 온 시골 아가씨입니다.

파란 눈동자에 붉은 뺨, 쾌활하고 건강했죠.

제가 처음 일한 곳은 토마스 그린의 집이었어요.

무더운 여름, 부인이 외출한 동안

그린 씨는 부엌으로 들어와 나를 껴안고

그를 피하려 고개를 돌리는 내 목덜미에 입을 맞췄습니다.

우리 둘 모두 무슨 일이 일어날지 알지 못했습니다.

하지만 나는 내게 닥칠 일로 울고 말았습니다.

내가 안고 있던 비밀이 점점 부풀어올라 울고 또 울었죠.

어느 날 그린 부인이 다 이해한다고,

나를 괴롭히지 않겠다고,

그들에게 아이가 없으니 입양하겠다고 말했습니다.

(그는 부인을 달래려고 목장을 주었지요.)

부인은 집에 몸을 숨기고 소문을 흘려

마치 자신에게 아이가 생긴 것처럼 일을 벌였죠.

모든 일은 순조롭게 진행되었고 아이가 태어났어요.

그들은 나에게 매우 친절했습니다.

이후 나는 거스 월트먼과 결혼했고 세월은 흘러갔습니다.

정치 집회에서 사람들은 내가

해밀턴 그린의 유창한 연설을 보며

눈물을 흘린다고 생각하겠지만

아니었습니다.

아니었어요! 나는 큰 소리로 말하고 싶었습니다.

'저 사람이 내 아들이에요! 내 아들이라고요!'"

"마지막 두 행에서 어떤 감정을 느꼈지?"

"그들이 절 죽였어요."

"아주 좋아. 처참하게 살해당한 기분을 준비해보게. 눈물을 흘려! 눈물이 흐르고 흘러 통제하기 어려울 정도가 되었을 때 우리에게 이야기를 들려주게.”

쉴 틈도 없이 베티가 이야기를 시작했다.

“네, 저는 독일에서 온―”

“아냐, 아직 준비가 안 되었네.”

베티는 깊이 심호흡을 들이쉬었다 내쉰 후 양손으로 두 손을 덮었다. 잠시 후 그녀의 몸이 파르르 떨리더니 입술 사이로 길고 낮은 한숨이 흘러나오며 그녀의 갈색 눈은 금세 눈물로 가득찼다.

“이제 시작하지.” 마이즈너가 나지막이 말했다.

“저는 아주 어릴 때 독일에서 왔어요.”

베티가 말하는 동안 눈물은 그녀의 양 볼을 타고 흘러내렸다.

“처음으로 한 일은 해밀턴 그린의 집 하녀였어요. 모두 좋은 사람이었지만, 부인이 집을 비운 어느 날 그린 씨가 부엌으로 들어와서―.”

“울게! 더 울어도 괜찮아. 자네가 느껴지는 그대로를 믿게.”

마이즈너가 격려하듯 말했다.

“그린 씨가 부엌으로 들어와서 저에게 입을 맞췄죠. 피하려고 고개를 돌리자 목에 입을 맞추기 시작했고요.” 베티는 흐느껴 울었다. “그땐 저한테 무슨 일이 일어날지 알아채지 못했지만 얼마 지나지 않아 배가 불러오기 시작했고 깊은 수치심이 들었어요. 그린 부인이 저를 부르더니 무슨 일이 있었는지 다 안다고, 충분히 이해한다고 말했죠.”

“더 울게! 자신을 내려놓는 걸 두려워하지 말아!”

잠시 후 베티의 울음소리가 더욱 애달파졌다.

“부인은 아이를 키워주겠다고 말했고, 다른 사람들에게도 자신이 임신했다고 알린 뒤 아홉 달 동안 집 밖으로 나가지 않았어요. 그러고는 제가 아이를 낳자마자 데려가버렸어요!"

울음 때문에 그녀의 목소리가 가늘게 떨리며 높아졌다.

"그리고 막, 정치 집회에서 눈물을 참지 못하고 말았어요. 왜냐하면,"

베티는 눈물을 참으려 애쓰며 이어나갔다.

"다들, 제가 연설이 너무 감동적이라 운다고 생각했을 테지만. 그건 제가 '저 사람은 내 아들이에요, 내 아들!' 하고 입조차 열 수 없었기 때문이었죠."

그녀는 양손으로 얼굴을 덮은 채 계속 눈물을 흘렸다.

"잘했네. 문제가 있었다면 순전히 기술적인 부분이었지. 자네 말을 알아듣기 어려운 부분이 있었다는 것 말이야."

"네." 베티는 미소를 보이며 대답했다.

"바로 이게 내가 원하는 거야! 자신의 말로 바꾸어 시작하고, 그 후에는 쓰여진 대사를 따라 가되 어느 순간 자유롭게 즉흥으로 이어지게 두는 것. 그리고 언제나 감정의 준비를 잊지 않는 것."

"처음에 시를 읽을 때도요?" 베티가 물었다.

"시를 읽을 때, 그리고 이야기를 말할 때. 모두."

"단어를 확인해보려고 중간에 책을 보는 건 안 된다는 말씀이시죠?"

"안 돼! 이러한 반복된 훈련 과정 속에서 많은 것들이 차차 자네에게 찾아올 거야."

5월 14일

"자네만의 언어로 이야기를 해보게."

"제가 몸이 좋지 않게 되자, 껍데기만 남은 것 같았어요."

레이첼이 목이 잠긴 목소리로 조심스럽게 말했다.

"어떤 수술이었지? 꽤 명확하게 보이긴 하네만."

"암이요."

"자넨 껍데기만 남은 채 병원에서 떠나왔지. 암이 자네를 떠난 것처럼 말이야. 자네에게 있었던 일을 이야기해보게."

"암 투병을 하다 수술을 받았고 그 이후 제 자신의 일부만 남은 것 같았어요. 결혼기념일에도 여전히 그런 기분이었는데, 남편이 같이 숲으로 산책을 나가자고 했죠. 우린 산책을 하는 내내 많은 이야길 했지만 정작 서로의 기분이 어떤지는 털어놓지 못했고, 마치 아무 일도 없었던 것처럼 행동하려 애썼어요. 하지만 예전으로 돌아갈 수 없었죠. 그리고 남편이,"

그녀는 조용히 흐느끼기 시작했다.

"남편이 잠시라도 제 곁에 없으면 금세 우울해졌어요. 거울을 볼 때면 내가 죽었다 살아났다는 사실을 새삼 깨달으면서 어쩌면 지금 여기 없었을지도 모른다는 생각을 해요!"

레이첼은 통곡했다. 얼굴은 온통 눈물범벅이었다.

"결국 저는 스스로 목숨을 끊었고, 전 가끔 내가 죽은 이유를 남편이 알고 있을까 궁금해하죠."

"아주 좋았네." 레이첼이 감정을 추스르길 잠시 기다렸다가 마이즈너가 말했다.

"여러분이 무엇을 어떻게 준비하고 시작하느냐에 따라 어떻게 끝나는지도 결정되지. 준비는 구체적인 사실을 포함하지. 한때는 젊고 희망에 가득 차 있던 사람이 자신의 삶이 정말로 끝나버렸음을 알게 되었을 때, 어떤 감정일까를 알아야 하지. 파트너가 이렇게 질문했다고 해볼까. '당신처럼 젊고 사랑스러운 사람이 어째서 자신의 머리에 총을 쏜 거죠?' 이에 대한 대답이 스피치가 되는 거야. 이로써 한 편의 시는 생명을 갖게 되는 거라네. 존 길구드John Gielgud를 기억하나? 그는 셰익스피어의 시를 낭독하는 프로그램을 했었지. 그의 목소리는 기막히게 아름다웠어. C장조로 시작해서 D단조로 내려오는 등 문장 하나하나를 각각 다른 조로 읊었어. 여기에서는 조가 정해져 있지 않아. 오로지 배우 자신이 있을 뿐이야. 그리고 감정이 잦아들기도 전에 서둘러 끝내지 않도록 하게."

"연습할 때는 시를 저의 말로 바꾸어 연습하면 될까요?"

"좋아. 또한 준비 과정에서 다른 감정으로 접근을 시도해보고 싶겠지만, 방금 한 것이야말로 그 이야기의 본질을 드러낸 것이라 할 수 있어."

레이첼의 흡족한 표정에 다들 미소를 띠었다.

5월 17일

"어떤 걸 해보겠나?"

"이것도 자살에 대한 내용이에요." 로즈 메리가 말했다. "'줄리아 밀러Julia Miller', 그녀는 모르핀을 복용했어요. 나이는 서른이고 나이차가 많이 나는 남자와 결혼했죠."

"읽어보게."

"그날 아침 우리는 말다툼을 했어요.

그의 나이 예순다섯, 나는 서른이었죠.

배 속에서 태어날 준비를 하는

묵직한 아이의 존재감에 나는 두렵고 초조했어요.

마지막으로 받은 편지를 떠올리며

멀어진 그 사람을 떠올렸습니다.

나를 배신한 그 사람을 비밀로 한 채

늙은 남자와 결혼을 했어요.

나는 모르핀을 맞고 앉아 읽었습니다.

어둠 속을 가로지르는 내 눈에

희미하게 빛나는 글자들이 들어왔습니다.

'그리고 예수께서 그에게 말씀하시기를,

내 진정 그대에게 말하노니,

오늘 그대는 나와 함께 낙원으로 들어가리라.'"

"어려운 작품이군. 어려운 이유가 뭘까?"

"나와 내 아이의 희망은 천국에서만 가능하다고 믿는 내용 때문이라고 생각해요."

"그렇게 소망하는 건가, 혹은 확신하는 건가?"

"확신하죠. 천국에는 신이 있을 테니까요."

"어떤 감정을 느끼지?"

"안도감이요. 두렵지만, 동시에 안도감을 느껴요."

"안도감?"

"행복에 가까운 감정이랄까요. 더 이상 사람들에게 휘둘리지 않을 테니까요."

"어렵군. 종교적 환희에 대한 내용은 연기로 옮기기가 쉽지 않다네. 간단한 예를 들어볼까. 이탈리아의 피렌체에 있는 오래된 수도원의 계단을 따라 오르면 가장 높은 곳 층계참에서 저 멀리 보이는 벽화가 하나 있지. 천사가 성모 마리아에게 예수의 탄생을 알리는 벽화야. 거룩한 순간이지만 너무나 인간적이고 영감이 넘치는 작품이지! 벽화 속 마리아의 얼굴! 눈을 감아도 선명하게 떠올라. 여전히—"

"벽화를 보셨다는 건가요, 환영을 보셨다는 건가요?" 로즈 메리가 물었다.

"그건 프라 안젤리코Fra Angelico의 〈수태고지The Annunciation〉였어. 내가 말하고 싶은 건 지금 자네의 스피치가, 모르핀을 맞은 자신은 죽어가고 있지만 마치 천국으로 가는 기도 같다는 말이네. 자네에게 펼쳐질 삶은 마치 경이로운 평화와 고요로 가득 차야 한다네. 그건 꽤 어려움이 있지. 그 시를 선택하고 싶은 건가?"

"네."

"어떤 감정을 준비해볼 생각인가?"

"절대적이고 눈부신 환희와 제가 두고두고 원하던 걸 마침내 가질 수 있다는 기쁨의 눈물이에요."

"표현하자면?"

"순수한 행복감이랄까요?"

"알겠네. 더 이상 말하지 않아도 좋아. 이 이야기는 성모 마리아의 수태고지의 순간으로도 비유할 법하군. 환희의 기도이니 말이야!"

"그렇다면 모르핀이 축복인 셈인가요?"

"그래. 그렇게 볼 수도 있겠어. 이런 주제에 대해서는 말로 설명하기가 어렵군. 꽤 예민한 부분이기도 하니까. 드물게 찾아온 기쁨의 고요함 속에서 자네도 스스로 마음을 열어야 하겠지. 마음속 동요를 느끼나?"

"네."

"지금 해볼 텐가?"

"해볼게요."

로즈 메리는 잠시 호흡을 추스린 뒤 연기를 시작했다.

"그 사람은 더 이상 날 만질 수 없어요. 내 근처에도 올 수 없죠. 애초에 왜 이 사람과 결혼했는지도 모르겠어요. 물론, 정말 모르는 건 아니지만요."

그녀는 조용히 눈물을 흘리기 시작했다.

"그는, 그는 날 구해줬어요. 날 더 이상 원하지 않는다고 했던 그 남자로부터. 그리고—"

로즈 메리의 감정이 격해져 말끝이 흐려졌다.

"난 점점 불안해졌어요. 하지만….."

울음소리로 인해 그녀의 말이 불분명해졌다.

"하지만 이제는 알아요. 바로 지금 나는 집으로 돌아간다는 것을요! 눈앞은 어두워지지만 더 이상 두렵지 않아요. 나는 이제 곧 집으로 돌아갈 것이며, 내 아기 또한 나와 같이 있을 거라는 걸…. 이젠 더 이상 그 누구도… 그 누구도 날 아프게 하지 못할 거예요!"

"지금 한 훈련은 하나의 아이디어라고 해보지. 이 스피치는 마치 자네가 믿는 성인(saint)에게 하는 기도 같기도 하지. 자네는 독실한 가톨릭 신자인가?"

"지금은 아니지만, 한때는 열심히 기도한 적도 있어요."

"더 노력해보게나."

5월 21일

"역겨웠지만, 그보다 경찰과 비틀려진 인생에 더 격한 분노가 들었어요."

"그게 무슨 뜻이지?"

"그들은 거짓말로 속이며 위선을 부렸고, 이제 저는 그들을 모조리 폭로할 거예요. 지금껏 은폐해왔거든요." 레이첼이 말했다.

"누구를 위해서지?"

"제가 총으로 쏴 죽인 돈 많은 남자요."

"자네는 그의 방에서 뭘 하고 있었지?"

"저는 매춘부예요."

"계속해보게."

"저는 피오리아의 경찰서장에게 편지를 썼어요. '저는 제 어린 시절 고향인 스푼 리버에서 점점 마르고 쇠약해지고 있습니다. 그러니 어서 와서 절 데려가세요. 마담 루의 가게에서 부유한 상인의 아들을 살해했으니까요. 신문에서는 그가 집에서 사냥용 소총을 닦다가 스스로 목숨을 끊었다고 했지만, 사실 그들은 광고 뇌물로 인한 스캔들을 숨기기 위해 악마처럼 거짓을 말한 것입니다.'"

"어째서?"

"신문사들이 뇌물을 받았거든요. 그의 아버지가 마을 영주였고요."

"계속하게."

"저는 그를 총으로 쐈어요. 그가 절 때려눕혔기 때문이에요. 전 그가 돈을 얼마를 지불하든 상관없이 그날 밤은 제 애인을 만나러 가겠다고 했거든요. 제가 그에게 욕하자 그는 절 무자비하게 때렸고 급기야 전 총을 쐈습니다."

"자네의 애인은 누구지?"

미처 생각지 못한 질문을 받자 레이첼은 할 말을 잃어버렸다.

"이건 시에서 언급되지 않은 부분이지. 자네의 상상력으로 만들어내야 해. 내가 한 질문에는 답이 정해져 있지 않네. 상상으로 해결할 수 있는 것이지. 이건 '역할을 내 것으로 만들기' 위해 반드시 필요한 부분이지. 부자의 아들에게 자네가 이렇게 말했다고 해볼까. '오늘 밤은 당신과 보내지 않을 거예요. 토니를 만나기로 했거든요. 당신 아버지의 트럭을 운전하는 그 남자 말이에요. 내가 진짜 사랑하는 사람은 그예요, 당신이 아니라!' 이 말에 자극받은 남자는 분노한 나머지 총을 떨어트린 것조차 알아채지 못했고, 자네는 그걸 주워들어 남자를 쏴버렸지. 하지만 부패한 경찰과 신문사들은 이런 사고에 제대로 대처하지 않아. 록펠러John Davison Rockefeller가 세상을 떠났을 때 신문들이 어땠는지 혹시 아나?"

"저도 그걸 생각해봤어요." 베티가 말했다. "언론의 위선, 거짓, 부패가 역겨울 정도였고, 결국 죽어가는 중에도 레이첼은 '이게 진실

271

이다, 이 얼간이들아!' 하며 최후의 한 방을 날렸어요. 통쾌한 복수 과정이 놀라울 정도였죠."

"무척이나 만족스럽기도 했고요." 레이첼이 덧붙였다.

"무척이나! '모두는 당신네가 사기꾼이라는 걸 알면서도 침묵하지만 오직 나만이 솔직하게 말할 수 있지!' 알겠나? 이것이 바로 '역할을 내 것으로 만들기'라고 할 수 있어. 종이에 쓰인 글자 하나하나를 인생으로 채우는 과정은 이 단계의 중요한 핵심이야."

"샌디, 방금 하신 말씀이 너무 와닿아요." 베티가 말했다.

"자네가 역할에 대해 연구할 때 알아야 하는 내용이기도 하지. 훈련할 대사에는 우리가 이를 어떻게 해석하는지와도 관련이 있어. 장담하건데,《스푼 리버 사화집》훈련이 여러분 모두에게 상당히 가치 있는 과정이 될 걸세. 등장인물(character)에 어떻게 접근해야 할지 실질적으로 알게 될 거야. 오셀로 역을 맡은 배우가 감독에게 이렇게 질문한다면 어떻겠나? '질투에 사로잡힌 이 남자의 심리를 제게 좀 설명해주세요.'"

"역할을 제대로 연기하려면 한참 멀었구나, 싶을 것 같아요." 베티가 말했다.

"그건 두 말 할 나위 없어.《오셀로》가 사랑과 질투에 대한 대서사시라는 걸 어떻게 알 수 있지?"

"대본을 읽으면 알 수 있어요. 무언가 마음을 치는 것을 직접 느낄 수 있으니까요." 베스가 말했다.

"마음을 친다. 좋은 표현이야. 이 수업을 듣는 여러분 중에서도 역할을 해석하는 부분에 문제를 느끼는 사람들이 있을 거야. 역할, 등장인물이란 대체 뭘까?"

"왜 절 보고 말씀하세요?" 존이 물었다.

"자네는 염려스럽게도 역할에 접근할 때, 보여지는 것에만 사로 잡혀 있는 문제를 겪고 있으니 말이야. '인물에 대한 감정적 문제를 유기적인 과정을 거치지 않고 그저 보이는 것에 집착한다는 점'이 뭔지 알겠나?"

"쉽게 판단하는 게 문제인 것 같아요." 베티가 말했다.

"왜 그런다고 생각하나?"

"이성적 영향을 쉽게 받는 것 같아요."

"그렇다면 어떻게 해야 할까?"

"직관을 따라야죠."

"대본을 읽고 자신이 어떤 감정을 느끼느냐에 따라 등장인물에 대한 해석이 달라지네.《스푼 리버 사화집》의 작품들은 여러분이 각자 자신의 내면에서 어떻게 등장인물을 발견해낼 수 있을지 엄청난 실마리를 제공하고 있어. 등장인물, 즉 캐릭터에 대해 이야기해볼까. 얼마 전에 내가 여러분에게 상당히 짓궂은 질문을 했었지. 이 수업에서 정말로 배움을 얻고 있다고 생각하는지 말이야. 빈센트가 그렇지 않다고 대답했던 것도 기억하겠지."

"절대 잊을 수 없을 거예요." 베티가 말했다.

"그래서 내가 빈센트를 어떻게 했지? 이 수업에서 내보냈어. 여러분은 이때 나한테서 두 가지 캐릭터를 발견했을 거야. 악의적이라고 느껴질 정도의 짓궂음과 단호함. 캐릭터는 그가 무엇을 하느냐로부터 결정되지."

"그리고 어떻게 행동하느냐에 따라서도요." 로즈 메리가 말했다.

"그건 여러분 자신과 상상력에 달려 있어. 무엇을 어떻게 행동하느냐는 우리의 감정에서 비롯되지. 만약 매 순간에 존재하고 있다면 그 순간 하나하나에서 의미를 가질 수 있을 것이고 감정 또한 생생해질 거야. 자신의 마음을 진정으로 움직이는 것으로부터 시작하게. 복잡할 필요도, 반드시 독창적일 필요도 없네. '자기 자신' 바로 '자기 자신'이 될 수 있기 때문이야. 이번 훈련에서 이 점을 배울 수 있다면 더할 나위 없겠지."

5월 24일

"뭐가 문제지?" 마이즈너가 레이에게 물었다.

"감정은 바로 느꼈는데 어딘가 좀 불편했어요. 샌디가 계신 건 잊어버렸지만요."

"이런, 자네 〈옥토룬The Octoroon〉의 악역을 연기한 것 아닌가?"

"전 사실 〈옥토룬〉이 뭔지 모르겠어요. 그저 핼러윈 즈음 해서 열리는 선발 대회에 대한 시를 선택했어요."

"〈옥토룬〉은 매력적인 악역이 등장하는 유명한 연극이지. 대사하면서 사람들을 웃겨보게."

"'나는 코넷을 불며 그림을 그리고 점토로 모형도 만들었어요.'"

레이의 목소리가 한 옥타브 올라갔다가 끝에 다다를수록 무겁게 가라앉았다.

"'…그리고 〈옥토룬〉의 악역을 연기했죠.'"

"콧수염을 꼬아보게."

마이즈너가 말했다. 레이는 보이지 않는 콧수염을 과장되게 꼬듯 손짓했고 그 모습을 보며 모두가 웃었다.

"가족들이 자네를 보고 뭐라 생각할까?"

"천부적이라고 생각할 거 같아요."

"천재를 연기하게나."

마이즈너는 양손 검지를 들어 관자놀이에 갖다 대며 말했다. 그 바람에 또 한 번 강의실에 웃음소리가 터졌다.

"아, 그런 뜻이 아니라, 가족들이 제가 연기를 끝내주게 잘한다고 생각할 거라는 뜻이었어요."

레이가 소심해진 목소리로 가만히 말했다.

"아냐, 내 말은, 이런 걸세."

마이즈너는 다시 한 번 양손 검지를 들어 익살스러운 포즈로 그의 머리를 가리키며 말했다. 레이는 그를 따라 하며 말했다.

"…'부모님은 내가 에디슨 혹은 그보다 더 뛰어난 위인이 될 거라고 생각하셨죠.'"

그는 긴장한 웃음을 보이며 말했다.

"아, 어떻게 해야 좋을지 도무지 모르겠어요. 머릿속이 캄캄해요."

"그래도 괜찮아. 스피치의 마지막 부분으로 넘어가보지. 이미 충분히 생각했으니까. 자네에 대한 진실이 뭐였지?"

"'진실은,'"

"바로!"

마이즈너의 말에 레이는 마지막 대사를 읊었다.

"'나는 그럴 만한 두뇌를 가지지 않았다는 것이죠.'"

모두가 유쾌하게 웃었다.

"내가 자네에게 말하고 싶었던 건, 〈옥토룬〉처럼 거의 팬터마임으로도 이해할 수 있는 연기를 해보라는 이야기였어. 예를 들어 이렇게 말이지. '나는 공부했고 공부했고 또 공부했어!'"

대사 한마디 한마디를 하며 마이즈너는 주먹으로 그의 머리를 내리치는 동작을 반복했다.

"이제 알겠어요. '생각하고, 생각하고, 또 생각했지!'"

그는 다시 대사를 하며 마이즈너가 보여줬던 동작을 따라하듯 몸짓했다.

"그렇지. 거기에 약간의 익살을 담아야 하네."

마이즈너는 검지를 들어 드릴처럼 관자놀이를 뚫고 들어가는 듯한 동작을 보여주었다.

"무슨 말씀이신지 알겠지만, 샌디가 보여주기 전에는 그렇게 하는 게 겁났어요."

"무슨 이야기인지 감이 오는군. 직접적으로 설명하는 것에 그칠 거라고 생각했다는 거지."

"맞아요."

"만약 자네가 그렇게 한다면 알려주겠네. 여기서의 특정 작품들은 온갖 난센스를 극의 형태로 보여줄 수 있지. 그리고 이런 질문을 던지지. '당신은 숨어 있는 진실이 뭔지 알고 있나?'"

마이즈너는 말하며 머리를 가리킨 손을 이어 눈으로 옮겼다.

"자네는 이걸 두려워하는 거지."

"네. 우습게도 예전에는 이런 연기를 하는 게 가장 쉬웠어요."

레이가 가볍게 웃으며 말했다.

"이 수업을 듣기 전에는 말이에요. 행동 뒤에 숨어 있는 감정을 연기하는 것이 아니라 온갖 종류의 클리셰를 따라 연기하곤 했죠. 지금은 다 갖다 버리고 싶어요."

"필요한 곳이 있다면 클리셰도 틀린 건 아니라네."

"작품의 스타일에 따라 행동에 깃든 감정이 진실하다면 클리셰도 작품을 더 좋게 만들 수 있다는 말씀이신가요?"

"그렇네. '콩(peas) 통조림 한 캔'이라고 말해보겠나?"

"'콩 통조림 한 캔.'"

마이즈너는 레이가 'p'을 발음할 때 마치 그의 눈에 침을 뱉기라도 하듯 다소 과장되지만 설득력 있게 반응했다.

"보게. 못할 이유라도 있나?"

"아뇨. 할 수 있어요. 정말로요." 레이가 말했다.

마이즈너는 오른쪽 재킷을 열어 주머니 속을 들여다보며 속삭였다.

"방금 그가 뭐라고 했는지 들었어?"

베티는 박수를 쳤고 학생들은 한바탕 웃었다.

"익살극(Farce comedy)! 모든 작품을 무겁게 접근하지 말게. 베토벤의 〈엘리제를 위하여〉를 알지? 타, 라, 타, 라, 타, 타, 라, 타, 라, 타, 이렇게 멜로디가 흘러가지. 꾸밈없이 천진하다고 할까? 하지만 베토벤의 작품이니 더 심오해져야 할 필요가 있나? 아니야! 모든 것에 무게 있는 의미를 담아낼 필요는 없어."

레이가 고개를 끄덕였다.

"우리 어머니가 몇 살에 돌아가셨는지 물어보게."

"어머니가 몇 세에 돌아가셨어요?"

"여든다섯 살이셨어!" 짧은 답이었지만 마이즈너의 말투에는 어머니가 참으로 멋진 삶을 살고 가셨다는 듯한 의미가 담겨 있는 듯했다.

"다시 물어보게."

"어머니가 몇 세에 돌아가셨어요?"

마이즈너는 금방이라도 울음을 터트릴 것 같은 표정을 짓더니 간신히 입을 열었다.

"여든⋯다섯이셨지."

그 모습에 모두 웃고 말았다.

"자, 이게 바로 클리셰야. 어머니, 돌아가셨다, 그러니 울어야 한다."

마이즈너는 경건한 목소리로 말을 이었다.

"아주 깊은 감정을 느끼지 못하는 연기 선생은 가르칠 수 없다는 이야기를 우연히 들었지. 레이, 오늘 아침 식사로 내가 뭘 먹었는지 질문해주게."

"샌디, 오늘 아침 식사로 뭘 드셨어요?"

학생들은 또다시 웃을 수밖에 없었다. 마이즈너가 마치 감정이 벅차올라 말문이 막힌 사람처럼 포즈를 취했기 때문이다. 그가 마침내 입을 열어 대답했다.

"콘⋯ 플레이크였어."

웃음이 이어졌다.

"나도 좋은 선생이라 할 수 있을 만큼 깊이 있는 연기를 해보였나? 내가 정말로 강조하고 싶은 건 이걸세. '자기 자신이 돼라! 일어나는 모든 것을 즉각적으로 받아들여라!' 여러분이 너무 가볍게, 혹은 너무 무겁게만 연기하려고 한다면 누구보다도 내가 먼저 말해주겠네!"

¶

"샌디, 1940년대 초 그룹 시어터가 설립되고 난 후 브로드웨이에서 연극 세 편을 감독하셨을 때, 스스로 배우가 맞지 않다고 생각해서 연출과 강의로 방향을 바꾸신 건가요?"

스콧이 질문했다.

"그저 흘러가는 대로 갔을 뿐이야."

마이즈너는 음료를 한 모금 들이켜며 대답했다. 두 사람은 마이즈너의 아파트 거실에 앉아 있었다. 서클 레퍼토리 컴퍼니Circle Repertory Company에서 스콧이 연출한 작품의 개막이 코앞에 있었고 마이즈너를 시사회에 모셔가기 위해 찾아온 참이었다.

"난 썩 좋은 감독은 아니었어. 나이 지긋한 성인들을 리드할 줄 몰랐거든. 자신감도 부족했고. 그들과 함께일 때는 심리적으로 위축되고 억압받는 편인 데다 감독의 역할에도 소극적이었지. 플레이하우스에서와는 정반대였다네. 이곳에서는 자유로웠고, 좋은 작품도 제작했지. 돌이켜 생각해보면 어린 시절 사촌들과 같이 연극을 만들면서 배운 것이 영향을 미친 게 아닐까 싶어. 젊은이들과는 잘해낼 수 있지만, 나이가 든 성인들과는 역할 내의 권위를 갖고 리드하는 것이 쉽지 않았다네. 다른 역량은 갖췄으면서도 내가 좋은 감독이 되지 못한 이유 중 하나가 바로 그것 아닐까. 플레이하우스의 학생들과는 마치 나의 열세 살 적 사촌들처럼 관계를 맺을 수 있었거든."

"수업에서 릴라가 가진 문제도 마찬가지인가요?"

"맞아. 하지만 나는 릴라를 어린아이처럼 대하고 있다네."

"그런 것 같아요."

"인지도 높은 배우처럼 대하지 않지. 배우로서 릴라가 당면한 문제가 뭔지 알고 그걸 해결해주고 싶어. 하지만 나와 관계를 맺은 사람들은 그저 학생과 선생 사이일 뿐이야. 그 안에서 나는 나답게 선생의 역할을 하고 필요할 때에는 권위를 선택하는 거지. 지금은 어떨지 모르겠군. 어느 쪽이든 신경 쓰지 않지만."

"감독으로서도 마찬가지겠죠?"

"그렇지 않겠나. 내가 사랑하는 건 연극이지. 배우들을 그다지 좋아하지 않네만 연기는 좋아하지. 연기는 즐거워. 가끔이긴 하지만 연기를 통해 나라는 사람이 표면에 드러날 때는 달갑지만은 않다네. 자기중심성, 유치한 허영심, 유아주의 같은 것들 말이야. 배우가 으레 갖추어야 하는 모습들이기도 하지만."

스콧이 손목시계를 들여다보았다. 마이즈너가 힘겹게 몸을 일으키며 말했다.

"그래, 이제 자네 작품을 만나러 갈 시간이군."

11

배우와 연기에 대한 성찰[8]

학생   샌디, 연기를 배울 때 구두법(punctuation)의 기능에 대해서도 알아야 하나요?

마이즈너   문법을 알 필요는 없지. "사느냐, 죽느냐, 그것이 문제로다!"에서 감정적 쉼표와 느낌표가 있는 거지. 하지만 대본의 이러한 부호들에서 감정적 설명은 기재되어 있지 않거든.

"여덟 살 적에 성추행을 당한 여자가 있었지. 사람들은 그녀를 매춘부라고 생각했어. 타지 출신의 젊은이가 마을에 왔고 그녀와 결혼했지만 그녀의 과거를 알자마자 떠나버렸어. 결국 그녀는 더 이상 살고 싶지 않다는 생각에 스스로 목숨을 끊었지. 두 말 할 나위 없이 비극적이고 슬픈 이야기야. 이 이야기에서 여러분이 느낀 슬픈 감정이 드러날 수 있는 방법은 여러 가지가 있지. 반드시 울어야 할 필요는 없어. 그렇다고 꽤 강렬한 과거가 있는데 감정이 텅 비어 있는 상태로는 존재할 수 없지. 십자가에 못 박힌 예수 그리스도는 상상도 못할 정도의 고통을 느꼈을 테지만 펑펑 울지 않았어. 감내하고 견뎌 냈지. 그러나 우리가 그렇게 감정을 눌러 참으려면 참아내야 하는 어떠한 감정이 있어야 하겠지."

"유명한 희극배우 파니 브라이스Fanny Brice는 무대에 올라갈 때마다 자신이 이런 상태라고 내게 말했어." 마이즈너는 격하게 양손을 떨었다. "당시 배우로서 그녀의 경력과 명예는 이 정도였고," 그가 양손을 위로 들며 말했다. "연극의 인지도는 이 정도였지. 어차피 긴장이 된다면, 그냥 긴장해! 배우라면 아마 이런 말을 한 번쯤 들어

봤을 거야. '누군가 내 연기를 보고 웃어주기 전까지는 하도 떨려서 차라리 죽고 싶은 심정이다.' 관객이 웃어준다는 것은 배우에게 곧 '우린 당신을 사랑해요'라는 고백을 받는 것과 같은 것 아니겠나?"

"아주 좋았어."

"중간에 대사를 잊어버렸는걸요."

"그건 전혀 문제가 아니야. 여러분 모두 잘 듣게. 세라 자네가 방금 해낸 건 진정한 연기였어. 즉흥적으로 닥치는 상황 하나하나가 자네에게는 의미 있는 순간들이 되었지. 정신분석학자들이 제아무리 용을 써도 재능이 어디서 생겨나는지는 알아내지 못한다네. 하지만 자신감 부족, 그리고 사랑받지 못할 거라는 불안이 일부 작용하여 재능에 숨을 불어넣고 그것을 발휘하게 한다는 가능성이 있지. 내가 왜 그런 생각을 했는지 알고 싶나? 살면서 겪게 되는 부정적인 경험들은 여러 방면으로 우리에게 영향을 미친다네." 마이즈너는 자신의 허벅지까지의 높이를 가리키며 설명을 이어갔다. "그중 하나가 우리가 겨우 이만 한 아이일 때부터 스스로 사랑받지 못할 거라고, 자신은 잘하는 게 없고, 자신이 하는 건 전부 틀렸다고 하는 생각들이 때로는 우리의 연기를 앞으로 나아가게 하는 잠재적인 원동력이 되기도 해. '난 대단한 사람'이라는 생각이 머릿속에서 확고하게 자리 잡기까지는 상당히 오랜 시간이 걸리지. 하지만 자신이 무가치한 존재라는 감정은 연기의 본질적인 문제와 맞닿아 있기도 해. 그러하기에 제대로 된 평가가 없다면 배우로서 올바른 성장 또한 얻을 수 없네. 연기에 대한 외부의 평가를 자네들의 어린 시절에 갖게 된 불안과 엮는다면 괴로워질 수밖에 없어. 그러니 평가를 객관적으로 받아들이고 오로지 연기 그 자체에만 적용해야 해. 배관공에게 '화장실 수리를 제대로 못하셨네요'라고 말했을 뿐인데 그가 엉엉 울음을 터트렸다고 상상해보게! 창조적인 예술은 자신감과 연결된다는 문제가 있어. 만약 세라가 이 장면을 셀 수 없을 만큼 했는데도 볼 때마다 사람들로부터 찬사를 받는다면, 세라의 자신감은 그만큼 꽃을 피울 테지. 긍정적인 관심이야말로 뺨에 입을 맞춰주는 것과 같으니."

"베스, 이번에는 명백한 부재가 있었네. 시작할 때는 분명 존재하고 있었는데 도중에 포기해버리더군. 그게 뭔지 알겠나?"

"상대와의 상호작용일까요?"

"관점이야. 한번 설명해보겠네. 베스, 자네가 연기한 인물의 삶에 대해서 이야기해주겠나."

"삶이요?" 베티의 파트너 베스가 조용히 되물었다. "음, 그다지 밝지는 않아요. 좌절감을 느끼는 일이 꽤 많은 편이거든요."

"아하!" 마이즈너가 큰 소리로 추임새를 넣었다.

"암울하죠." 베스가 덧붙였다.

"아," 그가 이번에는 심술궂게도 재미있다는 듯 반응했다.

"제 얘기가 재미있으신 거예요?" 베스가 짜증나는 듯 물었다.

"아냐." 마이즈너가 싱글벙글하며 대답했다.

"엄청 즐거운 것처럼 보이는데요."

"그럴 의도는 아니었네." 마이즈너는 달래는 듯한 목소리로 대답했다.

"베티, 방금 봤나? 베스에 대한 나의 반응에는 한 가지 일관된 관점이 있었지. 예를 들면 이런 식이지." 그는 잠시 멈추었다 연기를 시작했다. "'일주일 전에 할머니가 돌아가셨어.' '어쩜!'" 마이즈너는 활짝 미소 지으며 말했다. "'농담도 참 잘해!' '정말이야. 화장까지 해드렸다고.' '와!'"

과장되고 상황에 맞지 않는 방식으로 거짓된 연민을 보이는 그의 연기에 학생들이 웃었다.

"논리적일 필요도 없지. '할머니가 2주 전에 화장되셨어.'" 그는 두 손으로 찰싹 박수를 치며 신나게 말했다. "'이렇게 슬플 수가!'"

또 한 번 강의실 안에 웃음이 퍼졌다.

"베티, 이제 이해가 되나? 자네에게 정반대 예시를 보여준 거야."

"조금은요." 베티는 머뭇거리며 대답했다.

"레이, 자네는 내 설명을 이해했나?"

레이는 말없이 고개를 끄덕였다.

"내게 슬픈 이야기를 들려주게. 허구라도 괜찮으니 아주 비극적인 이야기 말이야."

"제 동생이 백혈병에 걸렸어요."

"그럴 수가!"

이번에는 비극을 있는 그대로 흡수한 그의 모습에 웃음이 터져 나오고 말았다.

"방금 이것이 자네가 이 역할을 연기할 때 필요한 방식이었어."

"이제 알겠어요."

"자네에게 내 여동생이 백혈병 투병 중이라고 말한다면 어떻게 반응할 거지?"

"웃을 거 같아요." 베티가 대답했다.

"한번 보여주게."

만족스러운 미소를 얼굴에 띠며 조용히 웃음을 터트린 베티는 가볍게 이를 악물고 말했다. "그것 참 큰일이네!" 그 대사 한 마디에 모두가 다시 한 번 박장대소했다. 베티는 그제야 완벽하게 이해했다는 얼굴이었다.

"대사를 읽을 때 가장 먼저 할 일은 자기 자신을 발견하는 거야. 진정한 나 자신. 우선 자네 스스로를 찾은 다음에, 등장인물은 어떻게 행동하는지 찾아야 해. 현실을 기반으로 하여 역할의 핵심을 파악해야 하지. 이런 과정을 거치지 않는다면 에라스무스 홀 고등학교의 낙제생들도 모조리 배우를 할 수 있을 거야. 최소한 글을 읽을 능력만 있으면 되니 말이야. 가령 이 낙제생들이 '아, 잊어버렸어'라는 문장을 읽었다고 해보지. 직설적이지만 아무 흥미도 생기지 않는 무미건조한 문장으로 읽힐 거야. 그러나 학교 한번 다녀본 적 없는 약쟁이가 이렇게 말한다고 해볼까. '아!'"

마이즈너는 주먹으로 관자놀이를 가리키며 고통스러운 기억을 떠올리는 듯한 표정을 지었다. 긴 침묵의 시간이 흐르고 그는 최선을 다하려 애쓰다 결국 포기한 사람마냥 어깨를 으쓱하며 가볍게 말했다.

"'잊어버렸어.' 어느 쪽이 배우였을까?"

"후자예요." 베티가 말했다.

"읽는 건 글을 배우면 누구든지 할 수 있어. 그러나 연기는 상상의 상황 속에서 살아가야 하는 또 다른 인생이지. 아마 내가 전에도 이 말을 했을 것 같지만, 대사는 리브레토(libretto, 오페라의 대본)와도 같다네. 자네들 리브레토가 뭔지 알고 있나?"

"오페라에서 작곡가가 음악에 맞춰 붙이는 대본이죠." 레이가 대답했다.

"맞아. 작곡가는 '당신의 손이 어쩜 이리도 찰까요!'라고 대사를 보고, 그 안의 음악성을 발휘해 여기에 어울리는 웅장한 멜로디를 창작하지. 배우도 작곡가와 마찬가지야. 대본 속 대사들은 인물이 무엇을 하는지 보여주는 것에 불과하거든."

"세월 참! 내가 연기를 가르친 지 벌써 47년이라네. 일곱 살에 처음 시작했는데 이젠 쉰넷 아닌가."

학생들은 웃었다.

"뭐가 그렇게 재미있지?"

"정확히 언제부터 시작하신 거예요? 1935년인가요?" 조지프가 질문했다.

"대략 그때부터지."

"그룹 시어터에 계실 때였겠군요."

"1940년까지 있었다네."

"어디서 처음 시작하셨어요? 여기 네이버후드 플레이하우스가 샌디의 첫 학교였나요?"

"공식적으로는 그렇지. 그전에 여기저기서 견습 기간을 거쳤고."

"어떻게 여기서 강의를 시작하셨어요?"

"내 친구 클리포드 오데츠 덕분이었지."

"정말요?"

"그의 여자 친구가 이곳 학생이었어. 마침 마지막 학기 연극을 가르치고 감독해줄 사람을 구하는 중이라 그녀는 처음에 클리포드에게 부탁했지. 하지만 〈깨어나 노래하라!〉가 막 오픈한 터라 유명세를 탄 오데츠가 일정이 여의치 않았던 시점에 내게 이 자리를 제안했다네."

"그 당시에 마사 그레이엄도 이곳에서 가르치고 있었나요?"

"그래. 그녀는 수년간 무용 수업을 했어."

"샌디. 아직 피아노 연주를 하세요?"

"그만 두었다네. 베키아섬에 갈 때면 교회에서 오르간을 연주하긴 하지만."

"무척이나 경솔한 이야기일 수 있으니, 여러분도 이 이야길 듣고 주변 사람 30명한테만 말한다고 약속해주게나. 5번가에 작은 보석 가게가 있는 카르티에 부인이 자신의 친구들과 같이 날 쫓아다니고 있다네. 정말이야. 연기에 대해 배워야 티켓 한 장에 40달러짜리 연극을 보러 가서 기꺼이 속게 되는 이유를 알 것 같다는 거지. 이것 때문에 내가 밤새 잠 못 이루고 시달릴 정도였어. 강의 하나를 새로 만들어 달라는 소리나 마찬가지였거든."

"농담하시는 거 아니죠?" 조지프가 물었다.

"그런 연극이 있었던 거 같은데." 베티가 말했다.

"그렇다면 아주 고전적인 구식 연극이겠군. 어젯밤에도 전화가 왔다네."

"어쩌면 정말로 배우고 싶을 수도 있잖아요." 조지프가 말했다.

"그걸 누가 장담하겠나?"

"정말 좋은 연기가 무엇인지 모를 수도 있고요." 조지프가 덧붙였다.

"그건 대부분의 사람들이 알지 못한다네. 자네들은 카르티에 부인과 구겐하임 부인이 레피티션 훈련을 하는 것을 떠올릴 수 있겠나?"

"'자기 티아라 너무 예쁘다.' '내 티아라가 예쁘다고?'" 랄프의 익살에 모두가 웃음을 터트렸다.

"예전에 캘리포니아 어느 마을에 있는 대극장에서 연기에 대한 내 견해를 강의한 적이 있었어. 끝날 무렵 누군가 그러더군. '저희가 뭘 할 수 있겠어요? 여긴 할리우드인 걸요.' 그 말에 이렇게 대답해 주었다네. '저는 결코 제가 믿는 연기의 의미를 잊지 않고 저만의 무기를 고수한답니다.' 그룹 시어터 소속이었다는 경력은 큰 의미가 있지. 하지만 카르티에 부인에게 지금과 같은 강의를 할 수는 없다네. 그녀는 좋은 사람이지. 무려 37캐럿짜리 다이아 반지를 가지긴 했지만, 분명 좋은 사람인 건 맞아. 내가 그 다이아 반지에 불만이 있다는 건 절대 아니라네."

"샌디, 극 속에서 자신이 맡은 인물이 진짜 감정을 숨기려고 애쓰는 것을 연기하는 상황이 있을까요?" 레이가 물었다.

"애를 쓴다고 숨겨지지도 않아. 갖고 있지만 겉으로 드러나지 않도록 감추는 것이지. 무슨 말인지 이해되나?"

"아뇨. 체호프 작품의 인물들은 늘 자기감정을 숨기지 않나요? 감정을 느끼지만, 그걸 숨기려고 애쓰니까요."

"아, 체호프! 참 어려운 주제로군. 〈세 자매 The Three Sisters〉[9]는 둘째 마샤가 지루해 죽을 것 같은 장면으로 시작하지. 그녀의 첫 대사, '아버지는 작년 오늘 돌아가셨지'는 애처롭게 들리지만, 그녀가 상중인 것은 아니야. 그저 과거에 특정한 감정을 담아 이야기하는 것뿐이지. 그다음 마샤의 남편, 따분하기 그지없는 교사가 등장하네. 그는 그녀를 데리러 왔지만 마샤는 지긋지긋해하며 금방 집으로 갈 테니 먼저 가라고 보내버려. 다음 장면에서는 베르쉬닌이 가진 매력으로 온 가족이 열광하는데, 한참이 지나고 말 한마디 없던 마샤가 갑자기 이렇게 공표하지. '점심까지 있다 가야겠어!' 왜 그랬을까?"

"알려주세요."

"베르쉬닌에게 열렬하게 빠져들었기 때문이야. 그러나 그녀는 그에게 단 한마디도 건네지 않았기에 그는 그녀가 같은 공간에 있는지조차 몰랐지."

"그렇다면 마샤 역할을 맡은 배우는 베르쉬닌을 사랑하게 되었다는 사실을 다른 사람들에겐 숨겨야 할까요?"

"그곳에 있는 베르쉬닌의 존재 자체가 그녀를 변화시켰어. 그의 말이 그녀를 매혹시켰거나 그녀가 그를 섹시하다고 생각했는지도 모르지. 누가 알겠나? 중요한 건, 이게 바로 지극히 전형적인 체호프식 표현이라는 걸세. 감정은 온전히 내면에서 작용하고 있고, 그녀는 아무런 행동도 하지 않고 있지 않나."

"'점심까지 있다 가야겠어!'라고 말하기 전까지는요."

"맞아. 그러다 불평을 시작하지. '집에 가야 하는데. 가기 싫어 죽겠어!' 그녀의 극적인 변화는 내면에서 조용히 일어났어. 〈갈매기〉의 첫 대사에서 등장하는 교사 메드베젠코는 또 다른 마샤에게 이렇게 말하네. '왜 항상 검은색 옷만 입는 거야?' 그러자 그녀가 말하지. '제 인생을 위한 상복이에요.' 이 대사를 위해서 배우가 얼마나 많은 선택을 내릴 수 있는지 자네는 상상할 수 있나? 마샤가 그녀의 아버지를 사랑하고 있다고 선택할 수도 있고, 혹은 단 한 번도 사랑해본 적이 없다고 선택할 수도 있지. 배우는 반드시 무언가를 선택해야만 하고, 그것이 마치 농담인 것처럼 미소 뒤로 숨긴다네."

"즉, 감정을 느끼지만 그것을 숨기는 경우가 분명 있다는 말씀이시군요."

"아니야. 배우는 진실을 가리기 위해서 그것을 농담처럼 생각하는 척한다는 암시를 주어야 한다네. 마치 자신의 인생을 애도하기 위해 검은 옷을 입는 것처럼 말이지. 뭐가 다른지 알겠나? 체호프는 이토록 매우 심오한 소재로부터 글을 써냈어! 〈벚꽃 동산The Cherry Orchard〉의 마지막 장면에서 라네프스카야는 벚꽃 나무를 찍어 내리는 사내에게 '안녕!' 하고 작별 인사를 건넸지. 퍽 쾌활하게 들리지만 실은 한 시대의 끝을 알리는 인사말이라네. 체호프는 정말이지 지독해!"

"어째서요?" 레이가 물었다.

"너무나 헤아리기가 어렵다고 해야 할까."

"지독하지 않은 작가가 있긴 할까요."

"체호프 작품이 얼마나 어려운지 보세나. '이반, 시장에서 토마토 1파운드만 사다줘'라는 대사가 있고, 이에 대한 지문은 이렇지. '눈물을 터트린다.'"

학생들이 다 같이 웃었다.

"그가 정말 위대한 작가라는 사실에는 반박의 여지가 없지만, 그의 작품은 쉽지가 않다네."

"수업과 상관없는 질문이 하나 있는데요." 존이 말했다.

"그룹 시어터에 계셨을 때 스텔라 애들러가 파리에서 돌아와서 리 스트라스버그에게 그가 극단에서 알려주는 것이 사실 스타니슬랍스키의 의도와는 전혀 다르다고 말한 적이 있잖아요. 스텔라가 스타니슬랍스키와 이야기하기 전까지는 샌디나 소속 배우들 중 아무도 뭔가 잘못되었다는 생각은 하지 못했었나요?"

"확신하는 사람은 많지 않았지. 몇몇은 의심을 품었을 수 있지만 그뿐이었어. 스텔라는 당시 주어진 상황의 본질적인 부분에 어떻게 접근할지를 고민하고 돌아왔어. 스텔라와 스트라스버그는 그룹 시어터를 창단하기 전부터 반목하고 있었고. 그녀는 그가 늘 가짜라고 주장했지."

"그럼 스트라스버그의 학생들이 보여준 연기의 퀄리티에 대해서 어떻게 생각하세요?"

레이가 질문했다.

"샌디는 배우가 할 수 있는 최고의 연기를 끌어낼 가장 좋은 접근법을 보여줄 수 있다고 하셨지만, 언제나 재능이 기반이 되어야 하고 재능은 자신의 상상력과 깊게 연관되어 있기에 아무도 정확하게 알 길이 없다고 하셨어요. 그래서 제게는 스트라스버그가 한 일이 사실상 이미 내향적인 배우들을 내향적으로 만들고 밖으로 끄집어내지 못했던 지극히 개인적인 경험을 무대 위에서 드러낼 수 있게 만든 것처럼 보여요. 그의 수업과 테크닉을 거친 후 아름다운 연기를 선보인 배우들은 그 훈련에도 불구하고 결국 해낼 수밖에 없을 테고요."

"맞아. 예를 들자면?"

"알 파치노^AlPacino 같은 배우처럼요."

"알 파치노는 지난 25년간 훌륭한 연기를 해냈지."

"제 생각도 그래요. 배우로서, 재능 있는 사람으로서, 그리고 한 인간으로서요. 항상 진심이었겠죠?" 레이가 물었다.

"무슨 뜻인가?"

"제 말을 만약 누군가가 연기에 자질이 없다면 연기할 수 없을 거라는 말이에요."

"맞네."

"연기를 훌륭하게 해낼 수 있다는 건, 자신으로부터 아름답게 연기를 해낼 수 있는 사람인 거고, 그렇다면 어떤 주어진 상상의 상황에서든 그들은 해낼 수 있을 거라는 거예요."

"맞아. 그리고 한 가지 사실을 말하자면, 스트라스버그는 재능 있고 유명한 배우면 누구나 자신의 액터스 스튜디오에서 훈련하도록 초대했고, 후에 사람들에게는 그들이 본인의 학생이었다고 말하지."

"로버트 듀발Robert Duvall도 그런 경우였나요?" 조지프가 물었다.

"듀발은 내 수업을 들었다네."

"처음에는 샌디와 공부했고 나중에는 액터스 스튜디오에서 훈련했다고 알고 있어요."

"연기를 배우기 위해서가 아니라. 스스로를 탐구하는 훈련을 해보기 위해서였지. 그건 꽤 차이가 크다네. 다른 유명 배우들도 모이는 곳, 그게 바로 액터스 스튜디오지."

"스텔라가 파리에서 돌아왔을 때 단 두 분이서 여러 번 회의를 하신 거예요?" 조지프가 질문했다.

"해럴드 클러먼도 같이 있었어."

"그러면 현재 저희가 배우는 시스템을 세 분께서 연구하신 건가요?"

"그렇다네. 물론 스텔라와 나의 방법론은 아주 다르지만 말이야."

"맞아요. 전혀 달라요!" 로즈 메리가 말했다.

"그 당시에 레피티션 훈련을 연구하셨나요?" 랄프가 질문했다.

"아니, 훨씬 나중이었네. 나의 수업을 듣던 학생들과 함께 만들었지."

"그런 훈련이 필요하다는 걸 어떻게 아셨어요?" 조지프가 물었다.

"직감적으로 알아차렸지."

"파트너와 서로 문장을 반복하며 주고받을 때, 새로운 무언가가 생겨나고, 유기적으로 서로를 변화시킨다는 걸 알고 계셨어요?"

"그럼, 그랬지. 이곳에서 연구하며 발견했고 배우들을 내향적으로 만들지 않고도 가능한 테크닉을 발전시켰어. 감정적 준비 단계의 문제 또한 연구했지. 준비 과정 훈련에 있어서는 스트라스버그와는 크게 차이가 있지."

"그룹 시어터 이후 레피티션 훈련을 발전시켜오신 거군요." 존이 말했다.

"그래. 1950년대 후반에서 1960년대 초반 즈음이 지난 다음에야 지금과 같은 형태로 자리 잡았어."

"샌디가 그룹 시어터에서 하셨던 것과 비슷한 부분이 저희 수업에는 혹시 있나요?"

"전혀 없네."

"당시에는 오히려 스트라스버그의 방식과 비슷한가요?"

"어느 정도는 그렇다고 할 수 있지."

랄프가 손을 들고 말했다.

"해럴드 클러먼은 그만의 연기 테크닉이나 이론이 있었나요?"

"그는 연기에 대해 폭넓고 세심한 지식을 갖고 있었지."

"주로 감독을 하셨나요?"

"맞아. 그는 역사학자 같은 면모도 갖추고 있었어. 그의 저서는 매우 훌륭하다네."

"클러먼은 감독이었지만 샌디는 배우셨기에 배우로서 영위하는 인생에 대해 이해하고 계세요. 제가 아는 한 샌디는 무척 훌륭한 배우셨다고 하던걸요. 스트라스버그는 배우로서 성공적이지 못했다고 들었어요. 정말인가요?"

"그는 형편없는 배우였어."

"이해가 되네요."

"오히려 사서에 가까웠지. 본질적으로 따지면 말이야. 개인적으로 관심은 없네만, 당시 예비 학생들에게 보내는 네이버후드 플레이하우스 브로슈어의 뒷면을 보면 졸업생 명단이 나오지. 심심풀이가 필요하다면 그 명단에 나와 있는 배우들 중 스트라스버그의 액터스 스튜디오에서 훈련한 것만으로 그의 학생으로 거론되는 이름들을 쉬이 찾아볼 수 있을 거야. 이젠 놀랍지도 않지."

"이 수업을 듣는 여러분 중 연기를 가르치고 싶은 사람이 있나?"

레이가 손을 들었다.

"자네가?"

"대학생 때는 교사가 되고 싶었거든요."

"연기 강사 말인가?"

"그 생각도 했지만,"

"오늘 여러분이 들어오기 전에, 플레이하우스 수업을 보았네.[10] 어찌나 끔찍한지 죽고 싶을 지경이었지. 끔찍했어."

"학생들이 형편없었나요? 아니면 그들의 훈련에 임하는 태도 말씀인가요?" 조지프가 물었다.

"그들의 훈련만 봐도 알 수 있지."

"새 강사를 몇 명이나 구할 예정이세요?" 베티가 질문했다.

"두어 명쯤? 하지만 어디서 구할 수 있겠나?"

"남자만 뽑나요?" 로즈 메리가 말했다.

"성별은 상관없네."

"샌디의 지침을 따라 가르치는 플레이하우스 강사들은 대부분 샌디의 학생 출신 아닌가요?" 조지프가 물었다.

"모두들 내게 훈련을 받았지."

"제 생각에는 강사가 아니라 요즘 학생들이 문제일 거 같아요." 로즈 메리가 말했다. "상당히 많은 젊은 사람들이 로버트 듀발이나 다이앤 키튼 같은 배우들이 이곳에서 배웠고 샌디가 그들의 스승이었다는 걸 알면 여기서 배우는 즉시 그들 같은 명배우가 될 거라고 생각하는 것 같거든요. 얼마나 많은 훈련과 노력이 필요한지는 모르고 있다는 거죠."

"이곳 출신의 명배우들 모두 뼈가 빠지는 노력했다네."

"맞아요. 그저 타고난 재능만 있었던 게 아니라 아주, 아주 많이 노력했을 거라고 생각해요."

"타고난 재능도 있긴 했지."

"맞아요. 타고난 재능도요."

"좋은 연기 선생이 되려면 어떻게 배워야 하나요? 꽤 많은 능력이 필요할—"

"자네는 하지 말게!" 존의 말을 마이즈너가 끊었다.

"저도 동의해요. 연기를 가르치는 일은 특히나 세심해야 한다는 생각이 들거든요."

"제 생각에는 가르치는 사람들의 태반은 진짜 좋은 연기가 무엇인지 모르는 것 같아요." 레이가 말했다. "이 수업이 제게 가장 큰 동기 부여가 되는 건 샌디가 정확히 어느 방향으로 가야 하는지를 짚어주고 덕분에 저 역시 지금 올바른 방향으로 가고 있는지 그렇지 않은지 알 수 있다는 거였어요. 단순히 샌디의 명망 때문만이 아니라 수업에서 저희의 연기를 보고 말씀하시는 것만 봐도 확실하게 알 수 있죠."

"객관적으로 말하자면, 연기를 진정 볼 줄 아는 연기 선생은 드물지."

마이즈너가 대답했다.

"이른바 연기의 테크닉이라 하는 것들이 여기저기 널려 있지만 무엇을 어떻게 해야 할지 뚜렷한 비전을 갖고 알려주는 사람은 없었어요. 최소한 제 경험으로는 그랬어요. 전 무언가를 배울 때 단계별로 하나하나 명확하게 짚고 넘어가야 하는 편이고, 장면 훈련을 가르치는 꽤 많은 연기 선생들을 만나봤지만 많은 선생들의 명확성도 없고 테크닉도 없고 학생들 개개인이 어떤 단계를 따라가야 하는지에 대한 도움을 부여해주는 사람은 없었죠. 오히려 혼란만 가중되기 십상이었으니까요." 랄프가 말했다.

"연기의 기술만을 가르쳐주는 선생은 다들 사기꾼일 뿐이지. 사심 없이 하는 말일세. 나름 선생이라는 이들의 작품도 봤었지. 어쩌다 주제가 이렇게 흘러왔는지 모르겠지만, 예전에 유명한 프랑스 화가가 그림 그리는 장면이 찍힌 사진을 봤어. 나이가 연로하고 몸이 마비된 탓에 그는 양손에 붓을 묶어 그림을 그리더군. 그 어떤 제약이 생겨도 그림 그리기를 멈추지 않는 사람이었어. 나도 마찬가지야. 가르치는 걸 멈출 수 없다네. 내게 좋든 나쁘든 멈출 수가 없지. 그만 둬도 충분할 만큼 늙었고, 제대로 보이지도 않고, 말도 제대로 할 수 없고, 걸음도 겨우 걷는 지금이지만 말이야."

"왜 가르치는 일을 시작하셨어요?" 애나가 물었다.

"예술가에게 왜 예술을 하게 되었냐는 물음에 쉬이 답할 수 있는 사람이 있을까? 그저 자기 안의 욕구를 따라갈 뿐이라고 하겠지."

"앞으로 플레이하우스는 어떻게 될까요?" 레이가 물었다.

"내가 떠난 후에?"

"네."

"현실적으로? 개인적으로는? 어쨌든 문을 닫아버리면 좋겠군. 그래도 할 일은 해내겠지…."

· · ·

"샌디, 배터리를 바꿔드릴게요." 스콧 로버트가 말했다.

"알겠네."

스콧은 회색 책상 옆에 앉아서 새 배터리를 꺼내 책상 위에 있던 송신기의 뚜껑을 열고 교체했다.

"나 스스로 목숨을 끊을 수 있다면 좋겠군."

"진심이세요?" 애나가 물었다.

"그럴 배짱은 없다네. 그러니 말하는 것이지."

"왜 그런 생각을 하세요?"

"배터리 교체가 끝나면 더 잘 들릴 테니 그때 말해주겠네."

스콧이 새 배터리를 넣은 후 앰프 아래 자리로 돌아갔다.

"왜냐면 삶은 끔찍하거든."

"맞아요. 그렇죠." 애나가 대답했다.

"지긋지긋할 정도로 누리기도 했지."

"사는 건 당연한 걸요. 어쩔 수 없는 일이잖아요." 레이가 말했다.

"달이 찼으니 다음 주에는 기분이 나아지실 거예요."

"보름달은 늘 사람 기분을 바꿔주니까요."

"다음 주엔 의욕이 가득 차서 춤이라도 추고 싶어지실지 몰라
요." 베스와 베티가 입을 모아 말했다.

"내가 출연했던 연극 중에 새뮤얼 베어먼의 작품이 있는데, 제
목 기억하나, 스콧?"

"〈차가운 바람과 따뜻한 바람〉이었죠."

"〈차가운 바람과 따뜻한 바람〉, 여기서 내가 맡은 역은 뚱뚱하
고 부유하고 둔감한 사업가로 아주 정 떨어지는 인간이었지. 한 장면
에서 나는 수잔 프레셔트Suzanne Pleshette가 맡은 어린 아가씨에게 청
혼을 하네. 내 말을 듣자마자 그녀는 웃음을 터트리며 앉아 있던 의
자에서 거의 떨어질 정도로 놀라. 예민한 사람이라면 그녀의 반응이,
'지금 농담하는 거야? 내가 당신과 결혼을?'이라는 의미라고 알아차
렸겠지만, 한심한 나는 이렇게 반응했지."

샌디는 마치 승리를 만끽하듯 자랑스럽게 미소 지으며 박수를
쳤다. 그의 모습에 다들 크게 웃었다.

"나는 그녀의 반응을 오로지 내가 맡은 인물의 관점에서 해석했어. 섬세함이라곤 전혀 없는 멍청이의 본능을 이해한 거야. 이건 모두 직관의 영역에서 가능한 일이었네."

"그 순간에 몰입했기 때문인 건가요?" 레이가 질문했다.

"그 순간으로부터 비롯된 것이기도 하지. 무엇에 대해 어떻게 행동하느냐에 따라서 캐릭터가 달리 드러나지. 내가 '나와 결혼해주겠어?' 하고 말했을 때 그녀는 조소하듯 웃음을 터트렸지. 그러나 나는 둔감했으니, 그녀가 나를 받아들였다고 착각했던 거야."

"아마 그 인물을 맡고도 그녀가 무슨 의미인지 깨달은 것처럼 연기하는 사람도 많을 것 같아요. 하지만 샌디는 전혀 그녀의 반응을 못본 듯 연기하신 거죠." 로즈 메리가 말했다.

"아니야. 그녀를 봤지만 달리 받아들인 거지. 내 인물의 무감한 특성 때문에."

"인물의 선택이군요."

"그러나 결코 이성이 아닌 직감적으로 해야 하는 선택이고요." 레이가 말했다.

"맡은 인물을 깊이 이해하면 어떤 선택을 할지 알 수 있다네."

"그 인물은 무감한 성격이고, 상대방이 프러포즈에 웃으며 반응했을 때 그녀가 당신을 받아들였다고 해석했고, 선택했다는 거죠. 하지만 만약 이런 식의 선택 과정이 연속되고 머릿속에서 하나하나 파악해야 한다면 연기 자체가 지나치게 인위적으로 흘러갈 위험은 없을까요?" 레이가 자신의 머리를 가리키며 물었다.

"맞는 말이야."

"그렇다면, 대본을 소화하는 과정에서 '아, 이렇게 하면 재미있겠는걸' 하고 지적으로 선택한 것과 감정적으로 반응하는 것 사이의 균형을 맞추어야 하는 건 아니겠죠? 만약 그렇다면 다른 배우가 그 역을 하는 것이 나을 때도 있을 테니까요."

"한 번 더 말해주겠나."

"다른 배우가 선택한 아이디어가 더욱 효과가 있다고 해서 바꿀 수 있는 게 아니라는 의미였어요."

"맞네."

"제가 배우고 싶은 게 바로 그런 거예요. 나의 한계가 어디에 있는지를 발견하는 과정에서, 어떤 역이 더 잘 맞을지 아닐지를 알아가고 싶어요. 어떤 역이든 하고 싶은 의욕은 있지만 내가 할 수 있을지 없을지를 어떻게 알 수 있어요?"

"피터 팬 역할이라도 하고 싶은 의욕이 있나?"

"그럼요."

"글쎄, 자네한테는 어울리지 않을 것 같은데."

"좋아요. 그건 포기하죠. 어떻게 알 수 있는지가 궁금해요."

"삶을… 삶이라… 삶…."

"시간이 지나면 알 수 있을까요?"

"그룹 시어터에서 리허설한 마지막 연극은 체호프의 〈세 자매〉였어. 다행스럽게도 실제로 무대에 올릴 일은 없었지. 내게 주어진 배역은 투젠바흐 남작이었고 당시 나는 이렇게 말했어. '난 맡지 않겠어. 혁명 전 러시아에 사는 풋내기 독일 귀족이라니?' 내게 전혀 와닿는 것이 없는 인물이었거든. 단 하나도 말이야. 무슨 말인지 이해하나?"

"예전에는 주어진 역을 거절하는 것은 배우로서 능력이 없기에 그렇다고 여겼어요. 정말로 실력 있는 배우라면, 만약 제가 메릴 스트립Meryl Streep과 같은 배우가 될 수만 있다면 어떤 역할이든 해낼 수 있을 거라고 생각했죠." 로즈 메리가 말했다.

"메릴 스트립도 할 수 없는 게 있다네."

"맞아요."

"저는 늘 친근하고 밝은 역할로 캐스팅되곤 해요. 제가 정말로 하고 싶은 배역을 맡은 적이 없어요."

"어떤 역할을 해보고 싶지?"

"킬러 역할이요."

"우리 극단에서 하면 되겠군."

"감사한 말씀이죠. 샌디는 제가 그런 역은 할 수 없을 거라고 하지 않으셨지만, 캐스팅 담당자들은 제가 할 수 있을 거라는 생각조차 않거나 제가 그렇게 하는 걸 보고 싶어 하지 않을지도 몰라요. 그저 외적으로 눈에 보이는 이미지대로만 맡기를 바라는 거죠. 어떤 한 관점을 고수하면 또 다른 선택지는 생각해내지 못하는 것 같아요."

"섭외란 그런 식이기 마련이지. 한 학생이 있었지. 흑인이었는데 아주 재능이 많았어. 훈련 과정을 수료하고 그는 자신이 원하던 역을 따는 데 성공했네. 당장 내일 계약서에 서명하자는 말을 듣고 다음 날 찾아갔을 때 제작자가 그에게 나이를 물었지. 스물셋이라는 대답에 제작자는 난처해하며 이렇게 말했다더군. '우리가 원하는 배역은 스물한 살이에요.'"

"아!" 학생들은 탄식을 내뱉었다.

"저도 겪어본 적 있어요." 베티가 말했다.

"이쪽 업계에서 일어나는 일부분일 뿐이지."

"할리우드는 정말 끔찍한 곳 같아요." 애나가 말했다.

"여기도 크게 다르진 않을 거야." 마이즈너가 말했다.

"그들은 열여섯 살 신인을 원하죠."

"혹은 일흔다섯이거나."

"맞아요."

"텔레비전에서 등장하는 여자 주인공들이 하나같이 금발이고 남자 주인공은 검은 곱슬머리라는 걸 눈치챈 적 있나?"

"금발의 남자는 진지해 보이지 않으니까요."

"로버트 레드포드Robert Redford에게 그렇게 말해봐." 로즈 메리의 말에 레이가 응수했다.

"로즈 메리의 말이 맞아. 앞으로 최소 3년 동안은 아니겠지만." 모두가 웃었다.

"금발 여자들은 괜찮을까요?"

"3년 동안은 괜찮을 거야. 하지만 흐름은 또 바뀌겠지."

"3년 뒤에는 제게도 기회가 왔으면 좋겠어요."

베티가 길게 땋아 내린 자신의 검은 머리를 쓰다듬으며 말했다.

"언젠가 양 주먹을 불끈 쥐고 용기를 내어 상당히 저명한 정신 분석학자에게 두 개의 통에 대한 이야기를 들려준 적이 있어. 그는 바닥을 치며 비웃는 대신 내가 들려준 이야기에서 몇 가지 진실을 알아차렸지. 이런 이야기였네.

'우리는 저마다 마음속에 두 개의 통을 갖고 있다. 첫 번째 통에는 우리에게 닥친 온갖 문제들이 가득 담겨 있어 상당히 신경이 과민하다. 그 바로 옆에 두 번째 통이 있다. 삼투현상으로 인해 첫 번째 통에 담겨 있던 일부 문제들이 두 번째 통으로 스며들어가는데, 불가사의한 기적으로 두 통에 들어 있던 내용물이 그림을 그리거나 음악을 작곡하거나 글을 쓰거나 악기를 연주하거나 연기를 하는 능력으로 변모한다. 따라서 궁극적으로 우리의 재능은 내면의 문제들이 모습을 바꾼 것이라 할 수 있다.'"

마이즈너는 잠시 이야기를 멈추었다.

"세상에서 가장 운이 좋고 행복한 두 사람을 꼽으라면 나는 주저 없이 셰익스피어와 베토벤을 떠올리지. 그런데 두 개의 통 이야기를 들은 분석학자는 이렇게 말하더군. '아뇨, 아뇨. 셰익스피어는 너무나 문제가 많아 신경증에 시달렸어요. 베토벤도 마찬가지였고요.' 그는 그들이 갖고 있던 명백한 문제들을 몇 가지 더 짚어주었어. 결국 두 통 사이에서 일어나는 삼투현상은 완벽하지 못하다는 결론에 다다랐어. 문제가 들어 있는 첫 번째 통은 늘 내용물이 가득 차 있거든. 남아 있는 잔여물 없이 모든 문제가 재능으로 바뀔 수는 없다는 걸세. 제아무리 훌륭한 재능을 가진 위인이라도 말이야."

"1895년 런던에서 두세가 공연했던 연극에 이런 장면이 있지. 그녀가 30년 전 헤어진 연인이자 자기 아이의 친부인 남자를 만나 자신도 모르게 얼굴을 붉히는, 가히 천재적인 장면 말이야. 얼굴의 홍조는 거짓으로 만들어낼 수 없어. 루즈 한 냄비를 갖다 발라도 소용없고 미리 감정을 준비해도 허사지. 사전에 계획한다고 일어날 수 있는 일이 아니야. 조지 버나드 쇼는 두세의 연기에 대해 훌륭하게 비평하며, 직업적인 측면에서 과연 그런 일이 항상 가능할지 궁금하다는 이야길 언급했어. 내 생각에는 항상 일어날 리가 없다는 거야. 대본에 지문으로 '얼굴을 붉힌다'고 써놓은들 미리 준비할 수 없다는 것, 그게 나의 핵심이지. 오히려 대본에 그렇게 지문이 써 있다면 쭉쭉 지워버려야 해."

"어째서죠?" 레이가 질문했다.

"직관에 반하기 때문이야. 대본에서 역할의 이름 옆 괄호에 들어가 있는 이런 단어들, 이를테면 '부드럽게' '분노하며' '간절하게' 혹은 '애를 쓰며' 같은 지문들은 희곡을 읽는 독자들을 위한 보조 장치이지, 배우들을 위한 것이 아니야. 보는 즉시 지워버리게."

"왜 지워버리는지 궁금해요."

"오로지 현재의 순간에 살아 있는 인간으로서 존재해야만 감정은 즉각적 반응으로 가능해지기 때문이야."

"그 말씀은 잊어버리지 못할 것 같아요." 베티가 말했다.

"유진 오닐의 최근 희곡을 읽어봤나? 무대 지문들이 엄청 빼곡하게 적혀 있지. 만약 그의 작품을 하게 된다면 가장 먼저 할 일이 지문부터 지워버리는 것이지. 그 누구도, 심지어 극작가라 할지라도 무대 위에서 하나의 인물이 생명을 얻고 살아가는 방식을 결정할 수는 없어. 다만 이 원칙 하나는 덧붙이겠네. 배우는 극작가가 쓴 대본의 의미를 덜어내거나 없애서는 안 될 일이지."

¶

레이 스탠튼이 마이즈너의 사무실로 들어섰다.

"샌디가 절 찾으신다고 스콧을 통해 전해들어서요."

"맞네. 여기 들어와 앉지. 혹시 스콧이 최근 연극 한 편을 성공적으로 연출했다는 소식 들었나?"

"네, 들었어요. 서클 레퍼토리에서요. 평론도 무척 좋던걸요."

"훌륭하지. 덕분에 예상보다 더 일찍 내 보조 역할을 그만두게 되었다네. 스콧 말로는 후임으로 자네가 적격이라고 하던데."

"맙소사, 정말 감사합니다."

"스콧에게 연기를 가르치고 싶다고 이야기한 적이 있다고?"

"네."

"좋네. 일단 기다려보지. 스콧이 연락할 걸세. 언제 인수인계할지, 어떤 일을 맡아야 할지 자네한테 알려줄 거야."

12

마지막 장면 :
"한낱 진심(The Truth) 너머에"

9월 27일

– 〈스프링 어웨이크닝Spring Awakening〉
– 프랑크 베데킨트Frank Wedekind [11]
– 3막 5장

병실. 의사, 벤들라와 베르그만 부인.

의사, 베르그만 부인 퇴장

벤들라: 플라타너스 나무 이파리가 노랗게 물들고 있어.
          때때로 나는 햇살 가득 행복함을 느껴. 가슴 언저
          리가 따뜻한 빛에 물들어. 저녁 햇살 속을 산책하
          며 나무 아래 들판을 걷다가 강둑에 앉아 꿈을 꾸
          고 싶지만… 다시 너무 고통스러워 죽을 것만 같
          아. 온몸이 뜨거웠다 차가웠다, 눈앞이 캄캄하다
          가 괴물 한 마리가 방 안을 둥실 떠다니고… 잠에

서 깨어 울고 있는 엄마가 보일 때면 마음이 아파. 엄마 왜 울어요?

베르그만 부인 : (돌아오며) 의사 선생님 말씀에 구토도 곧 멎을거고, 회복될 거라고 하셨어. 엄마 생각에도 곧 나을 것 같구나.

벤들라 : 밖에서 의사 선생님과 무슨 이야길 하셨어요, 엄마?

베르그만 부인 : 별 말씀 없었어. 젊은 남작부인도 종종 기절했었다는 이야기였지. 흔한 빈혈 증상이야.

벤들라 : 제가 빈혈이라고 해요?

베르그만 부인 : 입맛이 돌아오면 우유도 마시고 고기와 야채를 충분히 먹어야 한다고 하시는구나.

벤들라 : 오, 엄마. 제가 빈혈이라니 믿을 수 없어요.

베르그만 부인 : 넌 빈혈이야, 벤들라. 이제 푹 쉬어야 해. 넌 빈혈이란다.

벤들라 : 아녜요, 엄마. 사실이 아니잖아요. 저는 알아요. 느낄 수 있어요. 저는 빈혈이 아니에요.

베르그만 부인 : 넌 빈혈이 맞아. 의사 선생님이 그렇게 말씀하셨어. 빈혈이라고. 이제 좀 쉬렴, 벤들라. 금방 나을 거야.

벤들라 : 나아지지 않을 거예요. 전 암일 거예요. 죽게 될 거예요. 엄마, 전 죽을 거라고요.

베르그만 부인 : 내 딸은 죽지 않아. 죽지 않을 거라고. 아, 자비로우신 하느님. 넌 죽지 않을 거야.

벤들라 :	지금 엄마는 울고 있잖아요. 그렇다면 왜 우시는 거예요?
베르그만 부인 :	넌 죽지 않을 거야. 오, 벤들라. 이건 부종이 아니 야. 넌 아이를 가진 거야. 아이를 가졌다고! 도대 체 어쩌다….
벤들라 :	내가 어떻게 됐다고요?
베르그만 부인 :	다 알고 있으니 부인하지 마. 나도 알아. 이제 솔 직하게 얘기해 봐. 벤들라, 나의 벤들라….
벤들라 :	하지만 그건 불가능해요, 엄마. 전 결혼도 하지 않 은 걸요.
베르그만 부인 :	오, 하느님, 제게 힘을 주소서. 그래, 넌 결혼하지 않았어. 그러니 끔찍한 거지. 오, 벤들라. 대체 왜 그랬니?
벤들라 :	제가 뭘 어쨌다고요? 우린 그저 덤불 위에서 같이 누워 있었을 뿐인데…. 저는 엄마 말고 다른 사람 을 사랑해본 적이 없어요, 엄마, 이 세상에 엄마 이외에는….
베르그만 부인 :	사랑스러운 내 딸….
벤들라 :	아, 엄마, 왜 저한테 모든 걸 알려주지 않으신 거 예요?
베르그만 부인 :	어쩔 수 없었단다. 어쩔 수 없었어. 이렇게 울며 자책하는 수밖에. 열네 살밖에 안 된 너에게 어떻 게 내가 다 말할 수 있겠니. 너의 외할머니도 내가 너에게 말한 것 이상으로 알려주지 않으셨단다.

태양이 어느 날 떠오르지 않는 것 같은 일이었어. 이제 우린 하느님 안에서 힘을 모아야 해. 벤들라, 하느님의 자비 안에서. 아직 아무 일도 일어나지 않았잖아? 만약 우리가 용기를 낸다면 하느님도 우리 곁에 있어주실 거야. 용기를 내렴, 벤들라. 용기를…. 왜 그러니?

벤들라: 누가 문을 두드렸어요.

베르그만 부인 :   난 아무 소리도 못 들었는데.

벤들라: 아니에요, 분명히 들었어요. 거기 누구예요?

베르그만 부인 :   아무도 아니야. 가든 스트리트의 슈미트 부인이구나. 슈미트 부인 어서오세요. 기다리고 있었어요.

"부서지기 쉬운 보트를 무모하게도 폭풍우가 몰아치는 강 위에 띄운다면 무엇이 그 보트를 좌지우지하게 될까?"

"거센 물살이요." 세라가 말했다.

"물살. 여러분도 알다시피 강물의 물살은 감정과도 같지. 이제 이 희곡에 대해서 살펴볼까. 이것은 사춘기 청소년들의 무지를 열정적인 반항으로 그렸지. 열네 살, 벤들라는 아직 너무 어려. 세라, 생각해보게. 열네 살에 임신했다는 사실은 어머니의 입장에서는 자식이 당시 마약이나 살인으로 감옥에 갇히는 일을 당한 것과 다를 바 없었지. 이 장은 숙명에 대한 이야기이기도 해. 이해하나?"

"네." 세라가 대답했다.

"이 장면의 문제는 준비, 즉 강 위로 닥친 격정적인 폭풍이라네.

또한, 청소년들이 성에 무지한 상태로 방치되게 한 것에 대해 치열하게 저항하는 내용을 담고 있는 극이라는 사실을 이해해야 해. 마치 결혼한 지 이틀밖에 되지 않은 젊은 남편이 갑작스러운 사고로 목숨을 잃었다는 사실을 자네와 자네의 어머니가 알게 되는 상황과 다를 게 없다고 할 수도 있지. 인생에 닥친 불행과 상실의 장면이라고 할까."

"그렇게 끔찍한 일이 닥쳐도 제가 손쓸 수 있는 일이 아무것도 없다는 말씀이신가요?"

"만약 구원자가 '당신은 이렇게 살아갈 수밖에 없는 운명이다' 라고 말한다면 무얼 할 수 있겠나. 그저 받아들이는 수밖에 없지. 이 장면은 마치 자네가 손바닥 한 뼘만 한 감옥에 갇힌 것 같은 상태로 시작하지. 명확한 설명이 되었나?"

"네, 확실히요." 세라가 말했다.

"내가 만약 자네라면 이 장면을 위한 감정적 상황을 훈련해볼 거야. 폭풍 속의 보트라는 건 이 장면을 위해 필요한 모든 것이라 할 수 있네. 질문 있는 사람?"

"시작 전 두 인물의 감정을 말씀하시는 건가요?" 릴라가 질문했다.

"맞아. 두 사람은 같은 배를 타고 있지."

"그들이 함께 폭풍 속에 있다는 거죠? 하지만 무지했던 어머니가 딸을 내버려둔 것에 대해 더 큰 책임감과 죄책감을 느끼고 있다는 점이 중요하지 않을까요?"

"그 점에 대해서 미리 걱정할 필요 없네. 희곡의 후반으로 갈수록 드러나는 부분이니까. 지금으로서는 강 위에 띄울 보트에 탈 준비를 하면 돼."

"보트를 강물에 띄워요?" 세라가 물었다.

"그것이 준비 단계라네. 꽤 짧은 장면이기에—"

"저희는 월요일에 해봐도 될까요?" 릴라가 말했다.

"대사를 숙지해두게. 월요일에 시작하도록 하지."

"네. 월요일에는 대본 없이 할 거라는 말씀이시죠?" 릴라가 질문했다.

"제대로 보트에 올라탄다면 말이지!"

10월 4일

"자리를 잡게. 대본은 치우고. 릴라, 자리에 앉아 있고, 세라는 침대 커버를 치우게. 릴라 자네는 지금 막 딸이 감옥에 갈 거라는 사실을 알게 됐다고 상상을 하든, 뭐든 상관없어. 알겠나? 자네가 무슨 상상을 하든 상관않네만 울어야 해. 내가 멈추라고 할 때까지 울게. 좋아. 시작하게. 세라, 자네는 배우지. 만약 의사가 자네에게 폐암 선고를 내린다면 기분이 어떻겠나? 끔찍하지 않겠나?"

세라는 고개를 끄덕였고 릴라는 눈물을 흘리기 시작했다.

"아주 잘하고 있네. 세라, 만약 누군가 지금 자네의 어머니가 돌아가시기 직전이라고 한다면 슬프지 않을까?"

"네, 맞아요."

"그렇지. 울기 시작하게."

잠시 침묵 후 릴라가 말했다. "의사 선생님 말로는 네가—"

"아직 아니야! 대사는 중요하지 않아! 감정에만 집중해! 말로 표현하고 싶다면 내가 이야기했던 암이나 감옥 이야기를 토대로 삼아야 해." 릴라와 세라 모두 조용히 울기 시작했다. 한동안 아무도 말이 없었다. "만약 기억나는 대사가 있다면 서로 주고받으면서 대화를 해보게. 하지만 기억나는 것이 없다면 하지 않아도 괜찮아."

울음소리는 점점 커졌다. 릴라는 급기야 큰 소리로 울음을 터트리는 단계에 이르러, 커다란 푸른 눈동자에서 줄줄 흘러내린 눈물에 마스카라가 번져 내릴 정도였다. 깊은 감정에 휩싸인 상태에서 릴라는 자연스럽게 대사를 이어갔다. 그러나 세라는 조용히 눈물을 흘릴 뿐 감정의 동요가 없었다.

"터트려도 괜찮아, 세라!"

"아!" 그녀는 결국 외마디 비명을 지르며 두 주먹으로 침대를 내리쳤다. 절망스러운 흐느낌에 가슴이 아릴 지경이었다. "빈혈이 아니었어! 그럴 줄 알았어!" 세라는 통곡했다.

잠시 후 릴라가 가쁜 호흡을 추스르며 대화를 이어갔다. "넌… 빈혈이 있는 게… 맞아. 그리고… 금세… 나을 거란다."

세라는 큰 고통에 휩싸인 듯 외쳤다. "나아지지 않을 거예요! 나아지지 않을 거라고요!" 그리고는 마음을 가라앉히려 애쓰며 다시 말했다. "아, 엄마. 난 죽을 거예요."

"넌 죽지 않아!" 릴라가 흐느꼈다. "죽지 않을 거란다! 하느님 제발 자비를! 넌 절대 죽지 않아!"

"그럼, 엄마는 대체 왜 그렇게 우시는 거예요?" 세라가 비난하듯 물었다.

울음에 묻혀 간신히 입을 열어 릴라가 말했다. "넌 죽지 않을 거야, 그저 부종이… 있을 뿐이니까. 넌… 넌… 사실 아이를 가진 거야! 어떻게 네가 나한테 이럴 수가 있니?"

"전 아무 짓도 하지 않았어요!"

"아, 넌 내게 거짓말을 했어. 난 전부 알고 있어. 지금껏 말하지 못했을 뿐이야. 아, 벤들라!" 다시 왈칵 눈물이 쏟아졌다. 세라는 얼어붙은 사람마냥 충격에 빠진 채 속삭이듯 읊조렸다.

"그건 불가능해요. 전 결혼도 하지 않았는데…."

"맙소사, 바로 그게 문제야. 결혼도 하지 않았는데, 대체 무슨 짓을 한 거니?"

"엄마, 전 엄마 말고 그 누구도 사랑한 적 없어요! 이 세상에서 엄마 말고는요!"

순간 대사를 리딩하는 듯한 연기가 튀어나와 마이즈너가 멈추었다.

"마지막 순간은 대본에 쓰여진 대사에 불과했네! 그전까지는 좋았어. 이게 바로 장면이지. 끔찍한 상황에 처한 두 사람. 나는 대사에 대한 비판을 하는 게 아니네. 대본은 보트에 불과하지. 중요한 문제는 바로 거기에 있어. 감정. 감정이 먼저지. 감정이 충만하게 차올랐을 때 어떤 대사를 이어가야 할지 숙지되었다면 보트 생각은 버려도 괜찮아! 다치지 않을 테니 걱정할 필요 없어!" 그의 말에 모두가 웃었다.

"이게 바로 장면이야. 대본 속 대사가 아니야. 쓰여진 말에 집착하지 말게. 이에 대해서는 더 이상 말하지 않겠네. 무슨 말을 하는지 이해되나?"

"네. 알 것 같아요." 릴라는 손수건으로 눈가를 닦아내며 대답했다. "저는 감정의 준비를 위해 강렬한 상황을 떠올리려고 하다가—"

"언제?"

"준비 과정 중, 아직은 인물이 어떠한 강력한 감정적 상태는 아니라고 생각했어요."

"대본에서 그렇게 말하나?"

"연기가 시작되는 지점에서 제가 상상한 상황에 몰입하는 방식을 찾아보려고 했어요."

"대사에만 의존해서 연습하는 배우들은 쌔고 쌨지. 지금 우리는 연기에 대한 이야기를 하는 걸세! 여기서 인물은? 딸이 저지른 짓 때문에 소문거리가 될까 봐 두려워하는 여인과 자신이 한 일 때문에 좌절을 앞둔 딸. 알겠나?"

"네."

"내가 '이게 바로 장면'이라고 했던 말을 제대로 이해했나?"

"하나의 장면을 채울 만큼 충만한 준비가 필요하다는 말씀이신가요?" 세라가 질문했다.

"맞아! 훈련을 할 때에는 반드시 준비하되 대사에 의존하지 않고 자유롭게 연기하게. 그러다 잠시 휴식 후 다시 시작하더라도 늘 그래야 하네."

"저는 아직도 좀 헷갈려요. 그러니까, 시작하기 전부터 준비를 해야 한다는 말씀은 이해돼요. 그래서 저는 감정적으로 움직이기 위해 준비했고, 장면이 시작되는 순간 딸아이에게 제 감정을 감추려 애썼어요." 릴라가 말했다.

"자네는 감추려고 하지 않았어. 감정에 대해서는 내 눈을 속일 수 없네."

"최소한 저는 그렇게 시도했는 걸요."

"그 이야기는 그만하지. 나는 이것이 하나의 장면이라고 말했지. 보트가 나아갈 방향을 이어 가게. 여기에 어려울 게 있나?"

"그럼 물살의 흐름을 타고 계속 이어 가면 되는 건가요?" 릴라가 물었다.

"맞아. 그게 전부일세."

"전 제가 그 방향으로 움직이고 있다고 생각—"

"자네는 어떠한 방향으로든 움직이지 않았어. 바로 그 자리에 있었지."

"하지만 감정의 준비는 장면 시작하기 전 말고도 할 수 있을까요?"

"준비는 오직 장면의 첫 시작을 위해 하는 거라네. 다만 매 순간의 상호작용 속에서 변화를 겪지. 대본에 쓰여진 대사를 통해서만 얻을 수 있는 것이 아니라는 거야."

"그렇다면 제가 잘못 알았어요. 저희에겐 정말 쉽지 않은 훈련이었어요."

"아주 단순해야 하네. 감정을 통제하지 못하는 상태를 위한 준비를 하고, 점진적으로 대사를 숙지한 후, 감정의 준비와 대사의 숙지 두 가지를 통합해야 해. 준비를 거치고, 매 순간 파트너에 의해 감정적 변화를 겪는 것은 거센 폭풍 속을 떠가는 것과 다를 바 없을 거야. 시작 전에 자네가 알고 있는 게 뭐였지?"

"제 딸이 임신했다는 사실이요."

"그것만 알면 되네. 딸은 죽은 거나 다름 없어! 울어! 이보다 더 단순할 수 있겠나? 가든 스트리트에서 온 슈미트 부인은 누구지?"

317

"제 생각에 그녀는 제 오래된 친구―"

"아냐! 그녀는 낙태 시술자일세!"

"아, 세상에."

"둘 모두 울고 대화를 하면 되네. 그것이 내가 말하는 연기 훈련 방법이야. 울어라, 그다음 대화하라. 대화하면서 울어야 한다고 정해두지 말게! 지난번 시작할 때 자네에게는 아무것도 없었지만, 이번에는 달랐네. 난 자네가 다음에도 그럴 거라 확신하지."

10월 11일

릴라와 세라는 〈스프링 어웨이크닝〉을 마지막으로 선보였다. 눈물과 감정으로 충만했지만, 넘쳐흐르는 감정을 통제하는 경험이 미숙했던 탓에 관객으로서는 두 사람의 대화를 듣는 데 다소 어려움이 있었다.

"좋아. 두 사람 모두 코부터 풀어보자. 이번에는 감정적으로―" 두 사람이 여전히 통곡에서 헤어나오지 못한 탓에 마이즈너가 말을 멈추고, "릴라, 웃어보게. 애국가라도 불러보게."

릴라는 결국 코맹맹이 소리로 애국가 한 소절을 부르다 웃음이 터졌다.

"좋아. 세라는 자신을 간지럽혀라도 보게."

세라가 키득거리며 웃자 앉아 있던 동료들도 웃음이 새어 나왔다.

"감정적으로만 말하자면, 대단한 장면이었어. 이번 훈련이 지난

번과 다르다는 것을 느꼈나?"

"네." 릴라가 말했다.

"그래? 내가 가장 우려하는 것은, 여러분이 극작가가 의도한 대로만 연기하는 것이라네. 방금 장면에서는 기술적으로 명확한 전달력은 부족했지만, 그 장면의 감정적인 생명력은 잃지 않았지. 중요한 걸 놓치지 않았어. 감정을 다루는 데 익숙해지면 명확함 역시 저절로 따라올 거야. 그렇게 된다면 보트는 뒤집힐 리 없지."

"샌디 말씀은 우리가 더 훈련하면 할수록—"

"장면의 생명력을 유지하면서도 더 명확해질 수 있다는 이야기야. 이렇게만 계속한다면 말이지."

"장면 전체를 최고조의 감정 상태로 유지할 필요는 없나요?" 릴라가 물었다.

"맞아. 내내 그렇지 않겠지."

"하지만 첫 등장 전의 감정을 충만하게—"

"바로 거기가 시작점이기 때문이지."

"알겠어요."

"이 장면을 쓴 건 극작가이고, 나는 이 장면이 감정적으로 어느 방향을 지향해야 하는지를 짚어주고 있네. 그러나 여러분이 기술적으로는 약한 부분이 있었음을 기억하게. 하지만 이런 일은 흔히 일어나기 마련이지."

"장면에서 말인가요, 삶에서 말인가요?" 릴라가 질문했다.

"삶이 아니라, 작품을 말하는 거야. 자네는 삶은 어떤 역경에도 살아가야 한다고 강요당하지는 않지 않나."

10월 18일

- 〈장미 정원의 야자수A Palm Tree in a Rose Garden〉**12**
- 메드 로버츠Meade Roberts
- 3막 1장

…찰리와 바버라 등장. 두 사람 모두 긴장했으나, 바버라가 더 심한 상태. 그녀는 즉시 가까운 비치 의자로 다가간다.

바버라 : (안도의 한숨을 내쉬며) 아, (발로 다른 의자를 가볍게 걸어 찬다) 여기 앉아.

찰리 : 오래 못 있어. 빅터와 아침 일찍 약속이 있어.

바버라 : 빅터, 빅터, 빅터! 오늘 밤 우리가 어디에 있었지?

찰리 : (앉으며) 빅터네 있었지.

바버라 : 빅터네 있었다는 건 나도 알아. 빅터네가 어디였냐고?

찰리 : 노스 로데오 드라이브 쪽.

바버라 : 바보 같은 이름이야. 라 시에네가La Cienega도 그렇고. 라 팔마스La Palmas는 어떻고!

찰리 : 적당히 해, 바버라!

바버라 : 정신이 제대로 된 사람이라면 어떻게 거리에 라 팔마 스라는 이름을 붙일 수가 있어? 난 라 팔마스에서 절대 살지 않을 거야. 절대, 절대!

찰리 : 살지 마, 그럼!

바버라 : 넌 내가 어디 살든 신경도 안 쓸 거지?

찰리 : 그래, 그럴 거야!

바버라 : 내가 어디 사는지도 잊어버렸을 테지. 오늘 오후에 있었던 일을 잊어버린 것처럼 말이야! 내가 조금이라도 자존심을 부렸다면, 오늘 밤 너와 만나는 일도 없었을 텐데. 그러지 말았어야 했어. 전혀 재미없으니까!

찰리 : 너만 삐쳐 있었어. 다들 기분이 좋았다고. 모두가 즐거운 시간을 보냈잖아. 농담도 하고 노래도 부르면서! 다들 재미있었다고!

바버라 : 너도 그랬어?

찰리 : 물론이지.

바버라 : 네가 그랬다고? 그저 빅터랑 한구석에 숨어서 떠들기만 했지. 그놈의 수다, 수다, 잡담, 저녁 내내 말이야. 다들 나를 불쌍하게 여기더라!

찰리 : 아무도 널 불쌍하게 본 사람은 없어! (일어서며) 나 갈게.

바버라 : 앉아! 너한테 물어볼 게 있어. 아까 빅터랑 이야기했어?

찰리 : (언성을 높이며) 아까 빅터랑 이야기한 거 알고 있잖아! 대체 왜 그래? 미쳤어?

바버라 : ―내 말은, 빅터랑 나에 대해서 이야기했냐고.

찰리 : (얼버무리며) 그래, 그랬지. 너에 대해서도 이야기했어. (일어나서 거리를 둔다.)

바버라 : 그리고?

찰리 : (잠시 침묵한 뒤) 그가 영화를 찍지 않을 거라더라.

321

바버라 : 찍지 않다니! 그게 무슨 소리야?

찰리 : 그게 무슨 소리겠어? 영화를 만들지 않을 거라는 말이지.

바버라 : (흥분하며) 그럼 난 아무 역할도 없는 거네! 날 뺐어? 다시 찬밥 신세가 되는 거냐고!

찰리 : 내 말 좀 들어봐, 너는─

바버라 : (거의 소리 지르며) 난 다시 찬밥 신세가 되는 거냐고!

찰리 : 닥쳐!

바버라 : 넌 거짓말쟁이야! 빌어먹을 거짓말쟁이! 빅터는 영화를 찍고 있어! 그에게 넌 나에 대해 아무 말도 하지 않은 거고!

찰리 : (분노하며) 정 못 믿겠으면 전화해봐.

바버라 : (일어서서) 전화할 필요 없어! 직접 만나겠어! 지금 당장! 그가 뭐라도 돼?

찰리 : 좀 들어! (바버라가 흐느끼기 시작하자 찰리는 화를 누그러뜨리고 그녀를 품에 안는다.)

바버라 : (일그러진 얼굴로) 찰리 ─ 찰리 ─ 찰리 ─

찰리 : 이제 그건 그렇게 중요하지 않─

바버라 : (흐느끼며) 중요해, 중요하다고─

찰리 : (조용히) 들어가서 좀 누워 있는 게 어때?

바버라 : (다시 순한 목소리로) 나랑 같이 들어갈 거야?

찰리 : 너무 늦었어─

바버라 : (다시 소리 지르며) 그래, 가버려! 나도 너 따위 원하지 않아! 넌 그렇게 잘하지도 못해, 난 단지 네가 원할 거

라고 생각했을 뿐야! (…바버라는 집으로 가다가 멈춰서서 그를 본다. 얼굴에 기묘한 표정이 떠올리며) 찰리?

찰리 : 왜?

바버라 : (느리고 조용히) 찰리 — 만약 영화가 엎어졌다면 — 왜 빅터를 만나러 가는 거야? 너 뭔가 숨기는 거지? 뭐야?

찰리 : 난 숨기는 거 없어.

바버라 : (최대한 무덤덤하게) 아냐, 숨기고 있어. 다 보여. 대체 뭘 숨기는 거야?

찰리 : 난 —

바버라 : 제발. (자신도 모르게 웃음이 나온다.) 말해줘! (얼마 후 바버라의 시선을 피하는 찰리.) 제발.

찰리 : 나 — 나 떠날 거야, 바버라.

바버라 : 떠난다고? 그게 무슨 소리야, 떠난다니?

찰리 : 빅터와 같이 로마에 가기로 했어.

바버라 : 로마?

찰리 : 빅터가 거기서 영화를 만들 거래.

바버라 : 그게 대체 언제 정해진 거야?

찰리 : 오늘 밤에.

바버라 : 오늘 밤에 정해졌다고?

찰리 : 그렇다고 할 수 있어.

바버라 : 알았어. (갑작스럽게 폭발하며) 내 면전에서 어떻게 그런 거짓말을 할 수 있어? 내가 정말 널 믿어주길 기대하는 거야?

찰리 : 바버라!

바버라 : 조용히 하라고 말하지 마! 안 그럴 거니까! 다들 들으라고 해! 사방팔방 떠들 거야! 내가 얼마나 바보라고 생각한 거야?

찰리 : 그렇게 흥분할 거면 더 이상 너와 대화하지 않겠어!

바버라 : 나는 내가 원하는 만큼 흥분할 거야! 내가 그렇게 쉽게 포기할 것 같아?

찰리 : (버럭하며) 대체 내가 어떻게 해주길 바라는 거야? 기껏 들어온 일을 거절하라고? 그렇게 소중한 기회를 걷어차버리라는 거야? 내가 어떻게 하길 바라?

바버라 : (안달나서) 나도 로마에 데려가, 그게 내가 바라는 거야! 나도 너랑 같이 로마로 갈 거야!

찰리 : 그럴 수 없어.

바버라 : 아니, 그럴 수 있어.

찰리 : 못해.

바버라 : 그래야 해! 네가 날 다시 데려왔잖아!

찰리 : 진정해. 대화를 할 수가 없잖아.

바버라 : 진정하지 않을 거야. 나한테 대체 무슨 일이 일어나고 있는 거야? 난 어떻게 해? 내가 다시 클리블랜드로 돌아가길 바라?

찰리 : (돌아서며) 너한테는 가족이 있잖아.

바버라 : 빌어먹을 가족들! 내가 죽든 말든 신경도 안 쓰는 사람들! 내가 왜 그 사람들한테 돌아가야 해?

찰리 : 가지 마, 그럼!

바버라 : 내가 뭘 어떻게 해야 해?

찰리 :   (잠시 침묵, 조용히) 그건 너 스스로가 알아봐. 잘 자. (나
          간다.)

바버라 : (흥분하며) 내가 그렇게 호락호락할 줄 알아? (찰리를
          향해 소리 지르며) 절대 그냥 넘어가지 않을 거야! 미안
          해할 거라고, 찰리! 나한테 미안하다고 빌게 만들 거
          야! 두고 봐! (발작적으로 흐느끼며, 바버라는 거칠게 달
          려가 격하게 깨부술 무언가를 찾아 헤매다 돌멩이를 주워들
          고 내던진다.)

"감정적으로 보자면, 이 장면은 할리우드식이라 할 수 있어. 등
장하는 모두가 거짓말쟁이지. 웬디, 자네는 왜 파티에 갔지?"

"그곳에서 일자리를 구할 수 있을 거라고 생각했거든요. 배우
일이요."

"랄프가 자네에게 감독을 소개해주겠다고 했지. 그가 감독과 이
야기를 했나?"

"네, 빅터요."

"그래서 자네는 배역을 얻었고?"

"아니요."

"어째서 못 얻었지?"

"랄프가 빅터에게 자기 이야기만 했거든요."

"당연히 그랬겠지. 할리우드 아닌가. 처음에는 영화가 엎어졌다
고 했다가, 아니라는 걸 인정했고, 랄프 혼자만 로마에 가서 영화를
찍을 거라고 했지."

"네, 맞아요."

"그래서 그에 대해 어떻게 생각했지?"

"거짓말쟁이라고요."

"자네 자신에 대해서는?"

"아무것도 아닌 존재가 되어버렸어요."

"그럼 자네는 정말 아무것도 아닌가? 파티에서는 어땠지?"

"안 좋았어요."

"어째서?"

"랄프는 내내 감독하고만 이야기했고 전 혼자 부루퉁해 있어서 다들 절 딱하게 여겼거든요."

"누가 자네를 딱하게 여겼다고?"

"저요. 스스로가 딱하게 여겼어요."

"다른 사람들은 뭘 했지?"

"웃고 즐겼어요."

"좋은 시간을 보내면서?"

"네, 맞아요."

"그중 꽤 거물급 스타가 혀가 꼬인 말투로 술 한 잔을 가져다 달라고 말했을 때, 기분이 어땠나?"

"죽고 싶은 심정이었어요."

"'죽고 싶은 기분이었다.' 이것이 바로 이 장면을 위한 준비라고 할 수 있어."

"네."

"하지만 죽고 싶은 기분은 오로지 첫 시작의 감정이지, 계속해서 거기에 머무르려고 하면 안 되겠지. 알겠나?"

"알겠어요."

"찰리는 결국 자네를 감독에게 소개해주지 않았어. 자네 이름조차 언급하지 않았지. '죽고 싶은 심정이다'라는 것이 이 장면을 위한 제법 괜찮은 도약판이 되어줄 거야."

마이즈너가 이번에는 랄프에게 질문했다.

"자네는 일자리를 구했나?"

"네."

"그녀는?"

"아뇨."

"그래서 자네는 기분이 어떻지?"

"그녀의 불평 따윈 별로 듣고 싶지 않아요."

"어째서?"

"우울해지니까요. 좋지 않아요. 저한테는 해야 할 일들이 많아요."

"그녀의 기분 따위! 고향으로 돌아가버리라고 하면 그만이지, 안 그래?"

"맞아요. 제 책임도 아니고요."

"그렇지! 이 장면은 한 여자에 대한 이야기야. 어떤 이유로든 그녀는 소중했던 사람을 잃고 절망적인 상황에 빠졌지. 그리고 랄프, 자네는 그녀의 상황이 어떻든 개의치 않네. 지금 뭘 받아 적고 있는 거지?"

"방금 말씀하신 내용이요." 랄프는 작은 노트 뒤에 간단히 필기한 것을 읽었다. "'그녀는 절망적 상황에 빠졌고 나는 개의치 않는다….'"

"'나는 개의치 않는다' 대신에 '무관심하다'라고 써보게. 그리고 준비를 거친 뒤 숙지한 대사로 흘러가도록 해. 다음 시간에 지켜보도록 하지."

10월 25일

"잠깐, 잠깐. 대사는 숙지됐나?"

"어떤 부분은 기억하고, 어떤 부분은 그렇지 않고요." 웬디가 대답했다.

"그렇군. 침대 위에 몸을 던지게. 몸을 던져!"

웬디는 침대 옆으로 다가가 앉았다.

"그게 몸을 던진 건가?" 마이즈너의 질문에 다들 웃고 말았다.

"최악의 지시지만, 히스테리컬하게! 자네는 너무 얌전하게 앉았어, 더 흥분해도 좋아!"

웬디는 흐느끼다 점점 큰 소리로 울기 시작했다.

"더, 더! 내리쳐! 침대를 죽여!"

웬디는 고통스러운 목소리로 소리를 질렀다.

"아주 좋아! 이제 대사를 해보게!"

"앉아." 웬디가 랄프에게 말했다.

"랄프는 신경 쓰지 말고, 히스테리 그 자체여야 해."

"오래 못 있어. 빅터와 아침에 만나기로 했어." 랄프가 말했다.

"빅터! 빅터! 빅터! 우리 오늘 밤 어디에 있었지?"

"빅터네 있었지"

"그건 나도 알아. 빅터의 집이 어디지?"

"노스로데오 드라이브."

"얼마나 바보 같은 이름인지! 라 시에네가도, 라 팔마스도 바보 같기는 마찬가지야!" 웬디는 극도로 우울한 목소리로 말했다. "나는 절대로 라 팔마스에서는 살지 않을 거야! 절대, 절대로!"

"그래, 거기 살지 마. 됐어?"

랄프가 웬디의 감정에는 아랑곳없이 무덤덤하고 무심하게 대답한 나머지 보고 있던 학생들이 놀라 웃을 정도였다.

"넌 내가 어디에 살든 상관없지 않아?" 웬디가 냉정하게 물었다.

"응, 상관없어."

"보지 마. 그저 히스테리 상태로!" 마이즈너가 말했다.

"넌 내가 어디에 살든 아무렇지도 않은 거야!" 웬디가 더 큰 목소리로 말했다.

"웬디, 드러누워!" 마이즈너가 말했다.

웬디는 침대에 드러누워 흐느끼기 시작했다.

"넌… 내가 어디에 살든… 아무렇지도 않을 거야… 맞잖아?"

"응, 상관없다고." 랄프는 침착하게 반복했다.

"침대를 내리쳐!" 마이즈너가 말했다.

"오늘 저녁 파티! 하나도 즐겁지 않았어!"

"너만 심술 나 있었어. 다른 사람들은 다들 즐거워했다고. 농담도 하고 노래도 부르면서 말이야."

"넌?"

"물론 나도 그랬지."

"그래, 너야 즐거웠겠지! 저녁 내내 한쪽 구석에서 빅터와 이야기했으니까! 수다, 수다, 잡담! 다들 나를 딱하게 여겼어." 웬디가 소리 질렀다.

"널 딱하게 여긴 사람은 없어, 바버라. 난 그만 갈게!"

랄프가 말했다. 그가 문을 향해 가자 웬디에게서 정확히 알 수 없는 감정 섞인 외침이 터져 나왔다.

"아까 빅터랑 이야기했어?"

마침내 그녀가 물었다.

"알잖아!"

"나에 대해서는 이야기하지 않았겠지!"

마이즈너가 끼어들었다.

"랄프를 보지 마!"

"빅터한테 나에 대해서 이야기해봤어?"

"그래, 그래."

"그랬더니?"

"그 영화를 만들지 않을 거래."

"아! 대체 왜 영화를 안 찍는다는 거야?"

"대체 내 말을 어떻게 듣는 거야? 그 영화를 찍지 않을 거라고 했다니까!"

"아! 아! 아!"

웬디는 외마디 비명을 지르며 한마디 내지를 때마다 벽에 머리를 찧었다. 좌절과 분노로 극도의 흥분 상태에 빠진 그녀의 감정에는 진정성이 있었고 그만큼 우스워 보이기까지 했다.

"난 이제 다시 찬밥 신세가 되겠네!"

그녀의 말에 보고 있던 학생들이 웃었다.

"넌 거짓말쟁이야. 빅터는 영화를 찍을 거잖아!"

"정 못 믿겠으면 전화해보지 그래?"

"전화할 거야! 그가 대체 뭐라도 된대?" 그녀는 큰 소리로 흐느껴 울었다. "오, 찰리! 찰리! 찰리!"

"그렇게 중요한 일도 아니잖아." 랄프가 단호하게 말했다.

"아냐, 중요해!" 웬디는 소리치더니 양 주먹을 꽉 쥐고 분노에 가득 찬 비명을 질렀다. "아아아아악!"

"좀 누워 있지 그래?" 랄프가 말했다.

"같이 누울 거야?"

"아냐, 너무 늦었어. 가야 해."

"좋아, 가!" 웬디의 분노가 갑작스럽게 랄프에게로 향했다. "넌 그렇게 잘하지도 못하고, 난 그저 네가 나랑 같이 있고 싶어할 거라고 생각했을 뿐이야. 찰리?"

"뭐?"

"빅터가 그 영화를 만들지 않을 거라면서 내일 아침에는 왜 만나기로 한 거야? 뭘 숨기는 거야? 난 다 알아!" 그녀는 다시 뒷통수로 벽을 쿵쿵 찧으며 말했다. "나한테 숨기는 게 있는 거야! 뭔지 말해!"

"난 떠날 거야, 바버라. 빅터와 아침에 로마에 가기로 했어."

"아!" 마치 날카로운 칼에 찔린 듯 그녀가 외마디 비명을 질렀다. "로마? 그게 언제 결정된 일이야?"

"오늘 밤에."

"오늘 밤에 다 결정된 거라고?"

"어느 정도는 그래."

"알았어."

웬디는 침착하게 대답했지만 다시 통제의 끈을 놓치고 말았다.

"거기 가만히 서서 뻔뻔하게 거짓말을 한 거구나! 대체 날 얼마나 바보같이 보고 있으면! 나한테 조용히 하라고 하지 마, 절대 조용히 하지 않을 테니까! 내가 원하는 만큼 화내고 흥분할 거야! 아아아악! 아아악! 아아악!"

"난 네가 진정하기 전까지는 아무 말도 안 할 거야."

"난 진정하지 않을 거야! 진정하고 싶지 않아! 나도 데려가! 나도 로마에 데려가라고!"

갑작스러운 분위기 변화에 지켜보던 학생들이 웃고 말았다.

"넌 날 데려가야 해. 그래야 해! 나한테 대체 무슨 일이 생긴 거지? 난 이제 어디로 가야 해? 뭘 해야 하는 거야? 클리블랜드로 돌아가면 난 죽어버리고 말 거야!"

"그럼 가지 않으면 되잖아." 랄프가 차분히 말한 뒤 문을 향해 걸어갔다.

"넌 내게 미안해질 거야. 내가 그렇게 되게 만들 거야, 찰리!"

웬디의 말에 학생들은 다시 한 번 웃었다.

"무척 좋았네." 마이즈너가 말했다. "배역을 얻지 못한 할리우드 배우의 모습이 선연히 그려졌어. 베벌리힐스에서 하루에도 몇천 번씩 벌어지는 일이지. 이게 바로 장면이야! 클리블랜드 출신인 그녀는 할리우드에서의 5년 동안 에이전시 근처에도 가보지 못했지. 그런데 친구가 그녀에게 배역을 얻게 해주겠다고 약속하고서는 감독에게 일언반구 언급도 해주지 않았어. 그래서 그녀는 베벌리힐스의 모든 거리를 비웃는 거야. 마치 뉴욕에 화가 나서 5번가, 4번가, 3번가, 렉싱턴 전부 다 지긋지긋하고 싫다고 하는 것과 다를 바 없는 거지. 지리학 수업은 아니지만 말이야."

학생들이 웃었다.

"랄프, 이 장면에서 자네는 자네 인생에서 중요하지 않은 한 사람, 제정신이 아닌 여자를 대면하고 있어. 마치 랄프 자네가 내일은 다른 여자와 영화를 보러 갈 거라고 말했고 이 때문에 상대가 성질을 부릴 대로 부리고 있는 것과 같은 상황이야. 상대가 어쨌든 자네는 가버릴 테지."

랄프는 고개를 끄덕였다.

"레이, 자네는 어떻게 봤지?" 마이즈너가 물었다.

"아주 대단했어요."

"두 사람에게도 말해보게."

"두 사람에게요? 음, 아주 히스테릭했어요."

"왜지?"

"완전히 다른 두 가지 상황이 동시에 일어났으니까요. 그러면서도 두 사람은 여전히 자극과 반응을 주고받았죠. 웬디는 완전히 흥분해서 절규하는데, 랄프는 아무렇지 않은 사람처럼 무덤덤했어요. 진짜 코미디였죠. 세 번째 연습이라고 하기엔 대단하다고 생각해요."

"우리는 상당히 많은 시간을 할애해 진심을 다해 나 자신이 살아가는 훈련을 해왔지. 얼마나 오랜 시간을 들였는지, 기억조차 나지 않을 정도군. 이제부터는 인물로서 살아가는 훈련에 집중하게 될 거야. 지금까지는 '이것이 나의 행동이고 나는 진심을 다한다'에 초점이 있었다면, 앞으로는 '어떻게 드러나야 할까?'라는 질문을 던져야 하네. 차이가 뭔지 이해했나?"

"앞으로는 진심을 다하는 것뿐만 아니라, 인물이 존재해야 한다는 말씀이신 거죠." 랄프가 말했다.

"인물로서 살아야 한다는 말이지, 웬디, 내가 자네에게 정신 나간 할리우드 배우 지망생 역할을 연기하라고 맡겼지."

"네."

"우리는 배역에 진심을 불어넣어야 하는 것뿐만 아니라, 그 인물이 상황 속에서 실행하는 모든 것을 구체화하여 행동에 옮길 수 있어야 하는 거고요." 랄프가 말했다.

"그럼, 오늘 수업에서의 핵심은 뭘까?" 마이즈너가 베티에게 물었다.

"인물을 알아야 한다는 거요⋯."

"단순히 진심뿐만이 아니라, 인물을 알아야 한다!" 마이즈너가 앉아 있는 학생들을 향해 질문했다. "이렇게 훈련할 의향 있나?"

전원이 손을 들어올렸다.

11월 1일

- 〈골든 보이〉**13**
- 클리포드 오데츠
- 1막 4장

며칠 후.

조와 로나는 공원 벤치에 앉아 있다. 시간은 밤. 저 멀리 회전목마에서 들려오는 멜로디. 늦은 봄, 앉아 있는 소년, 소녀 앞으로 차들이 지나가고 있다. 무대 밖 어딘가에서 신호등이 깜빡이며 빨간색에서 초록색으로 바뀌기를 반복하고, 내내 두 사람의 얼굴 위로 불빛이 드리워진다.

로나 : 성공과 명예! 아니면 별 볼 일 없는 인생. 넌 행운아니까 이런 고민 따위 하지 않아도 될 거야….

조 : 정말 그렇게 생각해?

로나 : 톰 무디가 거짓말쟁이가 아니라면 말이지.

조 : 너 그 사람 좋아해?

로나 : (침묵 후) 응.

조 : 난 네 옷차림이 좋아. 여자애들은 여름이면 예뻐지는 것 같아. 5번가 도서관 앞에서 여자애들이 지나가는 거 본 적 있어?

로나 : 아니, 한 번도. (화제를 바꾸며) 저기 회전목마에서 나오는 음악 소리 들려? 타본 적 있어?

조 : 어린애들이나 타는 거잖아.

로나 : 세상에, 넌 어린애였던 적 없어?

조 : 행복한 아이는 아니었지.

로나 : 왜?

조 : 글쎄, 난 늘 내가 다르다고 생각했어. 심지어 내 이름조차 특별하잖아. 보나파르트(Bonaparte, 프랑스 황제 나폴레옹의 성)라니, 그리고 내 눈도….

로나 : 난 그렇게 생각하지 않았는데…. (잠시 침묵. 정면을 응시

(하는 조.)

조 : 와, 저 차들 좀 봐….

로나 : 말 여러 마리가 이 근처를 다니는 걸 볼 때면, 부자들이 삶을 얼마나 즐길 줄 아는지 알 수 있어. 너도 금세 부자가 될 거야….

조 : 우리 형 프랭크는 C.I.O.의 설립자야.

로나 : 그게 뭐야?

조 : 공장에서 일한 적이 있다면, 다들 알아. 넌 일해본 적 없어?

로나 : (미소 지으며) 응. 내가 고치를 벗고 나왔을 때 이미 나비가 되었거든. 나비는 일하지 않아.

조 : 저 차들…. 윙, 윙. (살짝 불편한 듯) 무디 씨는 오늘 밤 어디에 있니?

로나 : 화요일 밤마다 아이를 보러 가신대. 여자아이인데, 아프다고 했어. 무디 부인의 어머니 댁에 맡겼다더라고.

조 : 그래서 네가 시간이 있는 거구나.

로나 : 무슨 말을 하고 싶은 거야?

조 : 너와 무디 씨….

로나 : 어째서? 왜 그런 생각을 해?

조 : 네가 내 여자 친구라면 그런 생각은 하지 않았겠지.

로나 : 너 여자 친구가 있잖아.

조 : 없어.

로나 : 왜?

조 : (얼버무리며) 그게….

로나 : 토키오 말로는 네가 격투 시합에서 크게 될 거라고 하던데.

조 : 내게는 음악이 더 의미 있어. 뭐 하나 얘기해줄까?

로나 : 물론이지.

조 : 혹시라도 웃으면 다시는 너랑 이야기하지 않을 거야.

로나 : 난 남의 말을 쉽게 비웃는 사람 아니야.

조 : 음악이 있으면 혼자 있어도 혼자가 아닌 것 같아. 방에서 연주를 할 때면… 내가 이렇게 말하는 것 같거든. "한 인간으로서 난 여기에 속해 있다. 안녕한가, 세상이여!" 그 순간, 나와 음악만이 존재하는 것 같아. 누가 뭐라고 하든 두렵지 않을 것만 같지. 음악에는 전쟁이 없다고나 할까? 길거리에 있는 것과는 전혀 달라. 내 말이 좀 이상하게 들리지?

로나 : 아니, 전혀.

조 : 그러다 연주를 멈추고 거리로 나서면…. 모든 게 전쟁이야! 그곳에서는 음악도 날 지켜줄 수 없어. 이해해?

로나 : 응.

조 : 사람들은 수년간 나에게 상처만 줬어. 난 절대 잊지 못할 거야. 바이올린만 연주한다면 사람들과 어울릴 수 없지. 음악이 총알이라면 차라리 좋겠어. 하지만 예술가들은 미치광이 같아. 세상이 얼마나 빠르게 움직이든 그들은 마치 정신 빠진 얼간이들처럼 나앉아 있을 뿐이야.

로나 : 준비가 되어 있는데 왜 시합에 나가지 않는 거야?

조 : 자기 자신이 무엇을 원하는지 아는 게 중요해!

337

로나 : 싸워! 그다음 일은 고민하지 말고.

조 : 정신병자가 될 거야!

로나 : 맙소사! 누가 널 정신병원에 가두기라도 한대?

조 : 싸움은 나와 맞지 않아!

로나 : 조, 시합에 나가 싸워! 세상에 보여줘! 만약 네가 명예와 부를 얻게 된다면, 넌 네가 원하는 무엇이든 될 수 있어. 해봐! 라이트급 챔피언의 길을 가라고! 그때가 되면 은행 계좌도 만들고, 실력 있는 주치의를 고용해서 네 눈도 치료해.

조 : 내 눈이 어때서?

로나 : 미안, 내가 실수했어. (잠시 침묵) 넌 늘 화가 나 있구나.

조 : 나 자신을 생각하면 화만 나.

로나 : 너 몇 살이야, 조?

조 : 이제 스물한 살 하고도 반. 스물둘도 머지않았어.

로나 : 이제 스물한 살하고도 반에 '스물둘도 머지않은' 나이 치고는 제법 영리하잖아.

조 : 당연하지. 백과사전을 처음부터 끝까지 다 읽었어. 우리 아버지 친구, 카프 씨한테 백과사전이 있었거든. 뭐든 해내고 싶었어.

로나 : 너희 아버지가 어떤 분이신지 만나 뵙고 싶다. 어머니는 돌아가셨어?

조 : 응.

로나 : 우리 엄마도.

조 : 여긴 부모님이 안 계신 여자애들 천지야.

로나 : 우리 아버지는 아직도 정정하셔. 저지의 미개척지에서 굴 껍데기를 까는 일을 하며 매일같이 술만 마셔. 고백 하나 할까? 난 널 좋아하지 않아.

조 : (놀라며) 어째서?

로나 : 넌 너무 자기만족이 강해. 자기 자신한테 지나치게 몰입해 있달까….

조 : 네가 좋든 싫든 상관없어.

로나 : 무인도에서 혼자 사는 사람 같아.

조 : 로빈슨 크루소이지….

로나 : 맞아. "나, 나, 나" 오로지 나 자신뿐이지. 왜 세상 밖으로 나오지 않는 거야?

조 : 그렇게 보여?

로나 : 넌 네 자신을 볼 줄 모르는구나?

조 : 그럴지도….

로나 : 시야를 넓혀. 넌 지금 뭐가 옳고 그른지 모르는 것 같아. 뭘 선택해야 할지 감도 없고, 무엇인들 무턱대고 인정하려 들지도 않잖아.

조 : 넌?

로나 : 난 빼줘. 이건 조 보나파르트에 대한 분석일 뿐이니까.

조 : 날 네 손바닥 위에 올려놓고 쥐락펴락하고 싶구나?

로나 : 그만할까?

조 : 아냐.

로나 : 넌 정말 한심해. 팔을 뻗어보지도 않았으면서. 명예를 얻으면 그 누구도 널 대놓고 비웃거나 비난하지 못할걸. 영

혼까지 바치고 싶어하겠지. 하지만 네 영혼을 내버릴 때
마다 넌 쉽게 부서져내릴 거야. 쉽게 얻어지는 건 없어.

조 : 그럼 허영심에 찬 네 영혼은 어떻고?

로나 : 나는 잊어버려.

조 : 너도—

로나 : (언성을 높이며) 잊어버리라고 했지!

조 : (조용히) 무디가 널 보낸 거지? 미끼로 말야! 로나 넌 두
가지를 실수했어. 난 싸우기로 마음을 먹었다는 것. 그리
고 두 번째는 네가 무디를 사랑하지 않는다는 걸 그가 모
른다는 거야.

로나 : 풋내기인 주제에.

조 : 사실 그는 너에 대해 아무것도 몰라.

로나 : (반발하듯) 넌 알고?

조 : 이건 로나 문에 대한 분석일 뿐이야. 넌 길 잃은 아이 같
아. 뭐가 옳고 그른지 전혀 모르고, 뭘 선택해야 할지 몰라
한심하기 그지 없지. 그러면서도 전혀 인정하려고 하지
않지. 그리고 난 네가 왜 무디를 선택했는지 알고 있어!

로나 : 넌 아무것도 몰라.

조 : 집으로 가, 로나. 만약 가지 않는다면 난 너에 대해 또 다
른 걸 알게 될 거야….

로나 : 넌 아무것도 몰라.

조 : 마지막 기회야, 집으로 가!

로나 : 톰은 날 사랑해.

조 : (한참을 아무 말도 없다가) 난 차를 살 거야.

로나 : 요즘 나오는 차들. 소형 자동차라고 해도 멋지지···.

조 : 개리 쿠퍼 것과 같은 차를 갖고 싶어. 신문에서 봤는데 엄청 비싸더라. 만사천 달러 정도. 중고를 구할 수 있다면 —

로나 : 현금이 있어야 —

조 : 생길 거야.

로나 : 물론, 정말로 시합에 뛰어든다면 말이지!

조 : (갑자기 폭발하며) 당장 너의 무디에게 말해! 내가 그를 감탄시킬 거라고 해!

로나 : 정말이야?

조 : (먼 곳을 내다보며) 그 차들은 내 핏줄에 흐르는 독극물이나 다름없어. 운전석에 앉아 속도를 올리면 세상 모든 게 내 아래 있는 듯 보이지. 스피드, 모든 건 스피드야. 아무도 날 이길 수 없어!

로나 : 링 위에서를 이야기를 하는 거지?

조 : 링 위든 아래든, 아무도 날 가로막지 못해! 젠장!

로나 : 마치 연쇄살인마 잭 더 리퍼 Jack the Ripper 처럼 말하는구나.

조 : (벌떡 일어서며) 집까지 데려다줄게. 그러니까, 지금 머무르는 호텔까지 말이야. (로나도 일어선다.) 그때와 같은 방이야?

로나 : (버꼬듯이) 넌 정말 풋내기라니까!

조 : 오늘 밤 그의 품 안에 누워 있게 되면 그에게 말해줘, 나를 위해서라도. 차기 세계 챔피언이 그의 마구간에서 일하고 있다고 말이야.

로나 : 정말 백과사전을 다 읽었어?

조 : 전부 다.

로나 : 그리고 스물한 살이고?

조 : 스물둘까지 겨우 반년 남았다고.

로나 : 어디서부터인지 뭔가 잘못된 것 같아.

조 : 나도 알아…. (두 사람 천천히 퇴장.)

암전.

"어떤 이들은 인물을 입체적으로 만들기도 하고 아주 단순화시키기도 하지. 지금 이 극에서 보며 알았겠지만, 레이첼, 자네는 그를 시합으로 부르기 위해 설득하러 온 거지."

"맞아요."

"그에 대해 뭘 알고 있지?"

"그에게는 두 가지 꽤 확고한 면이 있어요. 무척 싸우고 싶어 하지만, 한편으로는 매우 세심한 뮤지션이에요. 지금 그는 앞으로의 그의 인생을 바꿔버릴 수 있는 결정을 코앞에 두고 있는 상태죠."

"왜 온 건가?"

"톰 무디가 저더러 그를 설득해보라고 했어요."

"그래서 자네 기분은 어떻지?"

"톰에게 빚을 지고 있어서 그를 돕고 싶어요. 그는 제게 늘 잘해주거든요."

"톰에게 은혜를 갚기 위해 그를 설득하기로 한 거군."

"맞아요."

"조를 향한 감정은?"

"그가 무척 취약하다고 생각해요. 하지만 연민 같은 건 없어요. 그에게는 너무나 멋진 기회가 주어졌고, 그는 그 기회를 선택만 하면 되는데 말이죠. 오히려 그와 달리 선택권이 없던 톰을 연민하죠. 그는 패배했거든요."

"조가 자네를 긴장하게 만들었나?"

"네."

"어째서?"

"그러고 싶지 않았는데 그에게 휘말리는 기분이었어요."

"그 밖에 어떤 감정이 들었지?"

"음, 조는 제가 알던 사람들과는 무척 달랐어요."

"어떤 면에서?"

"섬세하면서도 지적인 그는 여느 복서들 같지 않아요."

"이게 가장 강하게 드러나는 그의 성향일까?"

"아뇨. 가장 우세한 건 분노예요. 그는 다시금 세상으로 돌아가고 싶어 해요. 사람들이 자신을 다르게 보는 게 싫으니까요."

"자네는 왜 세상으로 돌아가고 싶어 하지?" 마이즈너가 이번에는 레이에게 물었다.

"사람들에게 전 조롱의 대상이었어요. 세상을 살아갈 수 없었죠. 어느 방향으로 가야 할지도 몰랐고요." 레이는 잠시 말을 멈추어 생각한 뒤 다시 대답했다. "제 이름이 너무 우스꽝스러운 데다 내 눈도 이상하죠."

"만약 자네가 정육점에 가서 양고기 몇 파운드를 주문했는데 주인이 자네 말을 들었으면서도 다른 손님 먼저 상대한다면 어떨까?"

"카운터 너머로 그의 멱살을 잡아 끌어내리고 절 무시하지 말라고 할 거예요."

"왜 그렇게까지 해야 하지?"

"사람들은 제게 늘 그런 식이었어요. 제가 마치 그 자리에 없는 것마냥 행동해요."

"특이한 신경증을 가졌군. 그런 성향이 자네를 뛰어난 복서로 만든 걸까?"

"제 분노에 불을 붙인 그 힘이 기꺼이 싸움판까지 뛰어들게 만들죠."

레이는 다시 한 번 생각에 빠진 뒤 대답을 이어갔다.

"제가 싸우는 상대는 저를 제외한 세상 전부예요."

"얼마 전 은퇴한 헤비급 선수 이름이 뭐였지?"

"무하마드 알리 Muhammad Ali 요?"

"맞아. 그의 성향이 그를 챔피언으로 만들었다고 생각하나?"

"네."

"그렇다면 조 보나파르트 역시 미래의 무하마드 알리라고 할 수 있겠군."

"네."

"레이첼, 자네라면 무하마드 알리에게 백인이 다른 인종보다 우월하다고 논쟁할 수 있겠나?"

"아뇨, 그러고 싶지 않아요."

"그렇게 해야만 한다면?"

"엄청나게 긴장할 거예요."

"아무리 좋게 말한다 해도 말이지."

"맞아요."

"자, 지금까지 신경증이 있는 두 사람에 대해 이야기했지. 각자 자기 나름의 성격이 뚜렷한 두 사람이지."

레이와 레이첼이 고개를 끄덕였다.

"좋아. 준비를 한 뒤 대사를 시작해보게."

두 사람은 강의실을 나가 준비 과정을 거쳤고 대사가 끝난 뒤 마이즈너는 이렇게 말했다.

"중요한 것을 물어보겠네. 자네는 상대에게 경계를 품고 있는 건가?"

"저 말씀이신가요?" 레이가 물었다.

"그래. 레이첼, 왜 조에게 '난 널 좋아하지 않아'라고 했을까?"

"그는 자기 자신 속으로 침잠해 있기에 저는 그를 컨트롤할 수 없다는 의미에서요."

"도움을 주겠네. 그는 그전에 자네에게 자신에 대한 얘기를 했지?" 마이즈너가 말했다.

"네."

"레이, 자네는 뭐라고 말했나?"

"사람들이 늘 저를 조롱한다는 사실을 지울 수가 없고 전 음악이 총알이 되어 그런 사람들에게 앙갚음을 할 무기가 되어주길 바라고 있다고요. 음악이야말로 저를 인간답게 느끼게 해주고, '난 지금 이대로도 괜찮다'라고 말해주는 것 같지만, 동시에 음악을 하는 사람들은 세상이 얼마나 빨리 돌아가든 무시한 채 살아가는 망각에 빠진 얼간이들처럼 느껴지기도 한다고 했어요."

"로나가 어느 시점에서 '난 널 좋아하지 않아'라고 말하지?"

"후반쯤에서요."

"조가 그녀에게 그녀 자신에 대한 질문을 하고 난 뒤예요." 레이첼이 말했다.

"맞네. 그녀는 자신에 대해 어떻게 생각하지?"

"전혀 긍정적이지 않아요."

"꽤 슬픈 과거를 겪었지. 그녀는 그에게 그런 이야길 하면서 '난 널 좋아하지 않아'라고 하는데, 이유가 뭘까?"

"그저 화제를 바꾸려는 게 아닐까요?"

"아냐, 그는 상대가 말하는 건 그리 깊게 듣지 않지. 오로지 자기 자신에 대한 생각으로 점철되어 있으니까."

"맞아요." 레이첼이 말했다.

"어째서 전 그걸 몰랐을까요?" 레이가 말했다.

"자네보다 내가 똑똑하기 때문이지!" 마이즈너의 대답에 학생들의 웃음이 터졌다. "레이, 조는 왜 차를 좋아할까?"

"세상 위에서 군림하는 기분을 느끼게 해주니까요. 빠른 속도로 운전할 때면 내면에 억눌려 있던 에너지가 해방되는 기분을 느끼면서 평온을 되찾거든요. 이건 제 생각이지만요."

레이가 덧붙였다.

"어디서 또 그런 기분을 얻겠나? 차는 정말 강력한 도구지."

잠시 침묵 후 마이즈너가 설명을 이어갔다.

"이 모든 게 자네를 감질나게 하지 않나, 레이첼? 그가 한심하기도 하지만 어딘가 비극적인 면모가 있지. 어딘가 모르게 위험한 면 말이야."

"맞아요."

"자네가 '고백하자면, 난 널 좋아하지 않아'라고 대사를 할 때야. 레이, 자네도 알겠나?"

"네. 그는 금방이라도 얼굴을 한 방 날릴 것 같았다가도 바로 상냥하게 사과를 하죠."

"조가 '바이올린으로 총알을 날릴 수 있다면'이라고 대사를 할 때 가학적인 성향이 느껴지지 않나?"

"인지는 했지만 깊이 느끼지는 못했어요."

"레이첼, 이런 종류의 인간이 자네를 긴장하게 만드는 거라네."

"알겠어요."

"그와 같이 무디의 사무실에서 공원까지 걸어가는 동안 내내 초조함을 느꼈지. 자네는 파우더를 바를 때 퍼프를 사용하지 않지. 만약 퍼프를 사용한다면, 언제 할 것 같나?"

"땀이 날 때겠죠?" 레이첼이 물었다.

"땀! 아이디어가 더욱 구체화되지 않았나?"

"네, 훨씬 명확해졌어요."

"좋아. 계속 연구해보게."

11월 8일

"훨씬 나아졌어. 하지만 레이첼, 충분히 열정적이지 않네. 로나가 크게 상처받았기에 자네는 더 화가 날 거야."

"좀 더 슬퍼해야 할까요?"

"아냐, 더 격분해야지! 그녀가 왜 '톰은 날 사랑해!'라고 했을까? '난 톰을 사랑해'라고 말하지 않고 말이야."

347

"사실 그녀는 톰을 사랑하지 않으니까요."

"그럼 왜 그와 같이 살지?"

"그에게 신세졌다고 생각해요. 그는 저한테 늘 친절하고 절 사랑해주니까요."

"그가 자네를 사랑하는 것이 신세라고 생각한다고?"

"네."

"아냐, 내 생각엔 자네는 창녀 같은 대우를 받는 데 신물이 났기 때문이네!"

"그럴까요?"

"이 직전에 조가 그런 로나를 비웃으며 조롱하지는 않았을까?"

"모르겠어요."

"신경이 예민한 상태이지 않았을까?"

"네, 하지만 내색하고 싶지는 않았어요. 무엇보다 그를 설득해야 했기에."

"그건 대본에 쓰여진 내용에 불과해. 자네는 인물 그 자체가 되어야 해! 만약 자네가 꿈에 그리던 회사에 막 입사한 영업사원인데 지금 엄청난 거래를 따낼 기회가 생겼다면 어떻겠나? 긴장하지 않겠나?"

"그렇겠죠."

"그렇다면 그러한 감정을 갖기도 전에 침착함을 유지하려는 게 먼저겠나?"

"아, 그런 상황이라면요?"

"그래! 이 상황에서 말일세!"

"제가 침착한 척해야 할까요? 이해를 못한 것 같아요."

"자네가 이제 곧 어마어마한 주문을 따낼 참이야. 그렇다면 제법 긴장할 수밖에 없겠지. 그러니 과열된 긴장을 절제하려 애를 쓰겠지."

"네. 이제 알겠어요."

"레이, 속도를 높여 운전하는 건 자네에게 어떤 의미일까? 그저 권력을 뽐내는 걸까? 130킬로미터 이상의 속도로 달린다는 게 권력일까?"

"아뇨, 그건 자유라 할 수 있어요. 안정감이기도 하고요. 지난번이 질문을 하셨을 때 130킬로미터 이상의 속도로 달린다면 거의 안정감에 가까운 감정을 얻을 것 같다고 말씀드렸어요. 제게는 그게 필요해요."

"성관계의 의미는 없을까?"

"저보다 더욱 솔직한 표현을 하시네요." 레이의 말에 학생들이 웃었다.

"길거리는 뭐라고 표현했지?"

"전쟁이라고요. 제가 싸울 수밖에 없는 곳이라고 했죠."

"길거리를 떠올리면 자네는 어떤 감정이 들지?"

"증오심이요. 기꺼이 싸울 준비가 되어 있지만 분노를 느껴요."

"증오심을 느끼는군."

"하지만 폭력으로 억누르지 않을 거예요. 반격할 거죠."

"세상은 자네를 아무것도 아닌 존재로 느끼게 만들지. 그건 정말 끔찍한 감정이야."

"세상에서 나만 다른 것 같은 감정, 아무것도 아닌 존재처럼 느끼는 것은 단순히 분노와는 조금 다른 것 같아요. 만약 제 스스로를 가치 없는 인간으로 느낀다면 장면 전체가 자아 성찰적으로 느껴지겠죠? 하지만 세상이 나를 화나게 만드는 것은 자아 성찰과는 정반

349

대의 감정인 것 같아요."

"'바이올린으로 총알을 날릴 수 있다면!' 말 그대로 뜨거운 열망이지! 자네가 유대인이 아니라는 게 아쉬울 정도야."

"유대인이어야 이 장면을 더 잘 이해할 수 있다는 건가요?"

"그 정도로 강렬한 감정이 기저에 필요하다는 이야기일세."

"조는 이탈리아 사람인걸요!" 레이가 말했다.

"마찬가지이지."

"그렇군요."

"이번엔 몇몇 순간들이 아주 좋았어. 레이첼도 그랬지. 충분히 달리지 못했다는 걸 제외하고 말이야. 자네 때문에 그녀가 겁을 먹은 건 아니겠지?"

"실제로 말씀이세요? 리허설 과정에서요? 아뇨, 그럴 리가요. 그랬다면 오히려 장면을 연기하는 데 도움이 되지 않았을까요?"

마이즈너가 고개를 끄덕였다.

‒ 〈갈매기〉
‒ 안톤 체호프[14]
‒ 3막
(소린과 메드베젠코 퇴장)

아르카지나 :   오, 난 정말 놀랐어.

트레플레프 :   삼촌에게는 시골에서의 삶이 맞지 않아요. 너무 심히 우울해하신단 말씀이에요. 어머니께서 너그러이 몇천 정도 빌려드리면, 읍내에서 1년은 걱정 없

이 지낼 수 있을 텐데요.

아르카지나 : 나한테 무슨 돈이 있다고 그러니. 난 배우지 은행가가 아니야. (사어)

트레플레프 : 제 붕대 좀 갈아주실래요? 어머니가 잘 하시잖아요.

아르카지나 : (요오드 한 병과 붕대 한 상자를 약통에서 꺼낸다.) 의사 선생님은 오늘따라 늦으시는구나.

트레플레프 : 그러게요. 열 시까지는 오신다더니 벌써 정오가 다 되었네요.

아르카지나 : 앉아라. (붕대를 푼다.) 꼭 터번이라도 두른 것 같구나. 어제는 누군가 부엌에 와서 네가 어느 나라 사람이냐고 묻더라. 이제 거의 나은 것 같네. 흉터만 조금 남았어. (그의 이마에 입을 맞추며) 내가 떠나 있는 동안 또 엉뚱한 짓을 하는 건 아니겠지?

트레플레프 : 안 그럴게요. 그 순간엔 너무 절망적이어서 자제할 수가 없었어요. 다시는 그러지 않을 거예요. (어머니의 손에 입을 맞춘다.) 어머니 손은 정말 고와요. 예전에 국립 극장에서 연기하시던 시절, 아직도 기억나요. 그 무렵 전 어렸죠. 그때 우리 집 마당에서 싸움이 벌어졌는데 임대인들 중 한 사람이, 세탁부였던가요, 지독하게 얻어맞는 일이 있었죠. 기억나세요? 의식을 잃은 그녀를 일으켜서 어머니가 간호해 주셨고, 약을 가져다주기도 하셨고, 그녀의 아이들을 씻겨주기도 했어요. 생각 안 나세요?

아르카지나 : 기억에 없어. (깨끗한 붕대로 갈아낸다.)

351

트레플레프 : 같은 집에서 살던 젊은 발레리나 두 사람도 생각나
요. 어머니가 그들을 초대해서 커피를 대접하곤 했
죠.

아르카지나 : 그건 기억난다.

트레플레프 : 무척이나 독실한 사람들이었죠. (사이) 지난 며칠
간, 어머니, 저는 마치 다시 아이가 된 것처럼 순수
하게 완전하게 어머니를 사랑했어요. 다만 어째서
그런 남자한테 끌려다니시는 거예요?

아르카지나 : 콘스탄틴 넌, 그를 잘 몰라. 그는 정말이지 고상한
인품을 가진 사람이란다.

트레플레프 : 제가 그에게 결투를 신청했다는 소식을 들었을 때
그 고상한 인품을 가진 자가 겁쟁이가 돼버리던걸
요. 그는 떠날 거예요. 치사하게 물러나는 거죠.

아르카지나 : 말도 안 되는 소리! 그에게 떠나자고 부탁한 건 나
야.

트레플레프 : 고상한 인품을 가진 사람이라니! 덕분에 어머니와
제가 말싸움이 일어나려고 하는데 그는 거실 한편
에, 정원 어딘가에 숨어서 우리를 비웃고 있을 거예
요. 니나의 마음을 뒤흔들어 자신을 천재라고 믿게
만들려고 애쓰고 있죠.

아르카지나 : 언제까지 내게 불쾌한 소릴 하는 걸 즐길 참이니.
난 그이를 존경한다고 했잖아. 내 앞에서 그분에 대
한 험담은 삼가해주면 좋겠다.

트레플레프 : 하지만 전 존경하지 않는걸요. 어머니도 제가 그가

천재라고 생각하길 바라시나요. 죄송하지만, 전 거
짓말을 못하는 성격이라서요. 그의 작품은 정말 역
겨워요.

아르카지나 : 그게 질투라는 거야. 재능이 없는 사람들은 늘 진정
한 천재를 깎아내리기나 하지. 너에게도 그게 위로
가 되나보지.

트레플레프 : (비꼬는 어투로) 진정한 천재! (분노하면서) 그렇게
치면 나에게는 당신네들 누구보다 더 뛰어난 천재
성이 있어. (붕대를 뜯어낸다.) 당신네들의 그 비루
하고 낡은 사상들! 어머니는 예술이라면 다 꿰고
계신다 착각하시잖아요. 어머니의 그 고루하고 하
찮은 것들을 제외하고는 아무것도 인정하지 않으
실 게 뻔할 테죠. 전 어머니의 그 고리타분한 견해
들을 인정할 수 없어요. 그 작자나 어머니나! 절대
용납하지 않을 거예요!

아르카지나 : 퇴폐주의자 같으니라고!

트레플레프 : 그럼 어머니의 그 소중한 극장으로 돌아가서 쓰레
기 같은 삼류 연극이나 계속하시죠!

아르카지나 : 난 단 한 번도 쓰레기 같은 삼류 연극을 한 적 없다.
내 일에 신경 꺼! 너야말로 싸구려 길거리 연극 초
안도 쓰지 못하는 주제에! 키예프의 미천한 식충이
같으니!

트레플레프 : 구두쇠!

아르카지나 : 거지 같은 녀석! (트레플레프는 자리에 앉아 조용히 흐

느낀다.) 넌 아무것도 아니야! ~~(그녀는 흥분하여 왔다~~
~~갔다 한다.)~~ 울지 마라, 제발 울지 마, 꼬스쨔. ~~(그녀~~
~~도 운다.)~~ 아가, 그만 울어! ~~(그녀는 아들의 이마, 뺨,~~
~~머리 위에 입을 맞춘다.)~~ 엄마를 용서해라. 난 정말이
지 형편없는 엄마야. 용서해다오.

트레플레프 : ~~(어머니를 껴안으며)~~ 전 모든 걸 잃었어요. 니나는
이제 절 사랑하지 않아요. 이제 글을 쓰고 싶은 마
음도 없어졌어요. 전 이제 아무런 희망이 없어요.

아르카지나 : 그렇게 낙심하지 마라, 아가. 모든 일은 괜찮아질
거야. 그이는 오늘 떠날 거란다. 그럼 니나도 다시
널 사랑할 거고. ~~(아들의 눈물을 닦아주며)~~ 이제 우리
화해하자.

트레플레프 : ~~(어머니의 손에 키스하고)~~ 네, 어머니.

아르카지나 : ~~(다정하게)~~ 그이와도 화해해주겠니. 넌 정말로 결투
를 원한 게 아니잖아. 그건 너무 어리석은 짓이야.

트레플레프 : 맞아요, 어머니. 제발 제가 다시 그를 마주치는 일
만 없게 해주세요. 그렇게 되면 도저히 견딜 수 없
을 거예요. (트리고린 등장) 아, 그가 오는군요. 전
갈게요. (재빨리 약통에 붕대와 요오드를 집어넣는다.)
붕대는 의사 선생님께 부탁할게요.

"메리, 자네 아들에 대해 어떻게 생각하지? 생각해봤나?"

"네, 전 아들에게 죄책감을 느껴요. 하지만 동시에 위협을 느끼
기도 하죠. 그는 형편없고 수치스러운 존재니까요."

"어째서지?"

"저와 제 일에 대해 비판적이죠. 아들은 제 친구들을 싫어하고 그들에게 무례하죠. 덩치만 크지 바보 같은 녀석이 늘 주변을 어슬렁거리고 있는 게 마음에 들지 않아요. 제 인생길을 막고 있으니까요."

"그저 꾹 참아주고 있을 뿐이군."

"저는 아들을 농가에서 데려나오지 않고 시골에만 머무르게 했어요."

"왜?"

"처음에는 형편이 여의치 않았어요. 물리적인 능력이 부족할 따름이었어요. 아들을 데리고 살려면 돈이 드니까요. 교육도 시키고 옷도 사 입혀야 하잖아요. 게다가 아들이 점점 커가면 제 나이가 실감이 날 테고 다른 사람들도 그걸 인지하게 되니까요. 그게 제 커리어에도 영향을 줄까 봐 걱정이 되었죠. 저는 제 인생이 바뀌지 않기를 바란 것 같아요. 아들이라 해도 그걸 건드릴 수는 없죠. 하지만 동시에 아들을 포함한 모든 주변 사람들이 저를 사랑해주길 바랐어요."

"자네 말이 모두 맞아. 존, 자네의 어머니, 자네가 사랑하는 여자, 그리고 그녀와 자네의 어머니 두 사람 모두와 시시덕거리는 작가는 어떤가? 그들의 관계는 서로 얽혀 있지. 안톤 체호프는 정말 끔찍한 극작가였어!" 모두가 웃었다. "자네가 원하는 건 뭔가?"

"전 그저 어머니가 절 사랑해주길 바라요. 하지만 어머니는 제게 관심조차 없어요."

"전혀 과장이 아니지! 자네가 원하는 건 어머니의 사랑이지. 어쩌다 머리에 붕대를 감고 있는 거지?"

"자살 시도를 했거든요."

"불행한 상태인 게 틀림없군. 왜 어머니에게 붕대를 갈아달라고 했나?"

"어머니에게 동정심을 얻고 싶어서였죠."

"하지만 결과적으론 그렇지 못했군."

"맞아요."

"그녀는 자네에게 진실만 말했어. 아마도 난생처음일지도 모르지. 그리고 자네는 어머니에 대한 감정을 솔직하게 털어놓네. 다음 수업에서 보겠네. 대사를 밀어붙이지 않도록 해야 해. 쉬운 방법으로 그 장면에 다가가지 말라는 말일세. 자네들이 하는 모든 말들을 왜 하는지를 알게. 메리, 그가 붕대를 바꿔달라고 했을 때 어떤 감정이 들었지?"

"음, 깊이 생각해보지는 않았지만, 전 크게 개의치 않았던 것 같아요."

"내 생각은 아니네."

"그런가요? 그럼 아들이 스스로 죽겠다고 난리를 치고 주변의 주의를 끌며 저에게 온갖 귀찮은 일을 하게 만들어서 그에게 분함을 느낀다면요?"

마이즈너는 동의했다. "알겠네."

"하지만 그녀는 특별한 연민 없이 환자를 대하는 간호사 같지. 장면 후반부에서 그녀가 어렵지 않게 감정이 솟구치는 것도 그 이유 때문이야. 그게 평소 아들에 대한 감정이기도 하지."

"그렇군요." 메리가 대답했다.

"존, 어째서 의사를 기다리지 않았나?"

"어머니가 저에게 애정을 담은 행동을 해주길 바랐기 때문이에요."

"다음에는 대본에 더 쉽게 다가가도록 하게. 그러기 위해서 스스로에게 필요한 질문들을 던져보고 그에 대답해봐야 해. 난 왜 이 행동을 할까? 난 왜 이런 말을 할까? 그 장면 전체를 이해하도록 하게. 체호프는 끔찍한 작가야, 아주 끔찍하지."

"그는 작품에서 인간 사이에서 느껴지는 복잡한 감정들을 과감할 정도로 담아내려 했던 것 같아요." 레이가 말했다.

"체호프의 〈세 자매〉에서 투젠바흐 역할을 맡았을 때도 좋아하지 않으셨죠?" 스콧 로버츠가 질문했다.

"난 그를 이해할 수가 없어. 하지만 이 장면은 이해하네. 그의 작품들 중에서는 쉬운 편에 속하니까. 그의 작품 속 매 순간은 90개의 상황을 적용한다 해도 의미를 가질 수 있다는 사실을 이해한다면 말이지."

11월 19일

"만약 자네가 재능만 있으면 사랑받을 수 있다고 믿는 예민하고 감정적인 인물이라면, 어머니로부터 '네겐 재능 따윈 없어'라는 말을 들었을 때 자네 얼굴의 신경이 부들거리며 떨리는 것까지 볼 수 있어야만 하지 않겠나. 사실 그 말의 핵심에는 아들인 자신을 사랑하지 않는 그녀의 진심이 느껴졌기 때문이지. 받아들이기 퍽 힘든 현실 아닌가? 기본적으로 재능 있는 이는 사랑받기 마련인데! 만약 내가 자네에게 아버지의 사업을 이어받는 게 어떠냐고 했다면 어떨지 상상해보게. 그리고 이 장면을 떠올려봐. 얼마나 강력한 감정인지 말야."

"네."

"만일 자네가 예술가를 꿈꾸는데 어머니로부터 '네겐 재능 따위 없어'라는 말을 들으면 어떻겠나?"

"죽고 싶은 심정일 거예요."

"맞아. 그리고 메리, 뭔가 놓치고 있는 부분이 있는 것 같더군. 상대방이 다쳤는데 자네는 뭐라고 말하지?"

"'미안해, 그럴 의도는 아니었어.' 이 대사를 이해하는 게 쉽지가 않아요. 그녀가 할 수 있는 게 없잖아요. 아들로 인해 그녀의 감정이 흔들리지 않았을까요? 아니면 모두가 가식인 걸까요?"

"아들은 성가신 존재야! 아주 처음부터 그랬지. 그녀는 간호사처럼, 환자가 물을 달라고 부탁하면 물을 주지만, 사실은 환자가 대체 왜 여길 떠나지 않는지 지긋지긋해하지."

"아, 알겠어요. 하지만… 왜 그렇게 못된 거죠?" 메리는 불현듯 떠오르는 대로 말하며 이해하기 어렵다는 듯 웃어버렸다. "너무 이기적인 데다가—"

"엄마지!"

"네."

"배우이기도 하고!"

"그렇죠."

"자네는 사랑하는 이도 있어!"

"맞아요."

"자네가 사랑하는 작자는 자네 아들의 여자 친구와 시시덕거리고 다니지."

"네."

"자네 아들은 여자 친구보다 나이가 많고."

"네."

"이 정도만 봐도 미칠 것 같지 않나?"

"맞아요."

"이해했나?"

"네."

"내재되어 있지만, 제법 빠르게 드러날 거야."

"네, 알겠어요."

"이제 그를 뭉개버리게!" 마이즈너가 말했다.

"좋아요. 어떤 면에서는 이게 전부 아들의 잘못이죠. 만약 아들이 스스로 여자 친구를 지킬 수 있을 만큼 능력이 있었다면 이런 난리도 일어나지 않았을 테고요."

"그에게 최소한 다른 도시로 떠날 능력이라도 있었다면!" 마이즈너가 거들자 다들 웃어버리고 말았다.

"샌디. 저도 그 생각을 했어요. 그리고 감정적으로는 제가 그를 정말 증오하는 건 아닐지도 모른다는 생각이 들어요. 스스로 어떻게든 해결할 수 있는 부분들이니까요. 그렇지 않나요? 저는 제 나름의 용맹함으로 저의 인생을 지키고 있는 것 같아요."

"하지만 그는 늘 존재하지!"

"그게 저에게는 모욕적인 걸까요?"

"그를 뭐라고 부르는지 보게!"

"이해했어요."

"상당히 파괴적이지 않나?"

"맞아요."

"왜 그렇게까지 말할까? 정말 그런 의미인 걸까?"

"네, 진심도 있어요."

"그럼 그 진심을 담아보게!"

"알겠어요."

"그를 파괴해버려! 이 장면의 중심 사건은 붕대를 새로 가는 것이 아니야. 어머니의 사랑, 그 부재가 핵심이지. 붕대를 바꾸는 건 참고 기다릴 수 있지만, 어머니의 사랑은 단 일 분 일 초도 기다릴 수 없거든. 존, 자네도 무슨 말인지 알겠나?"

"네."

"그녀는 자네 뺨을 두 번 내리칠 거고 그 순간에 자네의 감정을 느끼게. 이건 붕대가 아니라 생존이 걸린 문제라는 걸 기억해."

"네." 메리가 대답했다.

"더욱 깊이 있게 준비해보게. 메리, 자네는 질투와 고독함에 집중해."

"네, 대본 없이 진행하나요? 아니면 한 번 더 리딩을 해보나요?"

"자연스럽게 상황에 맞춰 진행해보지."

"네 그렇게 해볼게요."

11월 8일

‒〈여름과 연기Summer and Smoke〉

‒ 테네시 윌리엄스Tennessee Williams **15**

－1부 6장

정교하게 조성된 정자 아래 테이블과 의자 두 개가 놓여 있다. 테이블 위에는 찢어진 종이갓에 등이 달려 있다…. 존과 알마가 무대 위로 등장하기 전부터 존의 목소리가 들린다.

존 :   (어둠 속에서) 대체 왜 우리가 카지노에 가면 안 된다는 건지 이해가 안 돼.

알마 : 다 알잖아요. 그냥 모르는 척하는 것뿐이면서.

존 :   이유라도 좀 알려줘요.

알마 : (정자로 들어오며) 저는 목사의 딸이잖아요.

존 :   그건 이유가 아니에요. (알마를 따라 들어온다. 흰색 린넨 정장 차림으로 팔에 코트를 걸치고 있다.)

알마 : 당신은 의사예요. 그게 더 적절한 이유가 되겠네요. 나보다 더 그런 장소에 나타나면 안 되는 사람이잖아요. 더 안 돼죠!

~~존 :   (소리 지르며) 더스티!~~

~~더스티 : (암흑 속에서 등장) 네, 갑니다!~~

존 :   그 핸드백에서 뭘 찾으려는 거예요?

알마 : 아녜요.

존 :   거기 뭐가 있는데 그래요?

알마 : 내버려둬요!

존 :   그거 내가 준 수면제예요?

알마 : 맞아요.

존 :   그걸로 뭐 하려고?

알마 :   하나 필요해서요.

존 :   지금?

알마 :   네.

존 :   왜요?

알마 :   왜냐고요? 당신 차를 타고 오느라 심장마비가 나서 거의 죽을 뻔했으니까요. 대체 왜 그렇게 운전하는 거예요? 악마에 씌기라도 했어요?

(더스타 입장)

존 :   ~~레드 와인 한 병 가져와.~~

더스타 : ~~여기 있습니다. (병을 꺼낸다.)~~

존 :   ~~이봐! 쇼티에게 말해서〈옐로우 독 블루스〉를 듣고 싶다고 해.~~

알마 :   제발 약 돌려줘요.

존 :   약에 중독되고 싶어서 그래요? 필요할 때만 한 알씩 먹으라고 말했잖아요.

알마 :   난 지금 필요해요.

존 :   자리에 앉아서 호흡이나 가라앉혀요. (더스타가 와인 한 병과 와인 잔 두 개를 갖고 돌아온다.) 닭싸움은 언제 시작이지?

더스타 : ~~10시쯤이요, 조니 선생님.~~

알마 :   ~~뭐가 언제 시작된다고?~~

존 :   매주 토요일 저녁마다 여기서 닭싸움이 열려요. 본 적
      있어요?

알마 : 전생에 한 번쯤 봤으려나.

존 :   코에 놋쇠걸이 걸었을 때 말이죠?

알마 : 아마 그런 시절엔 보러 갔을 거예요.

존 :   오늘 밤에도 볼 수 있어요.

알마 : 아뇨, 전 안 봐요.

존 :   그걸 보려고 여기 왔어요.

알마 : 그런 시합은 불법이에요.

존 :   여긴 뭐든 할 수 있는 문레이크 카지노라고요.

알마 : 당신은 제법 단골인가 보네요?

존 :   늘 와요.

알마 : 의사로서의 커리어를 포기하는 걸 진심으로 생각해보
      셔야겠어요.

존 :   분명 생각하고 있죠! 의사의 인생이란 역겨운 병과 비
      참함 그리고 죽음으로 둘러싸여 있죠.

알마 : 그만두고 뭘 할 건지 묻는다면 너무 주제넘을까요?

존 :   그럴지도.

알마 : 나한텐 말 안 해주실 거죠?

존 :   아직 확실히 결정하지 못했어요. 하지만 최근엔 남미로
      가는 것도 생각하고 있어요.

알마 : (슬퍼하며) 아….

존 :   그쪽 술집 캔티나가 살롱보다 더 재미있다고 들었거든
      요. 그리고 세뇨리타들도 끝내주게 황홀하다더라고요.

363

알마 : 도로시 사익크스의 오빠가 남미로 가서 소식이 끊겼다
는 이야길 들었어요. 그런 열대 지방에서 살아남으려면
강해야 할 거예요. 안 그럼 수렁에 빠져버릴지도 몰라
요.

존 : 내가 연약해 보여요?

알마 : 난 당신이 혼란스러워 하는 것 같아요. 나만큼 끔찍할
정도로 혼란스러워 보이기도 해요. 다른 방식으로지만
요….

존 : (다리를 뻗어 올리며) 히하, 호!

알마 : 당신은 어릴 때도 그런 소리를 내곤 했었죠. 뭔가 혐오
스럽다는 표현을 하고 싶을 때!

존 : (씩 웃으며) 내가 그랬어요?

알마 : (날카롭게) 그렇게 앉지 마세요!

존 : 왜 안 되죠?

알마 : 게으르고 무가치해 보여요.

존 : 정말 그럴지도 모르죠.

알마 : 떠날 거라면 기후가 좀 더 좋은 곳을 선택하지 그래요?

존 : 남미 일부 지역은 제법 선선하다고 들었어요.

알마 : 그건 몰랐어요.

존 : 지금 알았잖아요.

알마 : 남미 사람들은 모두 햇볕 속에서 꿈을 꾸고— 자신들
의 감각을 채운다죠.

존 : 이 지구상의 누구든지 '만족'이라는 가치를 얻기 위해
감각을 사용하는 것만큼 아름다운 일도 없을 거예요.

알마 : 그저 자기만족에 불과한 것은 아니고요?

존 : 달리 뭐가 더 있을까요?

알마 : 그에 대한 대답으로 하나 질문해볼게요. 고딕 양식 성
당에서 그림을 본 적 있나요?

존 : 고딕 양식 성당? 그게 무슨 상관인데요?

알마 : 어떻게 모든 것이 위쪽으로 향해 뻗어 있는지, 어떻게 모
든 것이 돌―또는 인간―이 뻗은 손끝의 범위를 지나
그 어떤 것에 닿으려고 안간힘을 쓰고 있는지를? 화려
한 스테인드글라스 창문과 거대한 아치 출입구들은 키
가 큰 사내보다도 대여섯 배는 더 높이 솟아 있어요. 커
다랗고 높은 천장과 섬세한 첨탑들은 눈에 보이는 것들
너머로 뻗어 있죠! 나에게 있어서, 그것들은 존재의 이
면에 있는 모든 원리, 인간의 한계 이상을 뛰어넘기 위한
영원한 갈등과 열망처럼 보여요. 누군가는 이렇게 말했
죠. 얼마나 아름다운지! "우리는 모두 시궁창에 빠져 있
지만, 그래도 그중에는 저 멀리 별들을 바라보는 이들이
있다."

존 : 오스카 와일드.

알마 : (살짝 놀라며) 누가 말했든 간에 아무튼 그건 진실이에
요. 우리 중 몇몇은 별을 바라보고 있어요! (그녀는 황
홀한 얼굴로 위를 올려다보며 자신의 손을 그의 손 위에 포갠
다.)

존 : 장갑을 낀 채로 손을 잡는 건 전혀 재미없어요, 미스 알
마.

알마 : 곧장 해결할 수 있는 문제예요. 장갑을 벗을게요. (음악이 들려온다.)

존 : 세상에! (벌떡 일어서서 담배에 불을 붙인다.) 로사 곤잘레스가 카지노에서 춤을 추고 있군.

알마 : 기분이 좋지 않나봐요. 제가 친구들과 함께 있던 당신을 몰아내서 절 싫어하는 거죠. 도망칠 수 있도록 해드릴게요. 날 집으로 데려다주고 혼자 돌아오세요…. 지금까지 나와 진지하게 사귄 남자는 세 명이었지만 난 그들 모두에게 사막과 같은 거리감을 느꼈어요.

존 : 사막이라니 그게 무슨 소리예요?

알마 : 아, 사람이 살 수 없는 넓고 넓은 황무지 말이에요.

존 : 어쩌면 당신이 쌀쌀하게 굴어서 그리 된 거겠죠.

알마 : 아, 저도 꽤 노력했어요.

존 : 어떤 노력을요?

알마 : 응접실에서 연주도 하고 노래도 불러줬어요.

존 : 옆방에는 아버지가 계시고 응접실 문은 반쯤 열어둔 채?

알마 : 그게 문제였다고 생각하진 않아요.

존 : 그럼 뭐가 문제였어요?

알마 : 내가, 내가 그들에게 마음을 주지 못했어요. (그녀는 모호하게 웃는다.) 침묵이 맴돌곤 했죠. 알죠? 침묵.

존 : 그런 침묵에 대해서는 아주 잘 알아요.

알마 : 그걸 깨보려고 서로가 노력했지만 결국 대화는 계속 이어지지 못했어요.

존 : 침묵만 이어졌고요?

알마 : 네. 온통 침묵뿐이었죠.

존 : 그럴 땐 다시 피아노를 연주했어요?

알마 : 전 손에 낀 반지만 만지작거렸어요. 한 번은 만지작거리다 너무 세게 비틀어버려서 손가락이 부러질 정도였어요! 그는 시계를 흘끔 봤고 우리의 의미 없는 만남은 곧 끝날 거라는 걸 예감했죠….

존 : 그럼 피장파장이네요.

알마 : 피장파장― 그렇다고 하죠. 한두 번은 좀 미안한 마음이 들었어요.

존 : 하지만 마음을 주지는 못했다고요?

알마 : 둘 중 단 한 사람도 진지한 감정을 느껴보지 못했어요.

존 : 당신에게도 그런 종류의 진지한 감정이 있나 보죠?

알마 : 누구나 가끔은 그렇지 않나요?

존 : 어떤 여자들은 냉랭하기 짝이 없어요.

알마 : 나도 그렇게 보이나요?

존 : 당신의 이면에는 넘치는 열정으로 차 있어요. 내가 만나본 그 어떤 여자들보다도 더. 때로는 이런 수면제를 갖고 다녀야 할 정도로요. 이유는 알 수 없지만. (그는 앞으로 몸을 기울여 그녀의 베일을 들어올린다.)

알마 : 왜 그러세요?

존 : 당신에게 키스할 때 베일에 방해받지 않을 테니까요.

알마 : (조심스럽게) 그러고 싶어요?

존 : (다정하게) 미스 알마. (그녀의 양팔을 붙잡고 끌어당긴

다.) 오, 미스 알마, 미스 알마! (그녀에게 키스한다.)

알마 : 앞으로는 '미스'라는 말은 붙이지 마세요. 그냥 '알마'라고 불러요.

존 : (상냥하게 미소 지으며) '미스'라는 말이 당신에게 더 잘 어울려요. '미스' 알마. (그녀에게 다시 키스하고. 그녀는 망설이듯 그의 어깨를 만지지만 차마 밀어내지 못한다. 존이 그녀에게 부드럽게 속삭인다.) 당신이 목사의 딸이라는 걸 잊어버리는 게 그렇게 힘들어요?

알마 : 제가 목사의 딸이라는 걸 잊어야 할 이유는 없어요. 목사의 딸이라는 사실은 다른 숙녀들이 자신이 숙녀라는 사실을 떠올리는 것과 전혀 다를 바 없어요.

존 : 숙녀라는 게, 그렇게 중요한 건가요?

알마 : 당신이 예전에 문레이크 카지노에 데려오던 여자들과는 다를지도 모르죠. 하지만 언젠가… (그녀는 정자를 가로질러 거리를 두고 그를 바라본다.) …언젠가 당신이 결혼을 한다면 당신이 아내로 선택한 여자, 당신 아이들의 어머가 될 그 여자. (그 생각을 떠올리며 그녀는 잠시 숨을 헐떡인다.) 당신은 그 여자가 숙녀이길 바라지 않으세요? 남편으로서, 그리고 당신의 소중한 아이들이 그녀를 깊이 존경해 마지않길 바라지 않으세요? (짧은 침묵이 이어진다.)

존 : 남자와 여자 사이에는 존경 말고도 다른 것들이 있어요. 알고 있나요, 미스 알마?

알마 : 알아요.

존 : 친밀한 관계에는 그런 것들이 존재하죠.

알마 : 알려줘서 무척 고맙네요. 그렇게 노골적으로.

존 : 당신한테는 썩 유쾌하지 못할 수 있겠지만, 그것은 결혼 생활의 행복과도 제법 상관이 있어요. 어떤 여성들은 남자에게 그냥 굴복하고 그의 잔인함 때문에 자신들에게 부과된 일종의 의무라고 생각하죠! (존은 한 잔을 다 마시고 또 잔을 채운다.) 그리고 당신도 그렇겠죠.

알마 : 저도요?

존 : 일반적으로 그렇다는 말이에요.

알마 : 아.

(카지노에서 거친 환호성이 들려온다.)

존 : 닭싸움이 시작된 모양이군!

알마 : 당신이 솔직하게 꺼낸 이야기니까, 나도 솔직하게 말해볼게요. 어떤 여자들은 가히 아름다운 무언가를 그저 짐승들의 짝짓기 정도로 바꿔버리기도 해요. 하지만 사랑은 우리가 만들어갈 수 있는 거예요.

존 : 그건 맞는 말이야.

알마 : 어떤 사람들은 그저 몸만 원하기도 하죠. 그러나 어떤 사람들, 여성들은, 존…. 자신의 마음을, 그리고 영혼을 사랑에 부여하기도 해요!

존 : (조소하듯) 또 영혼이야? 당신이 꿈꾸는 저 고딕 성당!

(카지노에서 또 한 번 떠들썩한 환호성이 들린다.)

당신 이름은 알마, 알마는 스페인어로 영혼이란 뜻이지. 가끔 나는 내 진료실에 있는 인체 해부도를 당신에게 보여주고 싶어요. 해부도가 우리의 몸 안이 어떻게 생겼는지 보여주는 것처럼 당신은 그 아름다운 영혼이 몸 어디에 위치해 있는지 알려줄 수 있을지도 모르겠군요. (크는 와인 병을 완전히 비워버린다.) 닭싸움 보러 가죠.

알마 :　싫어요! (침묵)

존 :　그럼 우리가 할 수 있는 다른 일들이 있어요. 카지노 위층에 방이 있어요….

알마 :　(등이 꼿꼿해지며) 당신이 만나는 여자들에게 그런 제안을 한다는 소문은 들었지만, 그게 사실일 거라고는 생각하지 않았어요. 당신은 어째서 제가 그런 제안을 쉽게 받아들일 거라고 생각한 거죠?

존 :　당신이 잠들 수 없어 뛰쳐나왔던 밤 진료실에서 맥박을 쟀잖아요.

알마 :　그날 밤 난 몸이 좋지 않았고 당신의 아버지에게 도움을 받으러 갔던 거예요.

존 :　당신이 만난 건 나였어요.

알마 :　당신 아버지를 보려고 했어요. 당신이 불러주지 않은 거였고.

존 :　당신 손가락은 차갑게 굳었죠, 내가….

알마 :　아! 전 집에 갈래요. 하지만 당신과 함께 가지 않겠어요. 택시를 타고 가겠어요! (히스테릭하게 몸을 돌리며) 급사! 급사! 여기 택시 좀 불러줘요!

존 :　　내가 불러줄게요, 미스 알마…. 택시! (정자 밖으로 나간
　　　　다.)

알마 :　(격하게) 당신은 신사가 아니에요!

존 :　　(어둠 속에서) 택시!

알마 :　당신은 신사가 아니에요!

(그가 퇴장하자 그녀는 목에 상처 입은 짐승처럼 소리를 낸다. 정자의
조명이 어두워지면 분수대의 천사석상이 더욱 또렷하게 보인다.)

"어떤 면에서는 꽤 괜찮은 리딩이었어. 인물의 감정도 잘 드러
났고. 조지프, 자네의 방탕한 모습은 애나의 절박함과 아주 적절하게
대비되었어. 아쉬운 부분이 있긴 했지만 그건 극히 일부에 불과했네.
예를 들면 어느 부분에서는 지나치게 구변만 좋았다고나 할까? 자네
의 행동, 특히 그녀를 자극하거나 유혹하고 그녀가 충격에 빠진 듯한
반응을 즐기는 행동들이 조금은 과했지. 애나, 자네는 성급하게 시작
한 감이 없잖아 있었어. 하지만 핵심 감정은 충분히 가졌네."

조지프는 애나를 보며 씩 미소를 지었다.

"내가 자네들에게 가르친 것, 아니 자네들로부터 끌어내고자
한 것들 가운데 특히 진정성이 상당히 인정받을 만했네. 모든 순간
이 나름의 개연성을 갖췄어. 조지프는 직접적으로 위층에 가면 빈
방이 있다고 말하지 않고도 애나에게 타격을 주는 데 성공했지. 존
은 다소 가학적인 성질이 있어. 자신의 운전 때문에 충격을 받은 애
나가 나아질 틈도 주지 않고 밀어붙였으니까. 보통 25분은 걸리는
거리를 10분 안에 도착하지 않았나! 앞일 따위 전혀 걱정하지 않는
이 남자의 성질, 여기에 주목해야 해. 대체적인 큰 그림은 잘 잡혔네.

걱정 없이 속 편한 남자와 예민한 여자, 두 사람 사이의 내밀한 갈등. 다만 세세한 부분들은 아직 더 갈고닦아야 할 거야. 그리고 그 하나하나에 어떤 의미가 있는지 스스로에게 질문해야 하고. 알고 있지?"

"네." 조지프가 대답했다.

"애나, 알마는 삶의 많은 것들을 갈구하지만 자신의 진정한 바람과 성장 환경 사이에서 끊임없는 갈등을 느끼고 있어. 별로 좋아하는 단어는 아니지만 행복에 대한 향수 같은 것을 느낀다고 해야 할까. 무슨 이야기인지 이해할 수 있겠나?"

"아니요."

"만약 알마가 거실 창밖으로 서로 손을 잡고 걸어오는 연인 한 쌍을 보게 되었다면 그 순간 그녀는 크게 가슴속 아련함을 느낄 거야. 그녀는 삶 자체를 두려워했기에 온전한 자기 인생을 손에 넣지 못했고, 그 박탈감으로 늘 큰 상처를 안고 있지. 존이 그녀를 카지노로 데려가고 호텔 방으로 가자고 한 것은 전부 그녀가 배워온 것들에 위배되는 행동이었어. 사실 그녀는 그걸 원했으면서도 동시에 두려워했으니, 비극이라 할 만하다네."

애나가 고개를 끄덕이자 마이즈너는 다시 조지프에게 이야기했다.

"전반적으로 괜찮았네. 극 안의 활기, 삶의 현실을 수용하려는 자세, 여자들, 닭싸움 등등, 모두 말이야. 감정적으로는 훨씬 더 안정적이었고. 조지프 자네는 여섯 달 전과는 전혀 다른 배우가 되었네."

"제가요? 전 잘 모르겠어요."

"훨씬 더 자유로워졌지."

조지프가 가볍게 웃으며 말했다. "저도 그러길 바라요. 그게 제가 지향하는 것이니까요."

"감정적으로는 더 자유로워졌지만, 아직은 대사를 할 때마다 무엇을 왜 해야 하는지가 확신이 없어 보인다네."

"네, 저도 알 것 같아요. 잘해내는 것 같다가도 여전히 인식조차 되지 않는 순간도 있어요."

"계속 훈련하게나."

11월 15일

조지프는 오른편에 철제 의자 두 개를 벤치처럼 나란히 놓아두고, 장면 준비를 위해 애나와 함께 밖으로 나갔다.

"앰프가 꺼진 것 같은데."

"맞아요." 마이즈너의 말에 몇몇 학생들이 대답했다.

"그래도 내 말은 잘 들리나?"

"네."

"암은 정말이지 대단해."

"무슨 말씀이세요?" 레이가 마이즈너에게 물었다.

"후두가 없지 않나. 그래도 말은 잘할 수 있으니 다행이야." 그의 말에 몇몇이 쓴웃음을 지었다. "내 말에 숨어 있는 유머를 모르겠나?"

"알겠지만, '블랙 유머(black humor)'일 줄은 몰랐네요." 레이가 대답했다.

잠시 후 강의실 문이 열리고 조지프와 애나가 들어서며 장면은 시작되었다. "대체 왜 카지노에 못 가겠다는 건지 모르겠군." 조지프는 부드럽게 웃으며 마치 농담을 하듯 말했다. "당신은 이해 못해요…. 사실 알면서도 모르는 척하는 것뿐이잖아요." 애나의 낮고 긴장되며 살짝 헐떡이는 소리가 마치 숨쉬기 어려운 듯 보였다. 양 어깨에는 하얀 숄이 걸쳐 있었는데 보온이라기보다는 보호를 위한 듯 보였다. 오른손에는 검은 가죽 핸드백을 들고 있었다.

"이유라도 말해봐요." 조지프가 나긋나긋하게 말했다. "내가 목사 딸이니까요." 애나는 부드럽게 말했지만 마치 그 사실이 부끄러운 듯 들렸다. "그 이유가 아니잖아요." "당신은 의사예요." 애나가 당당한듯 말했다. "꽤 괜찮은 이유죠. 나보다 더 그런 장소에 가선 안 되는 사람이라고요!" 그녀는 숨을 크게 들이켜고는 공간을 가로질러 벤치로 가 앉았다. 그러고는 핸드백을 열어 뒤적거리기 시작했다.

수면제를 찾으려는 그녀의 행동에서 두 사람의 갈등은 놀라울 정도로 격했다. 애나의 절망감은 조지프의 우려만큼이나 강렬했고 그가 "약에 중독이라도 되고 싶은 거예요?"라고 할 때는 그녀에 대한 진심이 느껴졌다. 떨리고 숨이 차는 상태를 준비한 애나의 연기는 "앉아서 숨 좀 돌려요"라는 그의 대사와 완벽하게 맞아 떨어졌다.

대화의 주제는 닭싸움에서 존이 자기 방식대로 알마를 걱정하는 이야기로 넘어갔다. 그의 말투는 가볍고 살짝 비웃는 듯하면서도 속 편한 성격이 엿보였다. 이런 분위기는 그가 남미로 떠나가겠다는 이야기를 하는 동안에도 쭉 이어졌다. 알마가 그에게 던지는 질문들에는 그에 대해 조금이라도 더 알고 싶어 하는 그녀의 갈망과 낯선 것에 대한 무조건적인 두려움이 담겨 있었다.

존이 감각적인 삶을 옹호하는 대사를 하며 '만족'이라는 단어를 매혹적으로 내뱉자, 알마는 스스로를 방어하듯 고딕 양식 성당에 대한 이야기를 꺼냈다. 이어 장갑을 낀 손을 그의 손 위에 포갠 것은 우연처럼 보였으나 아무렇지 않은 척 낮은 목소리로 장갑을 벗겠다는 대사를 할 때 그와 실제로 맞닿고 싶어 하는 그녀의 욕망이 명백히 드러났다.

존은 알마가 사막에 대한 이야기를 하려는 걸 달가워하지 않았으나 "사람이 살 수 없는 넓고 넓은 사막"은 알마가 타인과의 관계에서 느끼는 단절감을 보여주었다. 아마도 그는 그녀에 대해 죄책감을 느끼고 걱정하기도 하는 것이었겠으나 짐짓 섬세한 척 마치 정신 상담의가 환자를 대하듯 그녀에게 다가갔고 결국 그녀에게 키스하기에 이르렀다. 두 눈에 눈물이 맺힌 채로 그녀는 망설였고, 남은 장면 동안 불확실한 결말을 향해 매 순간 최선을 다해 살아가는 두 인물은 아름답기까지 했다.

"당신은 신사가 아니에요!"라고 외치는 알마의 마지막 대사에 마이즈너는 스며들 듯 물었다.

"끝났나?"

애나는 고개를 끄덕였고 퇴장했던 조지프는 다시 돌아왔다.

"자리에 앉게. 아주 좋았어. 이 희곡의 마지막에 알마가 외로움과 불행에 괴로워하다 마침내 마음을 먹고 존을 찾아가 함께하자고 고백하는 장면이 있네. 다들 알고 있나?"

"제 진료실에서요?" 조지프가 물었다.

"맞아. 결국 자네는 그녀에게 진실을 말해야만 하지. 그녀는 더 이상 견딜 수 없어 찾아왔지만 존이 곧 결혼할 거라는 사실을 알게 되지. 끔찍한 고통에 사로잡힌 채 그녀는 떠나고, 밖으로 나와 자포자기하듯 길에서 여행 중이던 세일즈맨을 선택하지. 너무나 가슴이 아파. 조지프, 자네는 그녀를 위해 해줄 수 있는 게 아무것도 없어. 그녀가 마음속에 있으면서도 말이야."

"맞아요."

"'그럴 수 있었다면 얼마나 좋았을까….' 그럴 수 있었다면…. 이 말이 더더욱 가슴을 아프게 만들지. 그리고 알마는 최후의 노력을 다해 필사적으로 비극을 피하려 발버둥치지. 읽어보게. 마음에 와닿지 않는다면 다른 장면을 시도해도 괜찮아. 마음에 든다면 그 장면을 해보도록 하지."

"네." 조지프가 말했다.

"존은 잔인하지 않아. 건강한 사람이지. 그리고 알마는," 연기를 잘해냈다는 사실에 얼굴이 환해진 애나를 보며 말을 이었다. "가엾은 여인이지. 어쩌면 자네에게 딱 맞는 역할일지도 모르겠군." 농담 섞인 그의 말에 애나와 학생들이 웃었다.

"진행해보겠나?"

"네." 존이 말했다.

"물론이죠." 애나는 차분하게 깊은 숨을 내쉬었다.

11월 19일

– 〈여름과 연기〉
– 2막 11장

존의 진료실. 존은 하얀 책상 앞에 앉아 현미경으로 무언가를 살펴보고 있다.

(5시 정각 시계가 울리고 알마가 망설이며 들어선다.)

알마 : 인사 안 해요? 인사도 하지 않는 거예요?

존 : 안녕, 미스 알마.

알마 : ~~(혼란을 감추려 짐짓 활거차게)~~ 여긴 온통 새하얗네요! 얼음에 둘러싸인 것처럼 눈이 부실 지경이야! ~~(그녀는 자신의 눈을 가리며 웃는다.)~~

존 : 장비들이 다 새것들이라.

알마 : 그 해부도를 제외하고는 전부 새것이네요.

존 : 인간의 해부도는 늘 똑같으니까.

알마 : 지루하기 짝이 없죠! 제 인후통이 나아질 기미가 없어요.

존 : 최근 많이들 겪는 증상이죠. 이쪽 남부는 난방이 형편없어서. 벽난로만으로는 충분하지 않죠.

알마 : 불을 쬐는 쪽만 뜨겁고 등은 얼어붙는 것 같아요!

존 : 그러다가 다른 방에 가면 또 추워지고요.

알마 : 네, 맞아요. 뼛속까지 시릴 지경이에요.

존 : 하지만 난방로를 만들라고 바보들을 설득할 수 있을 만큼 추운 날씨는 아니라, 새로운 건물은 늘 난방로 없이 설계되고 말죠.

~~(바람 소리가 들린다.)~~

알마 : 참 이상한 오후예요.

존 : 그래요? 밖에 나가지 않아서.

알마 : 멕시코만에서 불어오는 바람에 실려온⋯ 그 뭐라더라? 적운? 커다랗고 하얀 구름들이 떠 있어요! 하하! 바람이 너무 불어서 정말 작정이라도 한 것처럼 모자에 달린 깃털 장식이 떨어져 나갈 것 같더라고요. 우리가 전에 제이콥이라고 이름 붙여준 폭스테리어 기억나요? 녀석이 모자의 깃털 장식을 물고 마치 트로피라도 얻은 양 뒷마당을 신나게 뛰어다녔잖아요!

존 : 제이콥은 기억나요. 녀석은 어떻게 됐어요?

알마 : 오, 제이콥. 제이콥은 정말이지 장난꾸러기였어요. 시골에 사는 친구 집으로 보냈는데, 그곳에서도 대지주처럼 일생을 마감했죠! 녀석의 무용담은⋯.

존 : 앉아요, 미스 알마.

알마 : 제가 일하는 데 방해가 되는 건⋯.

존 : 아니에요. 당신이 아프다는 소식을 듣고 교구관에 전화했었어요. 당신 아버지 말씀으로는 진료를 받지 않을 거라고 했다던데요.

알마 : 그저 휴식이 필요했을 뿐이에요⋯. 당신은 늘 출타 중이고⋯.

존 : 난 주로 리옹에 있었어요. 열병 클리닉에서 아버지의 연구를 마무리하느라고.

알마 : 명예로운 일로 자신을 감추려고!

존 : 좋은 일을 해서 나 자신을 되찾고 싶었어요.

378

알마 : 늦었지만 얼마나 기쁘고 자랑스러운지 몰라요. 당신 아버지가 살아 계셨다면 어떤 기분이셨을까 짐작할 수 있을 것 같아요. 만약…. 당신은, 당신은 지금 행복해요, 존?

존 : (불편한 듯, 그녀를 쳐다보지 못하고) 삶에서 일어나는 일들을 받아들이며 정착하고 있어요. 분별 있는 사람들이 그러하듯이.

알마 : 더할 수 있죠. 터무니없는 꿈일지라도 얼마든지 실현되기를 바랄 수도 있어요.

존 : 너무 지나치게 바라는 건 무리한 일이에요.

알마 : 난 당신 생각과는 달라요. 나라면 원하는 전부를 요구하되, 아무것도 얻지 못할 때를 대비하겠어요. (벌떡 일어나 창문을 향해 간다. 이어서) 맞아요. 저는 몸이 좋지 않았어요. 지난여름 당신이 내게 이야기했던 많은 것들을 떠올렸어요. 내게 도플갱어가 있다고 한 말을 여러 번 생각해봤죠. 도플갱어란 내 안에 또 다른 내가 있다는 의미잖아요. 제게 그걸 알게 해준 당신께 고맙다고 해야 할지 말아야 할지 모르겠어요…. 전 잘 지내지 못했어요…. 한동안 전 죽어간다고 생각했고, 그것이 내게 찾아온 변화라고 생각했어요.

존 : 언제 그런 기분이 들었어요?

알마 : 8월, 9월. 하지만 바람이 불어오면서 그런 기분들도 연기처럼 날아가버린 것 같아요. 지금 전 죽어가고 있지 않다는 걸, 모든 게 그렇게 단순하게 끝나지 않는다는 걸

알고 있어요….

존 : 심장 때문에 또 불편한 적 있었어요? (그는 의사의 태도를 갖추고 말하며 은색 시계를 꺼내고 그녀의 손목에 손가락을 갖다 댄다.)

알마 : 이제 청진기인가요? (그는 테이블에서 청진기를 가져오더니 그녀의 블라우스를 느슨하게 한다. 그녀는 고개를 숙이고 있는 존을 바라보며 천천히, 자신도 모르게 장갑을 낀 채 그의 머리를 쓰다듬는다. 그는 난처해하며 일어난다. 그녀는 갑작스레 그에게 다가가 입을 맞춘다.) 왜 말이 없어요? 갑자기 혀가 굳기라도 했어요?

존 : 미스 알마, 내가 무슨 말을 할 수 있겠어요?

알마 : 또 '미스 알마'라고 부르네요.

존 : 우리는 서로가 그 이상을 넘어선 적은 없었어요.

알마 : 아니, 있었어요. 너무 가까워서 호흡도 거의 함께했어요!

존 : (당황스러워하며) 그건 모르겠어요.

알마 : 그래요? 전 그랬어요. 전 알았다고요. (그의 얼굴을 부드럽게 어루만지며) 전보다 면도를 조심스럽게 하는 거예요? 면도날에 베이면 치자 가루를 뿌렸었는데 그 자국들이 없네요….

존 : 이젠 면도에 능숙해요.

알마 : 그걸로 설명이 되네요! (여전히 그의 얼굴에 손을 댄 채로 맹인이 점자를 읽는 것처럼 위아래로 조심스럽게 움직인다. 그는 몹시 당황하여 그녀의 손을 살며시 떼어낸다.) 이젠… 불가능한 거예요?

존 : 무슨 이야기를 하는지 모르겠군요.

알마 : 아니, 누구보다 잘 알고 있잖아요! 솔직하게 말해줘요. 전에는 내가 '아니요'라며 거절한 적이 있었어요. 닭싸움에서 들려오던 떠들썩한 환호성을 그 모두를 기억하잖아요? 하지만 지금의 나는 마음이 변했어요. '아니요'라고 말하던 그 여자는 이제 더 이상 없어요. 지난여름 자기 내면에서 불타오르던 연기에 질식해 죽어버렸거든요. 그래요, 이제 그 여자는 존재하지 않아요. 하지만 그녀는 내게 반지를 하나 남겨주었어요. 보이시죠? 당신이 좋아하던 토파즈 반지…. 그녀는 내게 이 반지를 끼워주며 이렇게 말했어요. "난 빈손으로 죽지만, 네 손에는 무언가가 있다는 걸 확신해야 해!"라고. (그녀는 장갑을 떨어뜨린다. 그리고 그의 머리를 다시 한 번 어루만진다.) 내가 "자존심은 어쩌고?"라고 묻자 그녀가 말했어요. "자존심 따위 잊어버려. 너 자신과 네가 반드시 손에 넣어야 하는 것 사이에 자존심은 없어." (그가 그녀의 손목을 잡는다.) 그리고 제가 말했어요. "하지만 만약 그가 날 원하지 않으면?" 내 말에 그녀가 뭐라고 했는지를 모르겠어요. 뭔가를 말했는지조차도 모르겠어요. 그녀의 입술이 움직이지 않았어요. 그래요, 그녀는 숨을 멈춘 거예요! (그는 부드럽게 그녀의 손을 떼어낸다.) 아닌가요? (그는 말할 수 없는 고통스러운 얼굴로 고개를 흔든다.) 당신 대답은 "아니"라는거군요!

존 : (간신히 입을 열며) 난 진실을 존중하고, 당신 역시 존중

해요. 내가 솔직하길 바란다면 말할게요. (알마가 살며시
코개를 끄덕인다.) 우리에게 있었던 논쟁에서 당신이 이
긴 거예요.

알마 : 어떤⋯ 논쟁?

존 : 해부도에 대한 이야기 말이에요.

알마 : 아, 해부도!

(그녀는 그로부터 몸을 돌려 해부도를 향해 간다. 눈을 감은 채 양손을
카슴 앞에 그러모은다.)

존 : 해부도는 우리가 장미 꽃잎으로 만들어진 꾸러미가 아
니라는 걸 보여주죠. 인간의 내부는 추하고 기능적인 것
들로만 가득 차 있으며 그 외에 다른 무엇을 위한 공간이
없어 보이죠.

알마 : 아니⋯.

존 : 하지만 난 당신 생각이 맞다는 결론을 내렸어요. 그 안에
다른 무언가가 있다고. 보이지는 않지만, 연기처럼 옅은
것, 저 추한 부속품들 모두가 그 때문에 돌아가는 거라고,
그리고 모든 것이 존재하는 이유의 전부는 바로 그것 때
문이라는 것. 그건 눈에 보이지 않기에 해부도로도 나타
낼 수 없어요. 하지만 그건 분명 그곳에 존재하고, 그것이
거기 있다는 것을 알게 되니까 이 모든 불가해한 우리의
경험이 새로운 가치를 지닐 수 있는 거예요⋯. 마치 어떤
실험실에서 하는 굉장한 낭만적인 연구처럼! 당신도 그

걸 알잖아요?

(밖에서 바람이 부는 소리가 크게 들려온다. 마치 합창단의 노랫소리 같다. 두 사람은 몸을 돌리고, 알마는 마치 집 밖에 있는 것처럼 머리의 깃털 장식을 잡는다.)

알마 : 네, 이제 잘 알겠어요! 당신은 더 이상 원하지 않는다, 우리 두 사람 사이에는 정신적 유대만이 존재할 수 있음을 믿기로 했다는 거군요!

존 : 난 진심을 다해 얘기한다는 걸 믿어주겠어요?

알마 : 아마 그럴지도 모르죠. 하지만 불치병 환자로 취급 받으며 당신에게 위로받고 싶지 않아요. (그녀의 목소리에 거칠고 강한 어조로) 아, 아무래도 난 아픈 사람이 맞는 것 같아요. 전 건강하고 강인한 당신 같은 사람들 사이에서 그림자처럼 빠져나가는 약하고 분열된 사람들 중 하나예요. 하지만 가끔은 필요에 의해 나 같은 그림자 인간들도 스스로 나름의 힘을 내기도 해요. 지금이 그럴 때예요. 날 속이려 애쓸 필요 없어요.

존 : 난 그러지 않았어요.

알마 : 날 위로하려고 애쓸 필요 없다고요. 난 이곳에 동등한 입장으로 왔어요. 당신이 솔직하게 말해보자고 했죠? 뭐 — 그래요! 가차 없이, 솔직하게, 부끄러움도 제쳐두고 말하죠! 내가 당신을 사랑한다는 건 더 이상 비밀이 아니에요. 그런 적도 없었지만. 아주 오래전, 내가 당신에게

천사석상의 이름을 읽어달라고 했던 그때 그 시절부터 전 당신을 사랑했어요. 그래요, 전 끝나지 않을 것 같던 우리의 어린 시절 오후들을 기억해요. 집 안에 갇혀 피아노를 치고 있을 때— 밖에서 다른 아이들이 "조니! 조니!" 하고 당신을 부르는 소리를 들었어요. 당신의 이름을 듣는 것만으로 제 마음에 전율이 흘렀어요! 그리고 현관 울타리를 뛰어넘어가는 당신을 바라보려고 얼마나 빨리 창가로 달렸나 몰라요! 당신의 헤진 빨간 스웨터가 공터 여기저기를 달리는 것을 멀리서나마 보려고 골목 끝에 서 있기도 했어요. 맞아요. 그렇게 오래전부터 시작된 거예요. 이 사랑의 열병은 그 이후로 날 떠나지 않고 갈수록 커져만 갔어요. 난 평생을 당신 옆집에 살면서 무언가에 몰두하는 당신의 강하고 자립적인 힘을 경외한 약하고 분열된 사람이에요. 이게 제가 하고 싶었던 이야기예요! 이제 당신이 내게 이야기해주길 바라요. 우리 사이에 왜 아무 일도 없었던 거죠? 난 왜 실패했나요? 당신은 거의 내게 가까이 오다가도— 왜 끝내는 가까이 오지 않은 거죠?

존 : 우리가 만날 때마다, 서너 번 뿐이긴 했지만….

알마 : 그렇게 적었다고요?

존 : 겨우 서너 번뿐이었어요. 우리가… 만난 건. 그때마다— 우린 뭘 원하는지조차 모른 채 서로에게서 무언가를 찾아내려 애쓴 것 같아요. 그건 육체적인 열망이 아니었어요. 비록 내가… 그날 밤 카지노에서— 신사답지

못한 그날 밤, 나도 내가 원하는 게 그것이라고 생각한
듯 행동했지만, 내가 정말로 원한 건 당신의 육체가 아니
었어요!

알마 : 나도 알아요, 당신은 이미….

존 : 당신은 나한테 줄 육체가 없었죠.

알마 : 그땐 그랬죠.

존 : 당신은 줄 수 있는 다른 것이 있었어요.

알마 : 그게 뭔데요?

(존은 성냥에 불을 붙인다. 무의식적으로 손바닥을 굽혀 성냥불을 가
린다. 기다란 주방용 성냥이라 불이 잘 붙는다. 두 사람은 애달프지만, 이해
가 되는 얼굴로 불꽃을 바라본다. 타오르는 불꽃에 그의 손이 붙을 새라 그
녀는 몸을 기울여 훅 불꽃을 끈다. 그 뒤 자신의 장갑을 낀다.)

존 : 당신은 그게 뭔지 정확히 말할 수 없고 나도 그걸 알아볼
수 없었어요. 그땐 당신이 차갑고 냉정한 것 같았지만,
지금은 냉정함 속에 감춰진 뜨거운 감정이 있었다고 믿
어요. 아직도 이해하지 못하지만 그건 분명 존재한다는
걸 알아요. 당신의 눈동자와 목소리가 내가 아는 무엇보
다 가장 아름답고 따뜻하니까요. 비록 그것들이 전혀 당
신의 몸과는 잘 어울리진 않지만요….

알마 : 마치 내 몸이 당신을 위해 더 이상 존재하지 않는 것처럼
말하네요. 존, 방금 내 맥을 쟀으면서도 말예요. 이제 됐
어요! 당신은 피하려 했지만 결국 솔직하게 말해버린 거

예요. 입장이 바뀌었네요. 그래요, 완전히 뒤바뀌었어요! 당신은 나의 예전 사고방식으로, 나는 당신의 사고방식으로 돌아갔어요. 마치 서로 동시에 상대의 집으로 찾아가서는 상대는 나가고 문은 잠긴 채 초인종을 눌러도 대답할 사람이 없다는 걸 안 것처럼 말이에요! (어이없는 듯 웃는다.) 난 오늘 당신에게 신사가 되는 건 더 이상 중요하지 않다고 말하러 왔는데, 당신은 내게 숙녀로 남아야 한다고 말하고 있어요. (웃음소리가 더 격해진다.) 완전히 뒤바뀌었어…! 에테르 냄새가 나요. 현기증이 날 것 같아요….

존 :	창문을 열게요.

알마 :	부탁해요.

존 :	자, 열었어요.

알마 :	고마워요. 훨씬 낫네요. 당신이 내게 줬던 작은 하얀 알약을 기억하죠? 다 먹어버려서 좀 더 주면 좋겠어요.

존 :	처방전을 써줄게요. (그는 처방전을 쓰기 위해 몸을 숙인다.)

조지프와 애나가 대본을 읽었다. 애나는 심도 깊게 준비 과정을 거쳤고, 처음부터 끝까지 진심으로 눈물을 흘렸다. 감동적인 연기였다. 조지프는 첫 시작부터 긴장한 탓에 감정적인 몰입도가 낮았지만 그의 연기 역시 엄청난 잠재력을 보였다.

"이 장면은 어떤 상황인가, 조지프?"

"전 진료실에 있고 알마가 찾아와 더 이상 정숙한 숙녀로 살지 않겠다는 결심을 이야기해요. 이제 나와 함께 잠자리를 하고 싶다고 고백한 거죠. 하지만 저는 그녀에게 인간의 영혼은 존재하며 삶에는 육체적 욕구보다 더 중요한 것이 있다는 이야기를 합니다."

"자넨 그녀에게 어떤 감정을 느끼지?"

"가여우면서도 불쌍한 마음에 슬픔을 느껴요."

"고통스러운 장면인가?"

"아주 그렇지는 않아요. 존의 관점에서는요. 아직 그 지점까지 가진 않았어요. 그러니까, 설명하긴 어렵지만, 아직 그 정도로 심각하게 심적으로 고통을 느끼진 않아요."

"자네가 그녀에게 느끼는 감정은 있지만, 자네가 다른 사람과 결혼할 것이기에 감정적으로는 그녀와 같은 정도는 아니라는 건가?"

"맞아요. 아니에요. 존의 마음에는 엄청난 회한과 슬픔이 있지만 알마가 가져온 것들, 눈물과 고백 같은 것들이 제게는 의미가 없어요."

"자네에게 의미가 없다고?"

"네, 물론 당연히 애처롭죠. 거의 그럴 뻔했지만 결국 이뤄지지 못했으니까요."

"자네는 어느 때라도 반응해야 하지 않겠나?"

"어느 때라도요?" 조지프가 말한 뒤 잠시 생각했다. "솔직히 말씀드리면 알마가 그렇게 울었을 때 반응하기가 어려웠어요."

"잠깐만. 지금 여기는 훈련을 하는 강의실이네."

"맞아요."

"만약 정말로 무대였다면? 어떤 일이든 일어날 수 있지 않겠나?"

"훈련은 훈련답게 접근해야 한다는 말씀인가요?"

"맞아."

"네. 만약 제가 그녀의 행동에 대해 진심으로 반응하는 훈련을 했다면 달라졌을 거예요. 이 장면이 이렇게 흘러가야 한다고 생각되는 것과는 정반대로 행동할 수도 있었겠죠. 그녀의 말을 인정하는 데 큰 고통이 뒤따를 테고 제가 약속했다는 사실에 만약 그녀가 울음을 터트린다면 충동적으로 그녀를 품에 꼭 안아버렸을 거 같아요."

"자네가 그 행동을 하고 싶은 감정은 충만하지만, 결국 그녀에게 아무것도 하지 않는 선택을 했다면?"

"그랬다면 제게 또 다른 일이 일어났을 거예요. 맞아요."

"그게 내가 바라는 거야."

"알겠어요."

"그녀는 행동을 했지 않나?"

"잘 기억은 나지 않지만, 네."

"그녀는 행동했지. 나는 자네에게 자극에 예민한 한 인간으로서 살아가도 괜찮다고 말하는 거야."

"네."

"예를 하나 들어볼까. 자네의 가장 친한 친구가 끔찍한 사고에 휘말려 친구의 어머니를 위로해야 하는 상황이라고 해보지. 완전히 절망감에 빠진 것은 두 사람 모두 마찬가지이지만, 자네 안의 무언가가 이렇게 말할 거야. '난 강해져야 해!' 이해하나?"

"물론이죠."

"지금의 극 상황을 훈련이라는 관점에서 보자면, 알마는 절망감에 빠진 어머니와 같고, 자네는 감정적으로 그녀와 비슷한 지점에 있지 않지만 그걸 쏟아낼 수는 없지! 이게 자네에게 아무런 의미가 아니라고 할 수 있겠나?"

"맞는 말씀이에요."

"이건 마치 자네가 처음부터 그녀가 찾아온 이유를 알고 있었기에 감정적으로는 완파된 상태지만 스스로의 그 감정을 추슬러야만 하는 것과 같지. 동의할까?"

"네."

"장면을 어떻게 연기해야 한다는 이론에 따라가지 않기를 바라네. 자네를 감정적으로 자극하는 건 따로 있어. 자네는 알마가 온 이유를 알았고 그녀만큼이나 큰 감정적 영향을 받았지만, 그녀는 속마음을 드러내는 반면 자네는 완전히 억눌렀지. 장면을 연기하려 하지 않는 것, 어떠한 목적이 있는 훈련으로 활용하는 것. 이게 바로 핵심이야."

"알겠습니다."

"우린 배우야. 우리는 모두 내면에 한 가지 이상의 색을 갖고 있지. 누구나 웃고 울고 냉소적이고 좌절하고 그 무엇이든 할 수 있어. 여긴 훈련장이지 않겠나. 아마 자네는 그녀와 같은 방식으로 연기하지 않겠지만, 그 훈련은 그녀에게 배우로서 가치가 있지. 자네는 스스로를 너무 조심스럽게 만들고 있어. 그게 이 연기 수업에서 어떤 가치를 가질 수 있겠나?"

"맞아요."

"지난 수업과 오늘의 발표 사이에 엄청난 차이가 있다네. 오늘 장면이 석연치 않았다면, 그 차이가 무엇일까? 프로 권투 선수는 늘 손 안에 작은 고무공을 쥐고 있지만, 실제로 싸우는 방식은 전혀 다르지! 고무공은 그의 악력과 근육을 키워주기 위한 목적을 갖고 있어. 무슨 뜻인지 와닿나?"

"네." 애나가 대답했다.

"피아니스트에게 곡을 해석하는 면에서는 많은 부분이 빗나갔지만 옥타브만은 좋았다고 말한다면 어떨까. 모든 게 조금씩 더 나은 방향으로 나아가게 될 거야."

"네." 조지프가 말했다.

"좋아. 대본은 보지 않아도 괜찮아. 즉흥적으로 자유롭게 시도해보게. 자네의 감정적인 자유를 얻기 위해 가능한 무엇이든 해봐."

11월 29일

조지프와 애나는 회색 테이블 앞에 앉아 있었다. 무대 앞에서 보면 애나는 잘 보이는 자세이고, 조지프는 살짝 옆으로 틀어 앉은 상태였다. 두 사람의 목소리는 크진 않지만 분명한 감정들로 충만해 있었다. 연기 또한 매우 매력적이었다. 장면은 집중도 높은 장악력을 가졌다. 관객들은 앉아 있는 자리가 불편한 것도 시간이 늦었다는 것도 잊은 채 극에 몰입했다. 애나는 지난주보다 훨씬 차분하게 연기했다. 감정은 훨씬 정돈되어 있었고 극의 후반으로 갈수록 강렬해졌다. 조지프 역시 침착했다. 냉정하고 성찰적이며 감정에 더한 깊이가 생겼다.

"제법 잘 흘러가는군." 마이즈너가 말했다.

"다음에는 맥박을 재는 것과 같은 암시적인 행동들을 좀 더 활용해보는 게 좋을까요?" 애나가 질문하자 마이즈너가 고개를 끄덕이며 대답했다.

"죄책감에 빠진 의사. 지금부터 연구해보면 좋겠네."

"알겠습니다." 조지프가 말했다.

"이토록 사랑스럽고 멋진 극을 쓴 작가 역시 이 희곡을 쓰면서 우리와 같은 결말을 맞이했을까? 이거야말로 바로 인생이지! 하지만 이 속의 섬세함에 대해서 이야기하자면… 음… 곧 알게 될 테지."

12월 6일

조지프는 회색 테이블에 앉아 노트에 무언가를 끄적이고 있었다. 잠시 후 애나가 들어와 장면은 시작되었다. "인사 안 해요?" "인사도 하지 않는 거예요?" 조지프는 상냥했고, 깊은 목소리는 위안을 주는 듯 들렸다. 애나는 진지하고 절박해 보였다. "지금 전 죽어가고 있지 않다는 걸, 모든 게 그렇게 단순하게 끝나지 않는다는 걸 알고 있어요"라는 대사를 하며 애나가 눈물을 흘리기 시작했다. 보는 이들도 가슴이 미어졌다.

"이제는… 불가능한 거예요?" 그녀가 떨리는 목소리로 조심스럽게 물었다. 그리고 과거 오만했던 자신의 죽음을 공표하듯, 그 위대한 '토파즈 반지' 구절을 이어가며 목소리에 격정적인 감정이 차곡차곡 쌓여 끝내 안타까운 결론에 이르렀다. "아닌 건가요? 당신 대답은 '아니'라는 거군요!"

조지프는 이제 실체 없는 무언가가 육체 안에 존재한다는 걸 이해하기에, 직설적으로, 마치 단순한 진실을 내뱉듯이 반응했다. 그러나 그녀는 감정이 좀처럼 가라앉지 않았다. "날 위로하려고 애쓸 필

391

요는 없다고요." 그녀가 큰 소리로 말하며 이 장면에서 가장 고통스러운 순간에 도달했다. "내가 당신을 사랑한다는 건 더 이상 비밀이 아니에요. 그런 적도 없었지만." 그 뒤 "우리 사이에 왜 아무 일도 없었던 거죠? 난 왜 실패했나요? 당신은 내게 가까이 오다가도 왜 끝내는 오지 않은 거죠?" 하는 가슴 아픈 질문들이 이어졌다.

두 사람의 연기는 충만하고 명백하며 지적이고 단순하면서도 깊이감이 느껴져, 마치 하나의 교향곡 같았다. 한편으로는 너무나 자연스럽게 흘러갔고, 또 다른 한편으로는 너무나 인상적이어서 엄청난 비극이 닥쳐온 것 같기도 했다. 극은 마지막 장면에서 역설과 함께 하이라이트를 맞이했다. "완전히 뒤바뀌었어!" 자신이 실패했다는 걸 깨달은 알마는 아무렇지 않은 척하며 물러서고 말았다. "당신이 내게 줬던 작은 하얀 알약 기억하죠? 다 먹어버려서 좀 더 주면 좋겠어요." "처방전을 써줄게요." 조지프의 마지막 대사로 장면은 끝이 났다.

"여기서 끝인가?" 마이즈너가 말했다. "무척, 무척 인상적이었어."

"감사합니다." 조지프가 말했다.

"이 작품을 끝내고 나면 몇 가지 기술적인 조언을 하겠네. 계속해보겠나?"

두 사람 모두 고개를 끄덕였다.

12월 13일

조지프와 애나는 마지막으로 〈여름과 연기〉를 선보였다. 성공적이었지만, 애나가 전보다 장면 직전의 감정 준비 과정에서 부족했는지 예전같이 가슴 아픈 감정을 끌어내지는 못했다. 조지프는 애나를 향한 인물의 감정을 더욱 명확히 했고, 그의 연기에 입체감과 깊이가 더해졌다.

장면이 끝난 뒤 긴 침묵이 이어졌다. 마이즈너가 침묵을 깨고 질문을 던졌다.

"이 훈련에서 얻은 게 있나?"

"그런 것 같아요." 조지프가 말했다.

"다시 하고 싶지는 않나?"

"한편으로는요. 지난 훈련보다 부족한 것 같아요. 지난번에는 순간순간에 서로의 감정에 대한 자극을 더 잘," 그가 손가락을 부딪쳐 경쾌하게 세 번 소리를 내며 말했다. "받았거든요."

"맞아. 지난 시간이 더 좋긴 했지."

"감정도 더 충만했고요."

"살짝 결말이 실망스럽게 끝나버린 것 같아요."

"어째서지?" 마이즈너가 애나에게 물었다.

"잘 모르겠지만, 뭔가 만족스럽지 못해요."

"그게 인생이라네." 마이즈너의 말에 듣고 있던 이들이 미소 지었다.

"어떤 때는 손에 넣은 것 같다가도, 또 어떤 때는 완전히 사라진 것 같아요."

조지프가 말했다.

"맞아. 지난 시간이 왜 더 나았다고 생각하는지 궁금하군. 추측하려 하지 말게. 우리 모두 모르니까. 아주 미묘한 질문이지. 유진 오닐의 〈상복이 어울리는 엘렉트라Mourning Becomes Electra〉에 이런 장면이 있네. 아들은 살해당해 관에 누워 있는 아버지에게 말을 건네고, 누이가 그런 그를 발견하지. 이것과 크게 다르지 않은 장면이라네. 다음에는 이 장면을 훈련해보면 어떨까?"

"좋아요." 조지프가 말했다.

"더 이상 존과 알마는 없는 건가요?" 소중했던 사람을 떠나보내는 것처럼 슬퍼 보이는 애나가 물었다.

"잠시일 뿐이야."

마이즈너의 대답과 함께 수업도 끝이 났다.

¶

"이제 작별 인사를 할 때로군." 수업의 마지막 날 마이즈너가 말했다.

"무엇보다 여러분 모두가 젊은 배우라는 걸 기억하게. 이곳에서 훈련했던 것들이 때로는 자네들의 능력을 초과하기도 했지만 대부분은 자신만의 그릇 안에서 이루어냈다네. 어떤 상황에서든 여러분은 잘해냈지. 삶이 던지는 감정적인 문제들이 스스로 준비한 것보다 훨씬 더 깊다는 사실을 알 때 우리는 자신이 부족하다는 생각을 하게 돼. 하지만 중요한 건 그게 아니야. 앞으로 살아갈 세월이 많은 부분을 해결해줄 거라는 사실이지."

레이 스탠튼은 한때 스콧 로버츠가 있던 자리에 앉아 있었다. 그는 앰프의 볼륨을 높여 마이즈너의 목소리가 잘 들리도록 조정했다.

"조언을 주는 건 매우 쉬운 일이야. 그래서 지금 여러분에게 불가능할지도 모르는 무언가를 알려줄 생각이라네. 우선 항상, 늘 훈련하게. 자신에게 맞든 아니든 상관없이 온갖 종류의 극을 연기해보길 바라네. 결국에는 살아갈 세월과 훈련하는 여러분이 그 원하는 것을 얻어내기에 충분하기 때문이지. 하나 더 조언하자면, 테크닉의 기반을 잘 갈고닦아 유지해야만 하네. 이건 반드시 지켜져야 해."

마이즈너는 자리에서 일어나 오른손을 들어 인사했다.

"그럼 다들 안녕히! 조만간 또 만날 수 있기를!"

다들 자리에서 일어나 박수갈채를 보냈다.

각주

1 *Sanford Meisner: The Theater's Best Kept Secret*, produced by Kent Paul and distributed by Columbia Pictures.

2 Paul Gray, "Reality of Doing", *Tulane Drama Review* (Special Edition, "Stanislavsky in America"), Fall 1964, 139.

3 Suzanne Shepherd, "Sanford Meisner", *Yale/Theatre*, vol. 8, nos. 2 and 3, 42–43.

4 Shepherd, loc. cit.

5 *On Creativity and the Unconscious: Paper on the Psychology of Art, Literature, Love, and Religion*, selected by Benjamin Nelson, New York, Evanston, and London : Harper & Row, 1958), 47–48.

6 London : Smith, Elder & Co., 1875, 44.

7 Sigmund Freud, *A Gerenral Introduction to Psychoanalysis*; trans. Joan Riviere, (New York : Pocket Books, 1953), 384–385.

8 이 장은 이번 학기 중, 13개월의 수업이 진행되는 동안의 내용이다. 따라서 날짜순이 아닌, 주제별로 나누어졌다.

9 이 단락에서 극 중 사건의 순서는 무작위로 기술되었으며 감정의 중요성을 위주로 전달한다.

10 네이버후드 플레이하우스는 뉴욕 340 이스트 54번가에 위치하며, 2년간의 훈련 프로그램으로 최대 110명의 학생을 가르치고 학생들 대부분이 20대이다. 강사진은 총 14명으로, 그 가운데 4명이 샌포드 마이즈너의 지도하에 강사로 일한다. 프로그램에는 화술, 음성훈련, 노래, 신체훈련, 무용, 펜싱, 메이크업, 시대극 연기 과정 등이 있다. 샌포드 마이즈너는 이 책에서 기술된 바와 같이 오랫동안 학생들을 가르쳤고 그 가운데 현재는 기성배우로 자리 잡은 이들도 있다.

11   Tom Osborn, trans. (London: Calder and Boyars, 1969). First published in Zurich in 1891.

12   Meade Roberts, *A Palm Tree in a Rose Garden*, New York: Dramatists Play Service, 1958), 51–56.

13   Clifford Odets, *Six Plays of Clifford Odets* (New York: The Modern Library, 1939), 262–267.

14   Jean-Claude Van Italie, trans. (New York, Hagerstown, San Francisco, London: Perennnial Library, Harper & Row, 1977), 50–53.

15   Tennessee Williams's *Tennessee Williams: Four Plays* (New York and Scarborough, Ontario: New American Library, 1976), 72–83 and 112–120.

샌포드 마이즈너 연기 테크닉

1판 1쇄 펴냄 2024년 10월 10일
1판 2쇄 펴냄 2024년 11월 11일

지은이 샌포드 마이즈너, 데니스 롱웰
옮긴이 김보영
펴낸이 신주현 이정희
디자인 조성미
마케팅 신보성
제작 (주)아트인

펴낸곳 미디어샘
출판등록 2009년 11월 11일 제311-2009-33호

주소 03345 서울시 은평구 통일로 856 메트로타워 1117호
전화 02) 355-3922
팩스 02) 6499-3922
전자우편 mdsam@mdsam.net

ISBN 978-89-6857-244-9 03680

www.mdsam.net